中国出版家丛书

ZHONGGUO CHUBANJIA CONGSHU

国家出版基金项目

NATIONAL PUBLICATION FOUNDATION

# 中国出版家 韦君宜

Zhongguo Chubanjia Wei Junyi

柳斌杰 主编　张国功 著

人民出版社

# 出版说明

出版不仅仅是一个充满竞争的商业领域，同时，它也深深打上了"文化"和"思想"的印记。在这个文化场域中，交织着多种力量的动态关系，通过出版物的呈现和出版活动的开展，描绘了一个时代的文化风貌；而回旋折冲于其间者，则是那些幕后活跃、台前无闻的各类出版人。他们自喻"为他人做嫁衣裳"，事实上，却是国家文化传承和历史记录的主要担当者，有出版发展的参与人和见证者甚至称他们所起的作用为保存民族记忆的千秋大脑。虽然扼据出版要津之地，却少见自家行当的人物传记出版。本丛书是第一次规模化地为这个群体中的杰出者系列立传，从一个人到一群人的出版事功中，折射出近代以降出版业的俯仰变迁，同时也见证着出版参与时代文化思想缔构及其背后深广的社会历史内容。那些曾经彪炳于时的出版人，一方面安身于这个行业，以其敏锐犀利的时代洞察力，在市场、经营与创意中躬行实践，标领乃至规划了这个行业的发展，并使之成为国民经济的一个重要门类；另一方面又在"安身"之外，显现出面向社会的公共性关怀与"立命"的超越性关怀，从职业而志业的追求中，服务于民族解放、思想启蒙与文化进步的社会性经营，书写了出版人生的风采、风骨与风流。

本丛书所传写的 30 余位出版人，均为活跃于 20 世纪并已过世的出版前辈。中国古代也曾涌现了陈起、毛晋等出版大家，只是未纳入本书的传主范围。丛书在体例上，有单人独传与多人合传之分，但这并不必然意味着对传主出版贡献及其历史地位的轻重判别，许多情况下的数人合传，乃困于传主史料的阙如而不得已的选择，某些重要出版人如大东书局总经理沈骏声、儿童书局创办人张一渠等，也囿于同样情形而未能列入本丛书的传主名单，殊觉憾事。虽说隐身不等于泯灭，但这个行业固有的幕后特征多少带来了出版人身份上的隐而不显、显而不彰。本丛书的出版，固然是想通过对前辈出版事迹的阐幽发微、立传入史，能让同样为人做嫁衣者的当今出版人不至于觉得气类太孤，内心获得温暖，并昭示后来者在人生目标上，在家国情怀上，在出版境界上，追步于前贤，自觉立起一面促人警醒自鉴的镜子；同时更希望通过一个个传主微历史的场景呈现，让更多的人认识到出版在产业之外，更是一项薪火相传的社会文化事业，它对时代文化的接引与外度，使其成为一种任何人都不可忽视的"势力"，在百余年来的社会发展进程中，发挥了不可替代的作用。

故此，我们推出这套"中国出版家丛书"，以展示中国文化创造者的风采，弘扬他们的优良传统和崇高的职业精神，发掘出版史史料，丰富出版史研究和编辑史研究。

"中国出版家丛书"编辑委员会

人民出版社编辑部

二〇一六年四月

# 目　录

# 前　言

她是一位资深的革命者。大学时代参加著名的一二·九爱国运动，而后在时代的洪流中奔赴延安。同辈之中"官至宰辅何论侍郎"①，而她却"官越做越小"，最终只在人民文学出版社社长之位离休。

她是一位著名的作家，留下有五卷本的文集。可她向来见人就说："我可不是作家，是老编辑。"②

从外表看，她留给出版界同事、作者最深的印象，是"快"：她"说话很快，像打机关枪一样，干脆利落"③，"她走路时总是很快，嘴巴总是自言自语那样嗫嚅着，即使迎面是熟人也很少打招呼"④，"她

---

① 张洁：《你不可改变她》，韦君宜等：《怀念集》，人民文学出版社 2011 年版，第 393 页。

② 韦君宜：《我没有门道》，《韦君宜文集》第四卷，人民文学出版社 2013 年版，第 309 页。

③ 李昕：《韦君宜：勇士与智者本色》，搜狐读书，2015 年 8 月 14 日，http://nr.book. sohu.com/20150804/n418148947.shtml。

④ 冯骥才：《记韦君宜》，于光远等：《韦君宜纪念集》，人民文学出版社 2003 年版，第 224 页。

写得很快，下笔万言，倚马可待……真是文如其人，她本人也是个急性子，说话好象放机关枪似"①，"她是真诚地在撅天抢地地赶路，真诚地相信她能撅天抢地地赶到路的目的地，实现自己的目标"②。而就其内在的思想而言，在很多同事、作者看来，她是一个"谜样的韦老太"，颇让人费猜："既是个女强人，又是个弱女子；一方面有冷眼向洋看世界的豪迈，另方面又有打落牙齿和血吞的懦弱；她任情而又拘礼，简傲而又谦卑；她是个热水瓶，内胆是热的，外壳是冷的；她对自己的事业和命运是坚忍不拔地执著抗争的，但最终的拼命一击，也只能算是铅刀一割；她有雄才大略，但不能挥斥方遒；她狷介而随俗，敏捷而愚钝。"③

从 1936 年 10 月被聘为《清华周刊》编辑、1939 年在延安担任《中国青年》编辑起，到 1985 年从人民文学出版社社长之位离休，韦君宜（1917—2002）从事编辑出版工作近五十年。在漫长的编辑出版生涯中，韦君宜担任过当代重要的青年刊物《中国青年》的总编辑、共和国时期重要的文艺普及刊物《文艺学习》的主编；自"文革"中期起，她主持当代最重要的文学出版机构人民文学出版社，发现、培养了大量文学创作英才，出版了大量影响当代文学史的名著，大力支持、推动大型文学期刊《当代》以及《新文学史料》、《文学故事报》等重要报刊的创办，为新中国建设人民文学殚精竭虑，在我国当代编辑出版史和文学史上做出了巨大的贡献，值得大书特书。更为重要的是，从

---

① 黄秋耘：《我所认识的韦君宜同志》，《文艺报》1983 年第 5 期。
② 苏福忠：《韦老太，你慢走!》，《黄河》2002 年第 3 期。
③ 陈早春：《我看韦君宜同志》，韦君宜等：《怀念集》，人民文学出版社 2011 年版，第 420 页。

水木清华园学生年代的编辑历练到延安战火中的革命洗礼，从共和国
建设时期的热情投入到特殊时期的负重前行，从新时期的思想解放到
晚年的痛定思痛，韦君宜丰富的编辑出版实践活动，深刻地体现出现
当代革命家、出版家与作家三位一体的深层互动与融合，折射出现当
代中国深广、复杂的社会历史内涵。她的编辑出版实践和编辑出版思
想，具有不容忽视的当代意义。

　　出版家吴道弘先生曾说："纪念韦君宜同志，我以为需要了解她
一生从事期刊和图书编辑特别是小说创作的编辑所付出的辛劳，以及
她对促进文学创作做出的贡献。也要了解她热心培养青年编辑人才付
出的努力（包括她写过的《老编辑手记》等）。还要了解她在编辑出
版岗位上坚持不懈地进行创作的精神与成果。韦君宜一生的贡献是多
方面的，希望有人写出一部编辑出版家韦君宜的传记，这应该看做是
编辑出版优良传统的一笔宝贵财富。"[1]

　　从早年的爱国青年"小魏"到晚年的革命老干部"韦老太"，本
书试图努力勾画她以编辑出版安身立命、服务人民的一生。

---

　　①　吴道弘：《要有编辑家韦君宜的传记》，于光远等：《韦君宜纪念集》，人民文学出版
社 2003 年版，第 317 页。

第一章

# 清华园里的编辑历练

## 一、富家小姐·清华才女·进步学生

韦君宜，原名魏蓁一，1917 年 12 月 10 日出生于北京，祖籍湖北建始，"君宜"是她 1936 年在《清华周刊》第四十五卷第一期发表《哀鲁迅》一文时首次使用的笔名。抗战后流亡到武汉参加抗日青年训练班时，她将自己的名字改为韦君宜。中国古代取名，向来有"女《诗经》，男《楚辞》"之说。"君宜"二字出自《诗经·小雅·裳裳者华》："左之左之，君子宜之；右之右之，君子有之。"以君子无所不宜、德才兼备的品性来为自己命名，足见其对于个人品德和人生价值的高标准追求。作为一名女性，韦君宜在当代中国自有其特出之处。

现当代历史上有着一个耐人寻味的现象：很多出生在优渥家庭的知识分子，受到自近代以来日益严峻的民族存亡的时代性召唤，义无反顾地投身革命。韦君宜就是这样的一个典型。她出生在一个从知识分子变为民国官僚的家庭。韦君宜是家中长女，下有两个弟弟、三个妹妹。父亲魏仲衡，在清末留学日本，于民国初年回国，成为孙中山手下从事民主革命活动的年轻人之一。但总体上讲，他是一位相对纯粹的技术知识分子：1913年回国后，在北京铁路管理学校（今北京交通大学）任教，后到交通部任职；参与修建吉长线、吉敦线两条铁路，旋即被派往长春任铁路局局长。1928年，魏仲衡被解职，在天津租界过起寓公生活。母亲司韵芬，是清末举人的女儿，通文墨。据韦君宜回忆，幼时母亲曾教导她们姐妹背诵《琵琶行》、《阿房宫赋》等古典诗文以及《三字经》等传统识字读本。

韦君宜的父母非常重视子女的教育，要求女儿和男子读一样多的书。在北京的叔叔家里读完小学二年级后，韦君宜先后在父亲就职的长春、北京、天津等地接受了完整、良好的中小学基础教育。小学三到五年级，她就读于吉林长春铁路子弟小学。韦君宜晚年在病中曾写下散文《童年生活琐记》，真切回首长春生活经历。当时的长春偏僻，群众文化素质低。为了提高铁路子弟小学的教学质量，时任铁路局局长的魏仲衡专门从北京聘请中小学教师来学校任教。因此在韦君宜的印象中，当时的教师水平并不低。比如1926年，学校教师曾排演现代剧作家熊佛西的话剧《一片爱国心》，反对日本侵略中国。有一次，老师为学生放映电影《宦娘》，之后让学生撰写"观影记"，韦君宜的文章被老师油印成册发给学生，人手一册。这对于激发幼时韦君宜的写作兴趣，有着强烈的推动作用。在当时知名的出版机构商务印书馆长春分馆，韦君宜订阅了在青少年读者中广受欢迎的《小朋友》、《儿童世界》等书刊，很早就知道了儿童音乐、文学作家黎锦晖、王人路等人。

1927 年，韦君宜转学到北京，考取北京实验小学（今北京师范大学实验小学）六年级。1928 年，全家迁至天津法租界定居。韦君宜考入南开女子中学一年级，一直读到 1934 年高中毕业。作为现代中国著名的私立中学，南开中学对韦君宜的影响很大。南开时期，韦君宜认为是自己"由孩子变成懂事的青年这一人生最重要的阶段。南开除了教给我语文、数学、理化、史地这些基础知识之外，我觉得重要的是教我打开了眼界"①。南开不仅训练严格，而且倡导一种新的人文精神。学校素有爱国主义传统。校长、著名教育家张伯苓经常向学生灌输抗日爱国思想，每年举行"五七"、"五卅"等纪念日活动。除了中学基础课程，南开还开设了无论是内容还是教学方法都迥异的特色课程，如对学生进行爱国主义教育的"中国近百年史"、教学生懂得世界局势的"西洋近代史"；"九一八"发生后的第二年，傅恩龄老师开设"东北经济地理"课程，引导学生关注东北；陆善忱老师教"社会观察"课，带着学生深入宝成纱厂访问女工，到曾经反抗租界日本兵的保安队与保安谈话，回来撰写社会观察报告。在南开，韦君宜不止一次听过梁漱溟、晏阳初等先生关于乡村建设和平民教育实验的讲演，激起关心民瘼的情怀。同学们甚至办了一个实验区平民学校，招收贫苦儿童。这些课程，"大开求知欲很强的中学生的眼界"②。老师的言传身教，直

① 韦君宜：《忆南开》，《韦君宜文集》第四卷，人民文学出版社 2013 年版，第 528 页。
② 韦君宜：《忆南开》，《韦君宜文集》第四卷，人民文学出版社 2013 年版，第 528 页。

接影响了成长中的韦君宜。在"阅读"课程助教邵存民老师、刚毕业的进步教师田骢影响下，韦君宜广泛阅读各种文学流派的作品，特别是左翼文学，并学会有选择地接触当时的新刊物和文学作品，如丁玲主编的《北斗》、周扬编的《文学月报》，以及叶圣陶的《隔膜》、冰心的《寄小读者》、鲁迅的《华盖集》等。"一个十五岁的孩子，一下子钻进上海左翼文化的热烈空气里，简直着了迷。"韦君宜还阅读了《铁流》、《毁灭》等外国名著。田骢老师还有意识地引导学生进步，"要在这群不懂事的孩子们中间划破鸿蒙"，倡导小组讨论，通过文学刊物《四月》和校刊来激活课堂，建议"女青年该看看章秋柳、孙舞阳那样的人是怎么生活的。——当然，不必那么浪漫"。章秋柳、孙舞阳，是当时影响极大的作家茅盾的作品《蚀》三部曲中的两位新时代新女性人物形象。当时的韦君宜，说"觉悟不到我这样的学生也能变成章秋柳、孙舞阳"[1]。1953 年，从事青年思想政治工作的韦君宜在回答年轻人关于为什么资产阶级家庭出身的自己会"背叛"家庭而投身革命时，她说："我在高中二年级时开始接触到进步思想，一个进步的国文教员（他是一个革命者）教我们读《铁流》、《毁灭》、《土敏土》，读鲁迅的杂文。这些书在我的眼前展示了一个崭新的世界。那个世界里，不论老年少年，大家都是那样有志气、有思想、有热情的。他们的思想多么美丽啊！和我的家、我出身的那个阶级的那群人比起来，真是天地悬殊。一个有眼睛的人，都应该知所选择的。"[2] 全天开放的女中图书

---

[1] 韦君宜：《忆南开——为母校南开校庆作》，《韦君宜文集》第四卷，人民文学出版社 2013 年版，第 165 页。

[2] 韦君宜：《答一个资产阶级出身的女孩子》，《韦君宜文集》第四卷，人民文学出版社 2013 年版，第 32 页。

室，以及开架阅读的南开图书馆，使韦君宜得以畅游书海。从林琴南到布哈依，她不分古今中外进行了大量的课外阅读。孟志荪的授课方法和研究方法令她对古代文学着迷，由此养成了到北京琉璃厂旧书店选购线装书的习惯，发现了寻觅古书的乐趣，以至于"书店的伙计用很惊异的眼光看着这个跑来翻古书的少女"①。她还经常去天津的劝业场楼下的佩文斋购买旧书。此外，她还在天津书局等地购买大量的新书，包括鲁迅的杂文、郭沫若的《创造十年》，张天翼、靳以、沈从文、穆时英、叶灵凤等现代作家的新书，以及《文学月报》、《春光》、《文艺新闻》、《现代》等刊物。文化中心京津资源丰富的书局使她受惠极多。

南开有着活跃的校园文化。入学不久，在一次校庆日，"南开新剧团"排演了当时在中国流行的易卜生剧作《娜拉》，由大学部学生万家宝（曹禺）主演，这是韦君宜第一次接触外国重要作品，她感受到一种新鲜的气息。"那时人家（指曹禺——引者注）是大学部学生，我是初一小孩子，他当然不认识我。可是我这个小观众却对此戏印象极深。至今，在末幕换上深色衣裙的娜拉站在台中央说：'我原来是一个洋娃娃！'决绝出走的模样儿，还留在我的脑际。"②此外，南开中学还让学生在课余办月刊，轮流当编辑。"嘤其鸣矣，求其友声。"在女记者兼报纸副刊编辑出身的徐凌影老师的指导下，同学们创办了一份《嘤鸣》月刊，发表课堂命题以外的文章来自抒胸臆。"全班同学都是社员，还推举了一个社长。有几个人组稿，最后稿子交齐，由徐先生过

① 韦君宜：《我的文学道路》，《韦君宜文集》第五卷，人民文学出版社 2013 年版，第 124 页。

② 韦君宜：《忆南开——为母校南开校庆作》，《韦君宜文集》第四卷，人民文学出版社 2013 年版，第 164 页。

目。"韦君宜平生第一篇命题作文之外的文章，就发表在《嘤鸣》上。

这些对韦君宜的影响，一是奠定了读书与写作的基础，二是让她打开了眼界。如她所说："有了这些坚实的基础，我才能睁大眼睛去听取、去接受各种新鲜的主张。后来，我在清华大学迅速变成左翼，也就是由此而来。"①"读书的习惯，使用文字的基本功，可以说全是六年来南开教给我的。进大学以后不久，我就开始在《清华周刊》上发表文章，以后就用笔来为革命服务了。"②韦君宜的父亲魏仲衡非常欣赏长女的才华，曾与人谈及，自己女儿的这支笔颇有《老残游记》的风格。③在随笔《寄不出的信》中，韦君宜曾记录父母对她的鼓励："努力罢，你是近于文学的，别辜负了你的天分。"④

广博的阅读与过硬的笔头功夫，为韦君宜今后终身与之的革命宣传和编辑生涯奠定了扎实的基础。更重要的影响还在于，南开活跃的爱国氛围与文化活动，使韦君宜这样一个敏感多思的青春少女，开始忧国忧民，养成了关注民族前途和社会现实的习惯。写于1931年的诗作《少年书愤》鲜明地表达了她的义愤之感："随身半载一薄书，日日读它有甚余。清夜摊开增我恨，终朝对尔欲何如。"⑤

学校教育之外，家庭教育对韦君宜的影响也很大。父亲对她的

---

① 韦君宜：《忆南开》，《韦君宜文集》第四卷，人民文学出版社2013年版，第529页。

② 韦君宜：《忆南开——为母校南开校庆作》，《韦君宜文集》第四卷，人民文学出版社2013年版，第166页。

③ 宋彬玉：《记青少年时期的韦君宜》，于光远等：《韦君宜纪念集》，人民文学出版社2003年版，第61页。

④ 韦君宜：《寄不出的信》，《韦君宜文集》第四卷，人民文学出版社2013年版，第4页。

⑤ 韦君宜：《少年书愤》，《韦君宜文集》第五卷，人民文学出版社2013年版，第142页。

穿戴严格限制，却放心地让她购书。韦君宜不仅把家中所藏的旧书读完了，还购读了很多新书，幼年时即接触到鲁迅与郭沫若等五四新文学作家作品。多年后在解放区晋西北忆起家中，韦君宜在诗中曾说："我亦喜藏书，缥缃千百卷。"① 她甚至在家里与妹妹们编起了刊物作为训练。姐妹每人写两三段。她有篇文章叫《胡说记》，订成一本。"自己是编辑，也是读者，却从不敢给父母看。"韦君宜自称，这大概是她编辑生涯最早的"培训"，也是她最早的自由创作。②

1934 年高中毕业时，韦君宜被清华大学、北京大学、燕京大学三所名校同时录取。怀着做学者的期望，韦君宜选择了清华哲学系，成为著名的"清华十级"哲学系唯一的女生。20 世纪 30 年代中期的清华哲学系，专业影响力正值抗战前的高峰时期。冯友兰、金岳霖、邓以蛰、沈有鼎、张岱年等名家均执教于此。系主任冯友兰曾把新生招到自己家中谈话，介绍哲学系的课业情况。像当时很多青年精英一样，进入清华园的韦君宜，"挺想做个学者，不辜负父亲的期望"③。在静谧的水木清华，怀着学者梦的韦君宜，过着诗情画意的大学生活。她在当时创作的一些作品，不管是白话诗还是古体诗，都典型地充满了青春少女的气息。1935 年，她在《清华周刊》第四十二卷第十一、十二期合刊发表白话诗《静眺》与《倚窗》。以《静眺》为例，可见其敏感诗心："鸟声在东边鸣了西边又鸣，/ 树影成行，/ 已倒沉

---

① 韦君宜：《战地书怀以代家书》，《韦君宜文集》第五卷，人民文学出版社 2013 年版，第 161 页。

② 韦君宜：《孩子们怎么玩？》，《韦君宜文集》第四卷，人民文学出版社 2013 年版，第 526—527 页。

③ 韦君宜：《我的文学道路》，《韦君宜文集》第五卷，人民文学出版社 2013 年版，第 124 页。

在水底。/礼堂里的琴波颤了来，/谐和了水波的颤。/满地都静了。/天有黄叶还恋着这一池残水/横直综错，满地都亲吻过。/正秋风！/一片叶子又欹斜的落了。"① 相比之下，她的旧体诗更为老到："夕晖一点透林明，坐听虫声共鸟声。敛黛西山初浴罢，云轻雾薄晚妆成。"②

但"时势比人强"，这位曾经"非常老实听话，又很用功的学生"③，很快被抗日救亡的时代大潮裹挟，理想与人生规划发生大变化。1935年，北平面临危亡关头。"何梅协定"、"塘沽停战协定"等屈辱的条约，让热切忧国的青年学生无法平静地在象牙塔中潜心问学，终于爆发一二·九运动。在时代氛围和周围同学的影响下，韦君宜的思想变得日益激进，逐渐没有心情去念线装书、读外语，而开始热心参加各种校园社会活动。当时的读书会与社会科学研究会等团体，不少是共产党的外围组织团体。"在1934年下半年和1935年，十级即有不少同学参加了共产党领导的社联、左联、语联等组织和清华的现代座谈会、世界语学会、新文字研究会等进步团体。"④ 韦君宜们成立同学会、开展时事问题讨论会，出版《静斋壁报》，成立流动图书馆，组织海燕歌咏团，唱《国际歌》、《毕业歌》等革命歌曲。韦君宜先是与从南开一起考入清华的同学毛梜以及杨述、姚克广（姚依林）、黄诚等同学参加了革命组织"现代座谈会"，被编在哲学组。"座谈会"不久被解散。后来她又积极参加由蒋南翔领导的更为激进的静斋六人读

---

① 韦君宜：《静眺》，《韦君宜文集》第五卷，人民文学出版社 2013 年版，第 210 页。
② 韦君宜：《清华园》，《韦君宜文集》第五卷，人民文学出版社 2013 年版，第 145 页。
③ 韦君宜：《我青年时代的愿望》，《韦君宜文集》第四卷，人民文学出版社 2013 年版，第 530 页。
④ 《清华大学第十级简史》，《清华十级纪念刊》，第 83 页。转引自张欣驰：《韦君宜：在清华园的峥嵘岁月》，《中国出版》2011 年第 3 期。

书小组，大量阅读《中国大革命史》、《两个高潮之间》等革命书籍，进行"时事分析"、"自我批评"等讨论。小组每次开会，"先是时事分析，再是工作讨论，再是工作布置。我头一回知道时事怎么分析法，你得把世界分成两个壁垒就明白了。他还告诉我们，有支红军，已经过了黄河，如果打起仗来……"① 文学图书中，韦君宜接触鲁迅的作品较多，热衷于购买《花边文学》、《伪自由书》、《准风月谈》等，从鲁迅和其他左翼作家的作品中汲取思想源泉。据同为六人读书小组成员的室友、外语系学生王作民回忆：这时候的韦君宜，"性格内向，话不多，看不出和谁特别要好，喜欢什么人，穿着质地讲究，但并不特别打扮。爱好读书，会写文章，抱着书出门、上课、进饭厅，走起路来噔噔噔很快。对组织的活动十分热心，有时缺少经费，就跟她说：'喂，小魏，把你的存折拿出来吧。'她总是十分乐意地慷慨解囊"②。1935年暑假，思想苦闷且对前景迷茫的韦君宜，一度以留学的名义与同学一起去了趟日本，打算"去找光明的路"③。在日本，他们与左翼朋友联系，但很快，她又回到清华。

随着伪组织、伪自治暗流涌动，北方局势的日益危急，1935年11月18日，在中共北方局领导下，爱国青年学生成立了民族救亡的"北平学生救国联合会"。蒋南翔起草的清华大学救国联合会《告全国民众书》发表，"华北之大，已经放不得一张平静的书桌了"这一口

---

① 韦君宜：《他走给我看了做人的路——忆蒋南翔》，《韦君宜文集》第四卷，人民文学出版社2013年版，第333页。

② 转引自宋彬玉：《记青少年时期的韦君宜》，于光远等：《韦君宜纪念集》，人民文学出版社2003年版，第69页。

③ 韦君宜：《"南开英才"毛櫆》，《韦君宜文集》第四卷，人民文学出版社2013年版，第397页。

号响彻全国。终于在 12 月 9 日发生大规模的示威游行，是为历史上著名的一二·九运动。一周后，又发生全市学生规模更大的抗日大示威，即一二·一六大游行。北平学联组织了"平津学生南下扩大宣传团"，分四路徒步去当时设在保定的河北省政府请愿。在请愿过程中，蒋南翔发起成立"中国青年救亡先锋团"，后回北平与"民族解放先锋队"合并，改名为"中华民族解放先锋队"，简称"民先队"。韦君宜成为民先队的最早成员。

在参加一二·九运动的第二年，韦君宜加入了中国共产党。从此，她更是担负了大量的社会工作，如社联、妇救会、民先队，又做地下党的干事等，和职业革命者相差无几。1936 年 2 月 29 日，为躲避军警搜查，韦君宜与同学在清华中文系教授朱自清家中避难一夜。1936 年暑假，她甚至跑到山西，去参加革命组织"牺盟会"。按照她自己的说法，对她来说，当时的"学校不过是个旅馆"①。因为缺课超过三分之一，冯友兰主讲的"中国哲学史"课程，韦君宜得了个不及格，被迫重修补考才得以通过。韦君宜代表同学去请冯友兰来讲救亡，冯说："你们这次抗日的表示，也表示得有声有色了。现在怎么还未回来上课？"而年轻的韦君宜，"对冯先生的话却一句也听不进，转身就走了"，最终"离开学校，丢下课堂里的书本了"②。所谓"人以群分"，当时同学之中，与韦君宜交往较密切者，就包括蒋南翔、钱伟长等思想左倾的清华学子。这些当年的精英士子，后来被学术界视

---

① 韦君宜：《我的文学道路》，《韦君宜文集》第五卷，人民文学出版社 2013 年版，第 125 页。

② 韦君宜：《敬悼冯友兰先生》，《韦君宜文集》第四卷，人民文学出版社 2013 年版，第 469—470 页。

作中国现当代知识分子"一二·九"一代，即由现代大学校园"破门而出"参加革命的代表性人物。"那时候，进清华大学本来就是上了一块能够扬名声显父母的跳板。可是我们却集体在这美丽的校园里，下了抛弃自己的一切，提上脑袋干革命的决心！……这是年轻人用自己的心、自己的血泪、自己的前程浇铸成的理想的标志！"[①]

卢沟桥事变后，北平失守，学校开始南迁。个人、学校以及国家堪忧的前途，令广大青年学生处于极度的思想苦闷之中。韦君宜决定放弃学业，南下武汉寻找党组织。1937 年 8 月 28 日，她同大妹魏莲一一起，从天津塘沽乘开往广州的"湖北号"轮船南下，开始了抗日救亡之路。临走前，不到 20 岁的韦君宜写下一首七律《别天津登舟》以明志："斩绝柔情剩壮心，木兰此去即从军。早因多难论高义，况到艰危敢爱身？如此河山非吾土，伤兹父老竟谁民。愿将一片胸头血，洒作神州万树春。"[②] 诗作借用广为人知的木兰从军历史故事自况，热血爱国之情，溢于言表。10 月下旬，她到长沙临时大学报到注册，成为"临大"文学院心理教育系四年级学生。不久即在湖北襄阳、宜昌、武汉等中南地区从事抗日救亡和恢复党组织的工作，担任中央宜昌区委组织部部长。

韦君宜在武汉参加抗日救亡活动的消息，传到了远在敌占区的北平家中。母亲带着父亲的亲笔信，专程从北平经香港到武汉来看她。后来，韦君宜在其纪实小说《母女》中曾经记述父亲在信里恳切地希

---

　　① 韦君宜:《寻找青年的聚会》,《韦君宜文集》第四卷, 人民文学出版社 2013 年版, 第 154—155 页。

　　② 韦君宜:《别天津登舟》,《韦君宜文集》第五卷, 人民文学出版社 2013 年版, 第 146 页。

望她回家完成学业，然后赴美留学："予非旧式家长，向来反对女子无才为德谬论。自国民政府宣布女子继承权以前，即以吾儿为冢子。以儿聪慧胜诸弟，实望汝读书有成，大振家声，为世间妇女之表率。吾老矣，早岁追随孙先总理革命，非无所作为之人。而今政局纷乱，人情淡薄，无能为矣。予以退隐之身，一生所望惟在吾儿。愿以家中积蓄，助儿成材，放洋赴美。救国不能但凭宣传，待儿学成归来之时，即报国之日也……"① 后来她在以妹妹重回家庭而后又参加革命的经历说明个人利益与革命利益关系的随笔《妹妹的故事》中，也曾提及当年父母催归的事情："救国不能只靠宣传，你们回来，学有成就，定可偿救国素志。""待学有成就，自有远大前途，对救国亦有建树。"② 就像当时的著名学者胡适曾经苦口婆心地劝诫激进的年轻学生一样，韦君宜父母同样表现出"救国不能但凭宣传"的"中年认识"。但是，面对同样的民族危机，个体所受到的刺激代际差别太大了，年轻人自有年轻人的感受。金瓯残缺山河破，中国知识分子就像当代思想家李泽厚所概括的，面临着"救亡压倒启蒙"的艰难境遇。与挽救中华民族这一宏大责任相比，考虑个人的出路与前程，在当时的青年知识分子看来，实在不合时宜，于心难安。就如韦君宜后来所说："我为什么抛弃了学业和舒适的生活来革命呢？是为了在革命队伍里可以做官发财吗？当然不是。是认为这里有真理，有可以救中国的真理！值得为此抛掉个人的一切。"③ 最终，韦君宜不做"富家小姐"而

---

① 韦君宜：《母女》，《韦君宜文集》第三卷，人民文学出版社 2013 年版，第 238 页。

② 韦君宜：《妹妹的故事》，《韦君宜文集》第五卷，人民文学出版社 2013 年版，第 3—5 页。

③ 韦君宜：《思痛录·编辑的忏悔》，《韦君宜文集》第二卷，人民文学出版社 2013 年版，第 286 页。

当"革命娜拉",背离家庭、抛弃学业,"断送"了中产官僚家庭原本为她安排好的灿烂前程。

韦君宜先后在湖北黄安、襄阳、宜昌等地参加革命工作。1938年10月,韦君宜遭受了人生的一次重大打击——救亡运动中结识的志同道合的恋人、地下党员孙世实在长江边的"新升号"上遭遇日机轰炸身亡。个人的惨痛遭遇,使得韦君宜悲痛欲绝。"我也曾为自己打算过,我没想到日本帝国主义就会马上把我个人连根拔了。""在民族的献祭台前,有人走上来,说:'我献出金钱。'有人说:'我献出珠宝。'有人说:'我献出笔墨。'有人说:'我献出劳力。'我将上台大声宣布:'我献出了我的爱人!'我总算倾其所有,使同献者再也没话可说了。我想退去,但是民族的神灵对我说:'不!你还有!''我还有什么呢?''你还有自己的生命!'"痛定思痛,她很快由个人的悲伤想到民族空前的惨遇,想到同胞正在承受的巨大灾祸。从此,她对自己"再也无法打算,无法留恋,再也不用想任何最低限度的保留了",而义无反顾地走上民族的献祭台,"我活着只为了报仇!痛痛快快的报仇,直接的报仇,性命的仇,我的仇,中国的仇,我们——百年来千万方里列祖列宗的深仇大恨呵"[1]。而此时的韦君宜,历经炮火与流离,心境也增添了一丝慷慨苍凉:"北浪南流作客难,身随炮火越重关。三年隔世乡园梦,万死劫灰噴爱贪。对镜惊疑犹绿鬓,抚心哀乐已中年。长江汉水从头忆,百感苍茫不忍言。"[2]

---

[1] 韦君宜:《牺牲者的自白》,《韦君宜文集》第四卷,人民文学出版社2013年版,第17页。

[2] 韦君宜:《悼孙世实》,《韦君宜文集》第五卷,人民文学出版社2013年版,第155—156页。

1938 年 12 月，由党组织安排，像当时的很多热血青年一样，韦君宜从成都经西安奔赴根据地延安，于 1939 年初抵达。走出宁静的清华园，参加一二·九爱国运动，而后奔赴延安，由富家小姐而激进学生而革命青年，在大动荡的时代风云中，韦君宜完成了她看似偶然而又有着大时代必然性的身份转变。

## 二、《清华周刊》：编辑生涯的起点

水木清华园的三年时光，是韦君宜接受精英教育、从事文学与革命活动的重要起点，也是其人生道路的一个重要转折。校园独特的人、事、物，促成了她对自由、民主、革命的热切渴望；同时，清华园静谧而活跃的峥嵘岁月，对她日后的编辑生涯影响深远。

与寻常的文学青年、大学生的文字、编辑生涯不同，韦君宜的文字生涯，起步就带有特定时代的色彩。作为参加一二·九运动的学生骨干，韦君宜为配合战斗的需要，或为革命烈士写祭文，或出于宣传的需求写通俗唱词，以笔为枪。在抗日游行示威中，她写的对口词《老百姓》被印成传单广为散发。室友王作民回忆："我们静斋女生宿舍有个墙报，掌握在进步学生手中，君宜经常给墙报写稿，还在校内外刊物上发表文章。那时看出来她是个作家的材料。""她对生活感受深，观察细微，善于思索，加以书读得多，所以下笔成章。在一起的时候，看她似乎不经意，但通过她的笔，使人感到她看的、听的比谁都多，一件普通的事，由她的笔写出来，能从中看出深一层的东西，与众不同。"[①] 在一二·九运动前后，韦君宜在天津的《庸报》《大公报》等报刊发表作品。一二·九运动当天，她的短篇小说《小坑》发表于天津《国闻周报》第十二卷第四十七期。这篇小说延续了鲁迅《伤逝》中对"娜拉出走后怎么办？"的一贯思考。小说讲述了一对经营自己生活、憧憬美好未来的青年教师夫妻，女主人公遭遇辞退这一生活的"小坑"。作品结尾借另一个充满理想主义色彩的同学马小姐的话，表达了作者的态度："都完了？你说你不要生活里的山峰和大沟，但是你看，这顶多是一个小坑，你受不了！……"[②] 作品叙事清爽，颇具"五四"社会小说的味道。1936 年，北平第十七中学进步女学生郭清被军警拘捕并施以重刑，于 3 月 9 日不幸去世。郭清之死，在特殊的时局中激起北平学生的公愤。北平学联为一扫令人窒息的沉闷污浊的政治空气，于 3 月 31 日在北大三院礼堂举行郭清追悼大会。这就是中国学运史上著名的北平三三一事件。在追悼大会上，韦君宜按照北平学联的要求，以北平全体学生的名义作悼文《祭郭清》，在追悼大会上朗诵。祭文满怀愤懑之情痛斥民族敌人，呐喊出踏着血迹前行的决心与革命热情："你的伙伴要给你看，我们今后没有眼泪，没有悲哀，没有凄凉！我们只有沉痛的愤恨，火一样烈，海一样深的愤怒和仇恨。"[③] 韦君宜在后来谈到自己成为"笔杆子"的经历时说："若说笔杆子强，别位笔杆子写论文写散文写诗成了气候，我这个笔杆子却专门赶任务。一会儿要公祭郭清同学，叫我来一篇祭文；一会

---

[①] 转引自宋彬玉：《记青少年时期的韦君宜》，于光远等：《韦君宜纪念集》，人民文学出版社 2003 年版，第 71 页。

[②] 韦君宜：《小坑》，《韦君宜文集》第五卷，人民文学出版社 2013 年版，第 246 页。

[③] 韦君宜：《祭郭清——录自一九三六年北平学生追悼郭清烈士大会》，《韦君宜文集》第四卷，人民文学出版社 2013 年版，第 371 页。

儿出外宣传，需要通俗唱词，又让我来十二段孟姜女调'正月里来正月正……'；有一个刊物上登出一个东北义勇军李红光的轶事，我们正需要这类宣传品，于是由我动手改编成了一段鼓词'李红光女英雄'印发出去，其实我连这李红光是男是女都不知道。后来呢，后来我不再用功读书，当然学无成就，后来在学校里就开始当业余编辑，什么打杂零活都干。青年时代当学者的愿望就此结束。"① 善于急就式写作，成为韦君宜后来从事文化宣传工作的重要素质与突出风格。晚清以来，以梁启超为代表，知识分子在报刊上发表文章关注社会公共事务时，常常发生"觉世"与"传世"之间的矛盾。对于终生以参与革命事业而从事文化宣传工作为主的韦君宜来说，她的写作明显偏向于"觉世"一端。

在清华时，韦君宜还在《北平学生》、《我们的生活》、《民族解放》等报刊上发表作品。在《我们能恋爱吗》（《北平学生》第四期，1937年2月27日）中，她态度鲜明地反对救亡运动中的年轻人谈恋爱，理由是，当时的青年"并不能脱去旧的生活习惯和行为，并不能谈合于理论的标准恋爱"②，充分反映了韦君宜的理想主义与进步性。《谈清华的静斋》（《北平学生》第五期，1937年3月8日），介绍了清华静斋活跃的文化氛围与青春气息，"在这动静新旧前后左右的交织中，我们看出了光明，看出了希望！"③《他第一次照像》（《北平学生》第七

---

① 韦君宜：《我青年时代的愿望》，《韦君宜文集》第四卷，人民文学出版社 2013 年版，第 530—531 页。

② 韦君宜：《我们能恋爱吗》，《韦君宜文集》第五卷，人民文学出版社 2013 年版，第 262 页。

③ 韦君宜：《谈清华的静斋》，《韦君宜文集》第五卷，人民文学出版社 2013 年版，第 265 页。

期，1937 年 3 月 19 日），讲述作者看到一个偷自行车的贼被照相公示，一脸愁急惶恐，而作者心里却"把他当个人，愁到他也是妈养的，也会有子女"，希望他能"照一个带笑的相，照得好，非常快活"①。随笔由生活所见入手，体现出作者深沉的人道主义同情心。《毕业以后将如何？——赠毕业队友》（《我们的生活》第九期，1937 年 7 月 30 日）则是典型的毕业赠言。在民族面临生死存亡之际，作者希望同学毕业后能够紧密团结旧社会的先进分子，"要联络社会上一切势力挽救中国的危亡，不要为旧社会势力所同化"②。这些文字，对后来韦君宜从事青年宣传工作、主编《文艺学习》大有助益。

随着中国现代大学教育制度的建立与完善，校园报刊在活跃现代校园文化、建立校园公共文化空间等方面，扮演着日益重要的角色。当时清华园里，有很多报刊，而最重要的学生刊物是《清华周刊》。这份在国内外文化界都曾产生影响的大型综合性学生刊物，在抗战时期、解放战争时期的起伏经历与诸多报刊类似：创刊于 1914 年 3 月，至 1937 年 5 月共出版 676 期，基本上每学期刊物为一卷，体现了清华校园文化的活跃程度与影响力，尤其是在助推学生校园自治、建构现代大学校园公共空间等方面，作用甚巨。抗战爆发，清华大学南迁后，《清华周刊》被迫停刊。1947 年 2 月复刊后，只出了 17 期便再次停刊。当代文史学者谢泳曾说："《清华周刊》恐怕是中国现代大学中存在时间最久的一份学生杂志了。多少年以后，我们可以发现那些

---

① 韦君宜：《他第一次照像》，《韦君宜文集》第五卷，人民文学出版社 2013 年版，第 267 页。

② 韦君宜：《毕业以后将如何？——赠毕业队友》，《韦君宜文集》第五卷，人民文学出版社 2013 年版，第 270 页。

在学术上或政治上表现出杰出才华的学者，当年差不多都是清华校园文化中的活跃分子，尤其是他们中的许多人都是《清华周刊》的编者或者作者。从闻一多、吴景超、罗隆基，直到李健吾、王瑶等，很少不是当年《清华周刊》的编者。近年许多人开始注意清华学派，其实说清华学派，就不能不提清华早年的校园文化，不能不说当年的《清华周刊》。"①

　　1935 年春，清华中文系九级学生蒋南翔被选举担任第四十三卷《清华周刊》总编辑。与蒋交往极多的韦君宜被聘为《清华周刊》第四十三卷"特约撰稿人"，她以"陶清"的笔名先后撰写了长篇哲学论文《理论能拉住事实吗?》、书评《中国大学生日记》及《由一本书看到——读〈革命哲学〉后》等文章，于质直明快的文风中，体现出强烈的思辨色彩、清晰的逻辑分析。《理论能拉住事实吗?》探讨理论与实践的关系，认为"理论同实践是一个对立的统一，实践在其中又处着主导的地位。……我们不能用理论来拉住实践。应该在具体事态中认清自己的地位，干自己的职务，由这儿才能更清楚的把握到'理论'。利用这既成事实，令历史前进，以创造一个不能说是继续现状的新形势"②。《中国大学生日记》是当时流行的日记体长篇小说。韦君宜在书评中指出这部小说"暴露"了大学的无聊、卑鄙等。作者"似曾试想由一粒砂子中，表现出大海的动态。这虽失败了，但那个小角落却描写得够活的"，成功地引发了读者对中国"每个人都无聊卑鄙讨厌到极处"的认同。但韦君宜同时补充指出，这部作品"并不能

①　谢泳：《清华三才子：闻一多、罗隆基、吴景超》，东方出版社 2009 年版，第 17 页。
②　韦君宜：《理论能拉住事实吗?》，《韦君宜文集》第五卷，人民文学出版社 2013 年版，第 230 页。

代表中国大学生生活的全面！我们不能相信所有的大学生统统像这书的主人公与其同学一般，至少我们当中还有愿意好好活下去的；……作者忽略了这大学生的另一面，只绝望的告诉着，这是他最大的错误。……"[①]《由一本书看到——读〈革命哲学〉后》，是针对蒋介石《革命哲学》一书的批评。作者指出，这本书当时是清华"读书竞进会"大学组第二本指定参考书。蒋介石认为，一个国家最主要的是民族精神，而当下之所以贫弱，最主要原因就是"国人没有革命哲学"。韦君宜在书评中指出，这让读者想到黑格尔的"绝对精神"，具有唯心论的实质。她以犀利的笔调批判蒋介石著作反动本质所在，揭示出当时流行的"建设中国本位文化运动"、复古、读经、尊孔、"中学为体西学为用"、"新生活运动"等都可"由此找出根核来"。文章最后指出，这种思想文化只不过是资本主义和"臭腐的封建势力携了手"[②]。哲学论文，尤其是即时性的书评，体现出韦君宜思辨的色彩与流畅明快、质朴的文风，可以看出她后来从事出版工作时很多书评、时评、出版评论文字风格的影子。

1936 年 10 月，韦君宜被聘为《清华周刊》第四十五卷《哲学栏》编辑，同时陆续发表文学作品。文坛领袖鲁迅去世十天左右，韦君宜即在《清华周刊》第四十五卷第一期（1936 年 11 月 1 日）发表散文《哀鲁迅》，沉痛哀悼鲁迅先生。她把鲁迅视为青年的朋友："我不觉得鲁迅是从九万里的云间把光芒射下来的星，我觉得他是和我们一同生活

---

① 韦君宜：《中国大学生日记》，《韦君宜文集》第五卷，人民文学出版社 2013 年版，第 231—234 页。

② 韦君宜：《由一本书看到——读〈革命哲学〉后》，《韦君宜文集》第五卷，人民文学出版社 2013 年版，第 235—238 页。

着的朋友。……他能了解我们，和我们一同走路，一同受难，愤恨着同时冲击着。"和大多数当时的青年人一样，韦君宜将鲁迅视作在"夜正长，路也正长"的人间的精神导师。作者认为，鲁迅提出"这是怎样的世界呢"的问题，但"解答这问题的不是鲁迅，因为鲁迅已经死去了，我们得自己找去"①。在一二·九运动周年纪念时，韦君宜在《清华周刊》第四十五卷第七期（1936 年 12 月 16 日）以"蓁蓝"的笔名发表短篇小说《第一道光》，记述了以苏文佐、苏月佐兄妹为代表的大学生参加一二·九运动的情形与心态。尽管《清华周刊》是在清华自由、民主、科学氛围下创办的学生刊物，体现出典型的现代同人刊物的编辑旨趣与风格，与此后韦君宜所编辑《中国青年》、《文艺学习》等机关刊物风格、定位等大不相同，但这段激情热血、青春洋溢的校园编辑经历，无疑给她带来了难得的文字与思想上的锻炼。

现代著名学者钱穆曾经感慨，20 世纪 30 年代的"中国学术界已酝酿出一种客观的标准，可惜为战争所毁，至今未能恢复"②。所谓"客观的标准"，包括酝酿现代文化学术价值标准的母体——现代大学、媒体等建制。这些现代性的文化建制，为数代中国知识分子的成长提供了平台与动力。但每一个个体都无法逃脱时代的裹挟。在现代中国初步成型的大学象牙塔接受了难得的高等教育后，韦君宜很快在时代的风雨中投身革命。

---

① 韦君宜：《哀鲁迅》，《韦君宜文集》第五卷，人民文学出版社 2013 年版，第 247—248 页。

② 余英时：《钱穆与中国文化》，上海远东出版社 1994 年版，第 15 页。

第二章

# 延安的编辑岁月

## 一、《中国青年》（延安版）的
## 编辑活动

"烽火入京华，一夜风雷变。鼙鼓破弦歌，惊烟散游宴。脱我绮罗裳，洗彼胭脂面。遂出我书斋，万里从征战。"[①]1939年1月初，韦君宜随着当时全国各地汇聚的革命队伍的洪流抵达延安。当时的中央青年工作委员会(简称"青委")宣传部部长、战时青年训练班负责人、清华学长胡乔木来到招待所跟她谈工作，告诉她"青委"正在筹备《中国青年》复刊，希望

---

① 韦君宜：《战地书怀以代家书》，《韦君宜文集》第五卷，人民文学出版社2013年版，第160页。

韦担任编辑。因为多有熟悉的一二·九运动的战友，韦君宜自然同意。同年9月，她被分配到中央青委担任《中国青年》的编辑工作。1940年7月，她第二次赴晋西北，筹划和出版《中国青年》(晋西版)，成为《中国青年》复刊的重要奠基人和开拓者。这一时期，是韦君宜编辑生涯真正意义上的开端，也是她融入中国现当代文化出版体制、成为葛兰西所谓"有机知识分子"的起步阶段。

"青年"作为一种非常重要的现代性价值尺度，与进化论的时间观念有关，跟代际更替的观念有关，也与同"老旧中国"决裂有关。① 自梁启超疾呼"少年中国说"到《中国青年》倡导"后来责任，端在青年"，乃至中华人民共和国成立初期对社会主义新人的呼吁，青年政治，成为晚清，尤其是"五四"以来中国社会变革的重要因素。在"再造社会"的过程中，青年与青年运动起了关键作用。青年以其蓬勃朝气，在社会、政治运动中的先锋角色、巨大作用日益获得了社会的公认，甚至形成"青年崇拜"现象。而且，近现代以来，"青年以及围绕'青年'的各种叙述，比如家、爱情、青春的活力、生命的意义、奋斗的目标，等等，在'未来'这一现代性的目标召唤下，不断地被政治化"。未来、希望和新生等语词，被赋予革命的重新解释，也构成了中国革命的政治特征。"这一特征指涉未来、希望和新生，而将传统视为过去、保守和死亡，是中国现代化进展的束缚和阻碍，并与之作一种激烈的争斗和反抗。"因此，在某种意义上，中国革命政治可以被视为一种"青年政治"。②

① 黄子平：《怎样叙述，如何解读》，《灰阑中的叙述》(增订本)，北京大学出版社2020年版，第208页。

② 参见蔡翔：《青年、爱情、自然权利和性》之第一节"青年或者'青年政治'"，《革命/叙述：中国社会主义文学—文化想象（1949—1966）》，北京大学出版社2010年版，第127—131页。

出于组织与推动青年运动、建构青年文化、影响青年思想的需要，许多青年报刊应运而生。

历经"三复三始"命运的《中国青年》，是党团中央于 1923 年 10 月 20 日在上海创办的机关刊物，时任主编是恽代英，编者有刘仁静、萧楚女、邓中夏、林育南等人。其办刊宗旨和办刊理念，是教育青年。因为当时"政治太黑暗了，教育太腐败了，衰老沉寂的中国像是不可救药了。但是我们常听见青年界的呼喊，常看见青年界的活动。许多人都相信中国的唯一希望，便要靠这些还勃勃有生气的青年"，而"许多青年每每仍是不能保持他自己的纯洁，而为万恶社会所同化"，因此"我们必须为青年的这种需要，供给他们一种忠实的友谊的刊物"，引导青年到"活动的""强健的""切实的"路上。① 与落实党的宣传战略相统一，杂志通过大力宣传马克思主义，引领大批青年投身革命洪流，有力地扩大了党的政治影响。国共合作破裂后，1927 年 10 月，《中国青年》迫于政治环境而停刊。

20 世纪 30 年代末期，随着延安抗日根据地各方面建设事业的推进，进行有力的社会动员、建立广泛的统一战线，加快新民主主义文化建设以服务于抗战建国，成为共产党自觉思考与践行的方向。其具体的措施之一，就是大力发展与推进出版业，"建立各种印刷、出版、发行机关，出版各种地方的报纸、杂志和书籍"，"大量创作与编译新文化各部门的教科书、教材、读物、作品、小册子、杂志、报纸、研究资料，建设大规模的出版机关"② 。此后，大批知识分子进入延安。

---

① 《〈中国青年〉发刊辞》，《中国青年》第一期，1923 年 10 月 20 日。

② 洛甫（张闻天）：《抗战以来中华民族的新文化运动与今后任务》，《解放》第 103 期，1940 年 4 月 10 日。

为服务于抗战与革命事业的需要，延安建立起了一种与战时任务高度匹配、有效的新闻出版体制。在 1939—1940 年间，建立了一个以中共中央机关报《新中华报》（后与《今日新闻》合并为《解放日报》）为中心的报刊系统，《共产党人》、《八路军军政杂志》、《中国青年》、《中国妇女》、《中国工人》、《边区群众报》等均被定位为各个工作领域内的机关性质刊物，内容均集中于宣传抗日统一战线、反对投降分裂、歌颂边区建设业绩等，根据各报读者不同特点，文章内容、风格等各有侧重。在此系统中，承担指导青年运动任务的，便是《中国青年》杂志。① 随着抗战进入相持阶段，需要广泛动员青年参与抗战事业。1937 年，中共中央设立青年部，指导青年工作。1939 年 4 月，中共中央发布《为开展国民精神总动员运动告全党同志书》，指出要通过民主方式，着重"宣传鼓动"，依靠于"人民之政治的自觉"，动员青年奔赴前线参军参战、参与大生产运动，培训青年骨干力量，开展国民教育工作。1939 年 4 月 16 日，在新的政治环境和国内国际形势下，《中国青年》作为"中国青年救国团体联合会"的机关刊物在中央青委、西北青年救国会机关驻地陕西省泾阳县安吴堡复刊。从第二期起，复刊的《中国青年》由中华青年救国团体联合办事处主办，在延安北门外中国青年社出版。刊物延续第一次国内革命战争期间开创的精神传统，为扩大党和青年团组织、赢得青年对革命的热情支持进行了探索。1941 年，因国内外政治因素影响，此前一度蓬勃发展的延安新闻出版业进入调整与治理阶段。3 月 6 日，中共中央发布《关于调整刊物问题的决定》，将多种杂志停刊，以四个月为期。在此前

---

① 王臻：《试论延安〈中国青年〉杂志的抗日战争宣传》，黄瑚主编：《新闻春秋（第九辑）——第三次地方新闻史志研讨会论文集》，复旦大学出版社 2009 年版，第 172—188 页。

一天，即 3 月 5 日，《中国青年》在出版第三卷第五期后停刊。因此，在近两年时间内，延安的《中国青年》杂志共出版 3 卷 27 期，即：1939 年 4 月 16 日至 1939 年 10 月 1 日，半月刊，为第一卷，共 10 期，其中第四、五期为合辑。1939 年 11 月 5 日至 1940 年 10 月 5 日，月刊，为第二卷，共 12 期。1940 年 11 月 5 日至 1941 年 3 月 5 日，为第三卷，共 5 期。另外还有 3 期晋西版。杂志为铅印版。延安新华书店发行，全国各大书局代售。

当时的《中国青年》杂志归属于宣传部中国青年科，对外称中国青年社，主编是时任青委宣传部部长胡乔木。中国青年科的科长杜绍西，毕业于北师大。编辑部有丁浩川、萧平、韦君宜等人。作为一种象征性的"赋权"，毛泽东亲自题写了刊名。胡乔木认为应该结合青年读者的特点，将杂志定位为具有政治性、指导性而又通俗易懂的青年杂志。时任青委副书记冯文彬在《发刊词》中提出该刊的五项任务：动员青年参加抗战；在坚持抗战、坚持统一战线的任务下，促成全国青年统一战线的建立和发展；发挥中国劳动青年坚毅勇为牺牲奋斗的优良传统，发挥各进步青年团体的优良作风；帮助青年学习，以进步的社会科学、革命的三民主义、国际主义精神教育青年；表扬中国青年在抗战中的光荣模范、榜样，以鼓励全国青年前进。[①] 杂志每期结尾处"投稿简章"，都明确写出刊物所需要稿件的主要内容是："凡讨论或介绍青年工作、生活或学习的文字，描写青年动态的通讯、文艺以及木刻原版，通讯本刊均极欢迎！"[②]"欢迎投寄各种关于青年的工作学习修养生活的短小精悍的文字，并欢

---

① 冯文彬：《发刊词》，《中国青年》创刊号，1939 年 4 月 16 日。
② 《本刊征稿》，《中国青年》第一卷第十期，1939 年 10 月 1 日。

迎翻印和转载。"①

1939 年至 1941 年的《中国青年》，以"青年"为主要读者对象与中心工作，编辑任务突出围绕"宣传团结"和"组织指导"两项任务展开；工作重心，在于积极地向青年普及马克思主义理论、为青年的现实生活服务、丰富青年的精神文化生活等。杂志内容重点包括五个方面：宣传党的思想主张，刊登青年抗日宣言；把广大青年组织起来，开展青年抗战、进行生产运动；对敌后方、敌占区青年抗战风采的报道；对青年的生活、学习、健康等问题的指导；对外国青年生活及国内外形势进行介绍。② 杂志有《报告》、《讲座》、《工作杂谈》、《战术常识问答》、《转载》、《信箱》、《读物推荐》、《小论坛》、《问题与答复》、《社论》、《专载》、《语丝》、《文艺》、《杂感》、《科学小品》、《工作通讯》、《童话》、《小悬赏》等常设栏目。除了常设栏目，《中国青年》还表现出自觉的编辑策划意识，重要措施之一就是结合时事组织各种特刊，如"五四特辑"（第一卷第二期）、"国际青年节特辑"（第一卷第八期）、"九一八八周年纪念特刊"（第一卷第九期）、"一二·九运动四周年纪念特刊"（第二卷第三期）、"三八节特刊"（第二卷第五期）、"儿童节特辑"（第二卷第六期）等。这些特刊以鲜明的时效性、集束性的文章，贯彻、体现了编辑的策划意识，起到了很好的宣传作用。

为突出党对青年工作的重视，编辑部经常组织刊发有丰富经验的革命前辈、延安干部的稿件，如毛泽东的《五四运动的二十年》（第一卷第二期）、《在延安五四运动二十周年纪念大会的演讲》（第一卷第三期）、《第二次帝国主义战争讲演提纲》（第一卷第十期），朱德的

---

① 《编者告读者》，《中国青年》第一卷第二期，1939 年 5 月 1 日。
② 王颖：《延安时期〈中国青年〉研究》，《三门峡职业技术学院学报》2017 年第 1 期。

《青年要学会打仗》（第一卷第一期），吴玉章的《青年与民主运动》（第二卷第二期），洛甫（张闻天）的《对〈中国青年〉的希望》（第三卷第一期），朱德、吴玉章等的《中国青年当前努力的方向》（第三卷第一期），任弼时的《中国青年与当前时局》（第三卷第二期），胡乔木的《青年运动中的思想问题》（第一卷第二期）等。这些高屋建瓴的理论文章，对增强刊物的思想性、号召力具有举足轻重的引领作用，也可看出党中央对青年运动及这份青年机关刊物的重视程度。

名为《中国青年》，杂志的突出读者对象就是青年群体。杂志的思想宣传与编辑工作，重在与"青年"相结合。杂志有意刊发与青年日常生活、精神生活等密切相关的文章，包括健康卫生观念，如第一卷第八期刊登了冯文彬的《论生活习惯》、第二卷第十期刊登了柳流的《卫生琐谈》等；婚姻观念，如第二卷第一期刊登了邓颖超的《恋爱与结婚》等；娱乐与精神文化生活，如音乐家冼星海作曲的音乐、谜语等。杂志尤其注意与青年读者互动，从第一卷第一期起设置《信箱》专栏，"欢迎读者投寄各种通信，提出各种问题和要求，本刊当尽量登载，答复和代办"[①]；从第二卷第十一期开始开设《问题与答复》专栏，先后向青年读者解答"文学上的才能是那里来的"（艾思奇）、"知识份子做工多久才算工人"（邓发）、"陕甘宁边区的政治经济是否是新民主主义的"（罗迈）、"什么是有机联系"（和培元）等具体问题，体现出自觉的读者意识与互动性。从第二卷第一期改为月刊后，发表文章稍长，尤其是长篇连载，读者来信反映一时无法读完，最好缩短刊期或印行单行本。编者迅速在第二卷第三期《编者的话》栏目中回

----

① 《编者告读者》，《中国青年》第一卷第二期，1939 年 5 月 1 日。

应，除连载完现有的《战术常识问答》外，以后不再连载。① 在杂志一周年纪念时，专门刊出"征求意见启事"，希望读者就如下方面提出意见：所刊时论、工作、学习、生活及广场各方面文章的篇幅分配是否适当？已出各期的内容和文字有无不恰当的地方？有没有优异的地方？缺少关于哪一方面、哪一问题的文章，哪一方面又多了？② 杂志一再注意文章篇幅对于读者的影响，在"征稿简章"中提醒稿件字数以4000字以内为原则。鉴于时局动荡，读者经常遭遇收到刊物较迟的情况，刊物及时进行缩小篇幅、提高质量、减少过强时间性的作品。③ 延安时期《中国青年》的办刊思路与风格，蕴含着韦君宜后来主持《中国青年》、《文艺学习》等刊物的基本特色。

在《中国青年》这一平台上，韦君宜逐渐熟悉编辑工作。据其回忆，因为战争状态下的交通与政治条件所限，杂志到达陕甘宁边区之外的根据地读者手中，往往是出版日期的两三个月以后了，所以编辑部减少动态报道，多刊登反映青年生活、青运动态和社会政治的文章，以适应当时延安青年们思想进步和求知需求。由于只在学生时代课余编过刊物，对于怎样办好这样一份全国青年运动的指导性刊物，韦君宜尚处于摸索阶段，还未形成较为系统的认识。她后来回忆——事实上是深刻的反思与总结，对《中国青年》（延安版）的读者，编辑部开始定位并不成功。起初，杂志忽视了青年读者的需要，"延安有从全国各地来的青年，他们抱着满腔热情来这里寻求革命真理，这些人才是刊物的主要读者。当时我们本来应当研究这些主要读者的要

---

① 《编者的话》，《中国青年》第二卷第三期，1940年1月15日。
② 《征求意见启事》，《中国青年》第二卷第四期，1940年2月15日。
③ 《一周年的话》，《中国青年》第二卷第七期，1940年5月5日。

求，了解他们的思想状况，为他们办刊物"。但韦君宜以为青年群众组织工作应当着眼于基层，所以眼光局限在基层，如青救会等组织的工作，刊登的多是关于发展农村青救会工作的文章，如晋察冀的青抗先工作、晋冀鲁豫的农村青救会发展，等等。韦君宜甚至计划就赴农村调查，撰写连载性质的《青年工作十讲》，然而只写了两讲就写不下去了，"费力组织来的和自写的稿件都不很受读者欢迎，真没办法"①。

1940年三八节前，韦君宜写了一篇《新娜拉们走后怎样》，发表于《中国青年》第二卷第五期，即"三八节特刊"。这篇文章着眼于青年女性在抗战的复杂形势下容易产生的困惑，重点关注走出家庭、投入革命的"新娜拉"们在解放区所面临的恋爱、婚姻、生育、工作机会等各方面的问题，落脚于如何处理革命与恋爱、婚姻、家庭等方面的关系，个人怎样才能同抗战有机地结合起来。韦君宜在文中将其归纳为四个问题：在日常生活中的男女关系上，理想与现实的矛盾；婚姻、孩子与事业的矛盾；与家庭的关系；男女的不平等。这正是当时大量奔赴延安的革命知识分子，尤其是女性知识分子迫切需要解决的现实困难与思想问题。韦君宜以平易近人的态度娓娓道来，以切身经验逐一解答。在文末，她自觉站在民族／国家的立场上规劝思想迷茫的"新娜拉"们："我们对于这些问题，应当有比娜拉对郝尔茂更果决的态度。任何困难不能将这群娜拉拖回去。正如'五四'时代提倡男女平权、社会公开、自由恋爱的妇女运动为我们开辟道路一样，我们今天也不仅是解决自己的切身问题，同时是继往开来为将来小妹

---

① 韦君宜：《忆延安的〈中国青年〉》，《韦君宜文集》第五卷，人民文学出版社2013年版，第388—389页。

妹们引路的伟大事业！本文所说，多半是不大彻底的话。但，'惟有民族与社会得到解放时，妇女才能真正解放'，这句话已是名言。"①

在当时的延安这一特殊的革命情境中，参加革命的女性不仅面临着个体与革命集体、战争状态规约的冲突，还多了一种因"第二性"生理性别而导致的社会冲突即男女平等的诉求。汇入延安革命洪流的知识女性，往往对当时革命语境中仍然存在的"男女平等"假象这种性别困境，有着更感性、清醒、真切的感受与认知。当时在延安的作家丁玲就曾以杂文《"三八节"有感》、小说《在医院中》等"互文本"表达一位女性个体的复杂感受，结果因其对当时革命女性处境的尴尬、困扰多有同情而遭到批评。韦君宜的文章以"新娜拉"命名，超越"五四"的个性解放话语而上升到民族与社会解放层面，充分发挥了青年杂志的引导作用，引起了读者的广泛注意，并得到了胡乔木的认可。胡乔木借此提出，全国青年是如何来到延安的是一个重要问题，杂志可以以此为话题展开讨论。《中国青年》受此启发，开辟了《我是怎样到延安来的》专栏。诗人何其芳应邀撰写了自传性文章《一个平常的故事——答中国青年社的问题，"你怎样会来到延安的?"》（第二卷第十期，1940年8月5日）。自传讲述了一个由旧营垒挣脱的知识青年在时代大潮中新生的历程。文末他叙述了自己来到延安后的心情："在这里，因为生活里充满了光明和快乐，时间像一只（支）柔和的歌曲一样过逝得容易而又迅速，而且我现在以我的工作来歌唱它，以我生活在这里来作为对于它的辩护，而不仅仅以文字。在这里，当我带着热情和梦想谈说着人类和未来，再也不会有人暗暗地嘲

---

① 韦君宜：《新娜拉们走后怎样》，《韦君宜文集》第五卷，人民文学出版社2013年版，第303页。

笑。在这里，我这个思想迟钝而且感情脆弱的人从环境，从人，从工作学习了许多许多，有了从来不曾有过的迅速的进步，完全告别了我过去的那种不健康，不快乐的思想，而且像一个小齿轮在一个巨大的机械里和其他无数的齿轮一样快活地规律地旋转着，旋转着。我已经消失在它们里面。"因为是以《画梦录》闻名的诗人，何其芳的自传刊出后反响强烈；专栏引起读者的广泛关注。但组稿的过程，并不都是像何其芳写自传那样顺利。胡乔木曾经要韦君宜去找名医金茂岳组稿。韦君宜把一切来延安的人都看成同自己一个模式，机械地盯着发问："您是怎么想到来延安？思想怎么转变的？"金茂岳回答："我没想过那些问题。我是由红十字会医疗队派来的。"韦君宜大失所望，就问不下去了。回去后她告诉胡乔木，胡微微摇头说："嗐，人家什么内容都好谈嘛。"韦从此懂得了办刊物组稿的窍门。[1]

从第二卷第一期改为月刊起，编辑"把刊物的重心放置在青年工作的时论和报告上，间时用较多的篇幅刊载关于学习的文章。但这并不是说我们对于政论、青年生活和文艺等便不注意了，在这许多方面，我们是要尽力以较少的篇幅给读者们以好的文章的"[2]。韦君宜从个人作为延安青年的感受出发，在领导青年革命运动的同时，关注青年们的思想情况和求知的要求，刊载一些文艺味道浓郁、适应知识分子青年阅读的作品，如许立群连载的《古中国的故事》，陈企霞等介绍苏联作家伊林的科学文艺读物的文章，何其芳的文史杂文《论"土地之盐"》，还有陈企霞、严文井、张闻天的文学作品，等等。随着

---

[1]　韦君宜：《胡乔木零忆》，《韦君宜文集》第四卷，人民文学出版社 2013 年版，第463 页。

[2]　《编者的话》，《中国青年》第二卷第一期，1939 年 11 月 5 日。

内容的丰富与多样化，刊物越来越受到广大青年读者的喜欢。由此，韦君宜领悟到："办一个刊物，光登自己硬着头皮写的东西，自己不爱看，怎么叫读者爱看呢？必须适合读者的正当要求，知道他们想什么，是一条办好青年刊物的主要经验。"①"以读者为中心"，是编辑出版实践乃至传播学的重要命题。对目标读者的恰当定位，以及对受众期待视野的充分满足，是编辑活动的立足点。在延安特殊的战时状态中，读者本位更是影响编辑选题、组稿工作与媒体定位的重要因素。

事实上，《新娜拉们走后怎样》只是韦君宜延安《中国青年》编辑时期的代表作之一。编创相长，伴随着编辑工作，韦君宜在《中国青年》上发表了不少文章。从《中国青年》第一卷第八期起，韦君宜共发表六篇文章，除了上述《新娜拉们走后怎样》，另有散文《陕北农村一勺》（第一卷第八、九期，1939 年 9 月 1、16 日）、人物剪影《悼纪毓秀——"一二·九"人物》（第二卷第二期）与三篇工作杂谈《那个村子工作好？》（第二卷第一期）、《"手工业"与"机械工业"》（第二卷第二期）、《壮丁队化到童子军化》（第二卷第三期）。《陕北农村一勺》是韦君宜发表在《中国青年》上的第一篇文章，实际上是在她抵达延安后不久参加考察团时的所见所闻，即她刚到延安在正式参加《中国青年》编辑工作前，所撰写的随"西北青年救国会考察团"到安塞乡间考察的调查报告。散文叙写了陕北农村艰苦的物质条件、低下的文化水平和艰难开展的文化工作，真实地记录了她在农村实地考察时的所见所闻、所感所想，文字朴实生动。

---

① 韦君宜：《忆延安的〈中国青年〉》，《韦君宜文集》第五卷，人民文学出版社 2013 年版，第 390 页。

三篇工作杂谈，其突出的特点，是"秉持自由、怀疑、批判的精神，以知识分子观察世界的慧眼，审视解放区工作中存在的诸多问题"①。这种以知识分子启蒙主义立场的编创观，与当时在延安的丁玲《"三八节"有感》等批判性、反思性话语中体现的思想息息相通，是当时从全国各地受革命感召奔赴延安后的知识分子抵达延安在一定程度上存在的思想认识。在《那个村子工作好？——工作杂谈之一》中，韦君宜以华北某县两个村子为例，比较两个村子青年工作的异同：一个组织生活要求严格，一个表面组织松散；进而对工作中的教条主义提出批评：青年团体应该"巩固组织"，但不能"为巩固组织而巩固组织"、"为开小组会而开小组会"，不能拿小组会当作评价标准，"如果小组会开好了，使青年的问题都得解决，认识都能提高；或者虽未能如此做好，而总是向这方向走，这才是真正完成了巩固组织的任务。否则会开多了工作反而坏，那就是与原来任务背道而驰。光是小组会开的多并不能算巩固了组织。因为巩固组织并不就等于开小组会"②。在《"手工业"与"机械工业"——工作杂谈之二》中，韦君宜批评在发展会员等工作中不顾实际用简单的"下通知"或按户口册上年龄抄报上去等做法，表面是"机械工业而不是手工业"，实际上没有考虑到条件的不平衡与工作的实际情况，"将这艰巨的鱼龙万变的工作看成一罐没有分别的沙丁鱼"③。可以顺便提及的

---

① 布莉莉：《"辞家豪气今何有"——韦君宜（1939—1949）研究》，《湖南工业大学学报（社会科学版）》2016年第5期。

② 韦君宜：《那个村子工作好？——工作杂谈之一》，《韦君宜文集》第五卷，人民文学出版社2013年版，第278—282页。

③ 韦君宜：《"手工业"与"机械工业"——工作杂谈之二》，《韦君宜文集》第五卷，人民文学出版社2013年版，第285页。

是，对党内工作作风问题的关注，在韦君宜后来的小说《群众》、《告状》、《平常疑案》、《检查组的记录》、《业余之间》、《八岁半的小朋友》等多篇作品中，也得到不同程度的文学性表达，可见韦君宜对这一问题持续而深入的思考。尤其是《壮丁队化到童子军化——工作杂谈之三》一文，直接评论青年工作，并与战时状态下的一般看法不同，特别强调"奠定百年大计"的说法，提出"青年半武装组织和其他一切青年工作一样，必须记得'青年任务在学习'这个原则"。"我们是要现在同时也要将来的。今日青年所学习的东西，便是将来要用以治理国家的支持社会的东西。"旧青年必须发展为新青年。对启蒙立场的坚持、对知识分子独立思考精神及批判功能的认同，使韦君宜看到了光明背后存在的种种"病症"。韦君宜建设性地提议青年半武装组织"一方面要支持抗战，另一方面应成为培养新一代中国主人的教育机关"。这种认识，充分体现出韦君宜思想的超越性与建设性。然而，解放区的"青年"有哪些问题呢？韦君宜敏锐地观察到农村青年中存在的迟钝呆滞、未老先衰的现象："农村青年却仍与他们的上一代毫无不同，简直就没有青年时代！大多数的农村青年还是手捧烟袋，脚空空出一寸多的匣子般的鞋，走路踢踢拖拖，蹲在炕头上谈谈家务事，一点不像青年！"因此，韦君宜疾呼青年半武装组织，"必须针对此点来下药石针砭"，要紧紧把握住这个"教育青年的组织"。

"青年"在近现代历史上被赋予神圣的"光晕"，成为一个时尚的带有革命性的名词，意味着未来、希望、进取和革新的力量。梁启超在《少年中国说》中以"少年中国"对抗"老大帝国"。"五四"一代更是如陈独秀所代表的，在《青年杂志》上强调"国势陵夷，道衰学

弊。后来责任，端在青年"。韦君宜深受"五四"思潮影响，她站在
启蒙者的立场上，主张青年们学习与上一代不同的新生活方式："我
们要将来的每个中国人民都具有普通政治常识，懂得管理自己的事
情，都有健全的人生观，都有普通军事常识，都会看报看书，都懂得
清洁卫生，不再一生洗三次澡，身体都健康，会游泳，会跑路，会爬
山，都晓得'敬业乐群'；把几千年闭关自守的恶习一齐打破。必须
如此才能谈到建立现代化国家。"① 韦君宜倡导的是一种现代化的革命
的生活方式，其中包含了民族国家意识、进步的科学知识、身体的清
洁以及种族的健康等丰富多样的现代性内容。韦君宜的杂文敏锐地揭
示出工作中存在的诸多问题，在解放区，根据地大众很多仍是旧时代
封建、麻木、愚昧的群像；她以知识分子敏锐的眼光审视周围一切，
表现出强烈的对现实的关注与批判意识。这种"独异个人"与"庸众"
的关系建构，延续的仍是"五四"时期的典型意象。② 可以看出，当
时韦君宜的写作，多是从如何切实有效地指导、改进青年工作角度
入手，直面现实中存在的问题，虽然朴素平易，却体现出深刻的思考
与前瞻的眼光。这也是她延安《中国青年》杂志工作时期重要的编辑
思想。

　　除了对杂志定位、组稿等编辑实践的思考，在编校实务等微观
方面，韦君宜也迅速得到锻炼。科长杜绍西要求韦君宜必须认真对待
编辑工作。他告诉韦君宜，"对每篇来稿，必须细看，不合适的地方，

---

① 韦君宜：《壮丁队化到童子军化——工作杂谈之三》，《韦君宜文集》第五卷，人民
文学出版社 2013 年版，第 291—294 页。

② 布莉莉：《"辞家豪气今何有"——韦君宜（1939—1949）研究》，《湖南工业大学学
报（社会科学版）》2016 年第 5 期。

必须动笔改。稿齐以后，必须考虑配搭长短适中。稿子发出，又要自己画版样，不能随印刷厂排了就算了"。有一回，韦君宜经手发表一篇领导人的稿子，杜绍西告诉她："对于领导人的文章，可不能因为他是领导，就对于文中错字或误用什么典，马虎不管。要知道，这一错误传出去，只会损害领导人的工作和信誉，对他只有坏处没好处。"这句话让韦君宜印象很深，一辈子不能忘。[1]

1940 年 7 月，韦君宜受延安中国青年出版社委任，带着筹备出版《中国青年》地方版（晋西版）的使命，从延安出发奔赴晋西北。与此同时，韦君宜还在贺龙兼任校长的晋西青年干部学校任课。因日军频繁扫荡，韦君宜辗转四地，再加之办刊条件极差，直至当年 11 月 1 日，由她主编的《中国青年》（晋西版）第一期才以中国青年晋西分社的名义出版。贺龙为创刊亲笔题词："青年应该是革命的先锋队。"韦君宜在发刊词《和晋西青年朋友见面》中提出该刊办刊的宗旨："这里没有什么高深研究。它将陪伴晋西广大青年，中下级干部，做一点科学知识的普及，下层工作经验的交换。反映大家生活，发表大家习作。有一分力，发一分光，希望大家多给它帮些忙，使它光辉似雪。就和那岢岚山上银辉的积雪一样。"[2] 在《记一个前线刊物的诞生》一文中，韦君宜记述了自己筚路蓝缕草创刊物晋西版的艰难经历。战争状态中，包括编辑出版报刊在内的文化工作，都面临着难以想象的困难。等了两个月，战事停下来，韦君宜才开始筹划刊物的准

---

① 韦君宜：《不该被遗忘的人——记杜绍西》，《韦君宜文集》第四卷，人民文学出版社 2013 年版，第 425—426 页。

② 韦君宜：《和晋西青年朋友见面》，《韦君宜文集》第五卷，人民文学出版社 2013 年版，第 305 页。

备工作。编辑人员方面，除了韦自己，只另外找到两个勉强能执笔的中学生。至于物质条件，"图书杂志，参考资料，大小毛笔，黑红墨水……一概全无"。韦君宜只凭着一张嘴和"想当然耳"的编辑计划，开始工作。她四处奔走，在"缺乏一个以执笔作文为经常工作的写作者之群"的晋西，好不容易约到一些稿子。作者大半从来没有写过文章，多有词不达意、错字连篇、简笔字等情况。韦君宜和社友努力删削修改，终于弄好稿件，又好不容易找到一个印厂排好付印。中间，还要紧急躲避敌人突然的"扫荡"。①《中国青年》（晋西版）为月刊，发行数额达 1500 份以上，以各县青年干部、小学教师、高小初中学生以及相当程度的区县军政干部为读者对象。尽管韦君宜只编辑了五期，但她主编的《中国青年》（晋西版），"适应了在中国最偏僻最落后地区普及知识、启迪民智的需要；为战斗在最艰苦环境中文化较低的边区青年，提供了最起码的精神食粮"②。与此同时，韦君宜在编余还创作发表了《在晋西纪念鲁迅》（署名"宜"）、《怎样出群众墙报》（署名"之初"）、《我所见的续范亭》（署名"蓝涛"，以上载于第一卷第一期）；《谈谈封建观念》（署名"韦君宜"，第三期）、《火烧赵家楼——"五四"漫话》（署名"韦君宜"，第五期）等文章。1941 年 4 月韦君宜从晋西北返回延安，被安排在延安青年干校执教。1941 年 9 月后的一段时间内，因为与杨述结婚以及工作变动，韦君宜没有从事与青年直接相关的工作。

---

① 韦君宜：《记一个前线刊物的诞生》，《韦君宜文集》第五卷，人民文学出版社 2013 年版，第 307—310 页。

② 宋彬玉：《记青少年时期的韦君宜》，于光远等：《韦君宜纪念集》，人民文学出版社 2003 年版，第 87 页。

## 二、《抗战报》、新华广播电台的编辑活动

抗战初期，中国共产党为动员全国军民投入到抗日救亡斗争、促进抗日民族统一战线的发展和巩固，创办了很多报刊和通讯社，如《新中华报》、《解放》、《抗战报》、《大众日报》、新华社等。《抗战报》是中共绥德地委的机关报，创办于 1939 年 7 月 1 日，是陕甘宁边区中国共产党最早创办的报纸之一，也是当时为数不多的一份铅印报纸。1946 年 7 月 1 日，改名为《大众报》。1942 年起，韦君宜调任《抗战报》编辑，后为该报负责人。她除了负责校对，还"负责算过稿费，报小文章短，一个作者所得不过几角钱"①。这说明延安当时的出版物存在过稿酬——虽然因为当时延安物价飞涨，几角钱的稿费微不足道。

同样在《抗战报》工作过的薛文华，初进报社时毫无经验，主要向韦君宜等人学习工作方法。他回忆自己写新闻稿时，唯恐遗漏内容，所以习惯将文字拉长，而"经欧阳正（即杨述，时任主编）、韦君宜一改，往往将五六百字改为一二百。有的则弃之不用。他们告诉我，写新闻不同在学校写文章，也不同在机关写报告。内容要集中，着力抓重点，事情交待清，文字要简洁，不管写什么，要为读者想。并嘱我用心学习名记者的文章。他俩是手把手教我的老师"。"欧阳正、韦君宜过手的稿子，是我学习的样板。我用心学习摹仿他们。经常拿自己写的稿子与之比较，差距太大太远，逐渐领悟出他们写的那么好，是来自于高深的理论、文化水平，广博的知识根底，敏锐而深

---

① 韦君宜：《延安出版工作零忆》，《韦君宜文集》第四卷，人民文学出版社 2013 年版，第 543 页。

刻地观察事物的能力。""欧阳正、韦君宜夫妇，对报纸言语通俗化兴趣很浓。有时让我这个本地人带上报纸给群众念，听取意见。我是念新闻、念言论，也念一些小故事之类。我发现韦君宜写的一些东西，群众爱听。我细心捉摸。她写的言论，有理有据，逻辑严密，说服力强，文章不长，多用短句，朗朗上口。她写的新闻，叙事清楚，文笔鲜活。每次回来总要给欧阳正、韦君宜夫妇汇报。大家都在通俗化上下功夫，韦君宜收效最好。"[①] 这从侧面体现出韦君宜在延安时期对编辑工作的掌握逐步成熟、专业化，以严谨的作风和出众的水平，影响教育了一些延安的新闻出版人。

1938 年下半年起，国民党的统治中心从武汉迁到重庆后，对进步抗日报刊实行更为严格的审查和控制。革命报刊在举步维艰的传播形势下，急需新的传播方式和手段发挥舆论导向和宣传作用，以便及时将党的新政策和新战况传达出去。1940 年 12 月 30 日，中国共产党创办的第一座广播电台——延安新华广播电台诞生，由于设备简陋，致使播音时断时续，1943 年春暂停播音，1945 年 9 月开始重新正式播音工作。它与革命报刊一起，成为当时中国共产党传媒系统的重要力量。作为新华社的口头广播组，延安新华广播电台只有一个编辑、两个播音员。后来扩充到六个，改称新华社语言广播部，一直坚持到撤出延安。抗战胜利后不久，韦君宜调到新华社的口头广播组任编辑，见证、参与了它艰难缔造的过程。在后来的自传体小说《露沙

---

① 薛文华：《我与〈抗战报〉》，陕西日报社、延安时期新闻出版工作者西安联谊会等编：《延安时期新闻出版工作者回忆录》，2006 年 8 月印，转引自中国人民政治协商会议陕西省委员会文史和学习委员会编：《陕西抗战史料选编》，三秦出版社 2015 年版，第 1004、1006 页。

的路》中，作者描写主人公提出，"播音员不够，我去顶一个吧。我的北京话说得很标准"①，可谓自己当时主动请缨的写照。当时的物质条件极端困难，编辑室和新华社国际组、国内组共处一个土窑洞，韦君宜和其他两个编辑都没有广播工作的经验，在人力和经验缺乏的条件下，摆在眼前的任务尤其艰巨。据韦君宜回忆，当时的口头广播组共有杨述、韦君宜和张纪明三人，杨述任组长。后扩大为新华社语言广播部时，杨述调离，温济泽任主编，人数增加到六人。当时条件简陋，"我们每天早上五点起床上班，工作到八点吃早饭。早饭是从山底下挑上来的，就在办公桌上吃，吃完继续工作下午四点下班。我们从来没有放过假。只记得有一年春节，六个人分两班工作了一次，才休过一次假。但是生活条件，比以前好了些，记得我还领过津贴"。刚从事广播编辑时，韦君宜还闹过一阵情绪，"我原来是编边区小报的，写出稿子登在报上，读者都知道。新华社的消息，报纸上一转载，工作也有效果。我们办广播，天天向空气讲话，到底有没有人听，自己也不知道，心里总觉得别扭"。当时的领导陈克寒说：你们不能那么想，国统区的群众看不到我们的报纸，只能靠听广播，要懂得广播工作的重要性。②

延安新华广播电台同人克服重重困难，以强烈的历史使命感和高涨的革命热情积极承担宣传任务。为了使电台节目丰富活跃起来，为新闻、评论、通讯的播报增添新鲜的元素，他们不仅请人从上海、北

①　韦君宜：《露沙的路》，《韦君宜文集》第二卷，人民文学出版社2013年版，第124页。
②　赵玉明整理：《回顾人民广播的战斗历程　发扬延安时代的革命精神——纪念人民广播创建四十周年座谈会发言摘登》，《现代传播》1981年第1期。

平买来《渔光曲》、《月光曲》等唱片用作开始曲，而且外请文工团乐队来演播；还曾邀请朱德总司令进行播讲。这不仅丰富了边区人民的精神文化生活，更重要的是，在战事紧张的情况下，它密切配合当时形势，有效开展政治、军事宣传，起到了凝聚人心、打破帝国主义与国民党的舆论封锁的作用。1946年3月国民党轰炸延安，新华社与《解放日报》合并为新华总社，部分撤离人员组成了战时编辑部，口语广播组和英文广播组很快投入工作，开始向全国播音。韦君宜亲历了这激动人心的一幕。这一年，延安新华广播电台重点揭露了国民党"和平"的阴谋，宣传了中国共产党追求独立、和平、民主的主张，使国民党统治区的人民了解了时局真相，"从空中突破了国民党匪帮的新闻封锁，粉碎他们的反动宣传"。国民党空军上尉飞行员刘善本由于经常收听延安广播，认清国家前途，决定退出内战，第一个驾驶飞机来到延安。后来，刘善本来到广播部播音室参观，对韦君宜们说，在重重封锁的国民党统治区，他能够知道革命的道理，听到解放区的消息，主要就是依靠延安新华广播电台的广播。他之所以下定决心起义，就是因为听了她们的广播。电台工作人员听了无比兴奋。"我们亲眼看见我们的工作已经收到了效果，我们的正义的声音，冲破了国民党匪帮的封锁，给国民党统治区的人民指出了光明的道路。"广播媒体以其穿越空间的传播力量，在战争年代发挥了传达共产党的政策和策略、有效引导社会舆论、服务于革命与政权建设的重要作用。

1947年3月18日，解放军暂时撤出延安，电台转移到晋冀鲁豫解放区后改称陕北新华广播电台。这就是中央人民广播电台的前身。在撤离的当晚，延安新华广播电台仍然向全国人民播放胜利的消息。在撤离过程中，战事日益吃紧。韦君宜和同事坚持在农民的土炕上、在没有门窗的窑洞里、在不断的炸弹声中，"以从容的、清朗的声音向全国人民照常报告新闻、播送评论"[①]。韦君宜和其他两位语言广播部的人员，始终精神饱满、负重前行，在战斗中坚持着播音工作，创造性地完成了战争年代的宣传任务，为抗日战争和解放战争的胜利做出了自己的贡献。1947 年 9 月 13 日，韦君宜参加河北省平山县土改工作团，任温塘区委委员。

## 三、参与《中国青年》"平山复刊"

1948 年，韦君宜参加中国新民主主义青年团的筹备工作，主要参与负责《中国青年》的复刊。《中国青年》在 1941 年因发行困难被迫停刊，而 1948 年之后又在河北平山县复刊，故称为"平山复刊"。复刊工作从 1948 年 8 月在平山县夹峪村开始筹备，中央政治局委员、书记处书记任弼时亲自指挥中央青委筹备复刊事宜，韦君宜和杨述参加筹备复刊的工作。参与的编辑还有江明、邢方群、黎力、杨慧琳等。复刊的过程，也是刊物的编辑方针得以践行与凸显的过程。任弼时对刊物复刊非常关切，刊物的编辑方针、计划和第一期的全部稿件，都经他亲自审阅。筹备建团的负责人冯文彬原决定要在第一期上发表一篇题为"新民主主义青年团是什么？"的文章，并在准备登报的要目里发布了。但是，付印时这篇文章还需要修改，就临时抽下。对此，任弼时认为：《中国青年》的发刊，乃是建团工作中的一个重

---

① 韦君宜：《回忆延安新华广播电台》，《中国人民广播回忆录（中国广播史料选辑第二辑）》，北京广播学院新闻系编，1980 年，第 47—51 页。

要步骤。第一期没有一篇阐释团的性质的中心文章，显得刊物缺乏力量。后来如期出刊了，而《新民主主义青年团是什么？》未能刊出。任弼时对这件事提出批评：我们没有能尽我们最大的能力，把刊物质量做到尽可能高的地步，这还是工作中的一个缺点。刊登广告的报社远在石家庄，杂志社派去登广告的人又没有接到编辑部的通知，就把广告发到报社登出来了。任弼时说："这不行，你们预告给读者，有这一篇。实际上没有。这就是对读者的失信！一个刊物决不应该这样做的！"后来编辑部遵照任弼时的意见，在第一期封底临时增印了一则启事，说明这件事的原委。①1948年12月20日，《中国青年》实现了复刊。毛泽东为《中国青年》复刊号题写刊名并题词："军队向前进，生产长一寸，加强纪律性，革命无不胜。"复刊的《中国青年》，重新定位是把杂志办成广大青年群众的刊物，成为指导中国青年运动和新民主主义青年团工作开展的有力武器。朱德为第一期撰稿《中国青年当前的任务》，此外还发表了胡愈之、薛暮桥、温济泽、田家英等人的文章。

《中国青年》复刊时并没有明确设定栏目，不过基本栏目相对固定，且内容涉及广泛，包括《青年团动态》、《思想笔谈》、《近代科学丛谈》、《介绍一本名著》、《习作之页》、《小游戏》、《信箱》、《看看世界》、《读者信箱》、《社论》、《通讯》、《生产知识》、《双周谈座》、《时事漫谈》、《青年工作文件及经验》、《思想修养》、《文学知识》、《科学知识》、《问题讨论》、《小说》、《书剧评介》、《答读者问》、《漫画》、《小

---

① 张羽：《每一个名字都是火把——〈中国青年〉早期的编辑们》，彭波主编：《传奇如歌——〈中国青年〉的故事》，上海人民出版社2000年版，第276—278页。康彦新、史进平：《〈中国青年〉三次复刊始末》，《党史博采》2010年第2期。

游戏》、木刻照片等；并根据各阶段任务的不同，开设特定专栏，如"纪念中国共产党成立三十周年专辑"、"纪念'一二·九'周年"、"纪念五四运动周年"等。一直关心《中国青年》的胡乔木，有一回给做文字工作的干部们讲解写作知识，其中以毛泽东写的一篇450字的动员令新闻稿做范例，就怎样开头、怎样照顾全文、怎样结尾等作了分析，指出"我们最需要的，是这种老老实实写信写报告的本领，说清楚一件事的本领"。时任《中国青年》主编的韦君宜听了后，以一个文字工作者的敏感认识到这次讲课的意义，就把自己的记录稿整理出来，标上标题《写作范例——一则新闻》，打算在杂志上发表。她给文章署名"听桥"，送给胡乔木审看。胡乔木在遣词造句方面做了修改。他说："桥怎么能听？"提笔改为"听樵"，发表在《中国青年》第二期（1949年1月15日）[①] 上。

在这个过程中，韦君宜的编辑工作，得到胡乔木巨大的帮助。关于胡乔木指导《中国青年》编辑的情况，当时的编辑徐江明回忆：

> 最初参加《中国青年》编辑工作的只有八九个人，大家的干劲都很足。由于人少，每天大家都挤在一间不过十几平方米的小屋里，围坐在一张长方桌前编稿子。条件虽然艰苦些，但同志之

---

① 《中国青年》杂志的刊期标示方式，几经变化，大致如下：1948年12月20日复刊出版了第一期，一直持续到1951年12月29日出版第八十一期。1949年7月27日出版第十二期后改为周刊，1950年1月14日出版第三十期后改为双周刊。从1952年开始，每一年都从第一号开始标示并标注总期数，如1952年1月12日出版第一号（总第八十二期）。从1952年第一号至1952年第七号，都使用"号"。自1952年第八期开始，改为用"期"。刊期方面，直到1952年第十期，变双周刊为半月刊，并且定下出版日期为每月1日与16日。因此，本书在具体标示相应的刊物信息时，以原刊标示方式为准，不作统一。

间相处都很亲密。复刊后的最初四期稿子都是在编辑部交稿后，由杨述带到西柏坡，请胡乔木同志审查。乔木同志对每篇稿件，哪怕是三四百字的小稿，都仔细审查修改，连一个标点符号也不放过。每次杨述同志拿着乔木修改过的稿件回来时，我们就立刻围上去，争看乔木同志是怎样修改的。这时，杨述、韦君宜同志就给大家讲，这里改一字好在哪里，那里删一段是为了什么，原稿的毛病在什么地方。常常是一字之改，文章便增色不少，使人顿开茅塞。这种业务学习真是再好也没有了。从乔木同志的改稿中，我们学到的不仅是文字的准确、思想的严密，还有严肃认真、一丝不苟的工作态度。我过去虽然也办过报纸，写过文章，但从来没有象当时那样每篇文章每段话都按照马克思主义的观点、党的方针政策，严格要求，仔细推敲。这段编辑生活使我作为一个宣传工作者，受到了严格的训练，给以后的工作带来了很大好处。①

在平山这段时间，韦君宜在《中国青年》杂志上发表了《从一个测验看区干部的理论与文化学习》（第三期，1949 年 2 月 1 日）、《读〈夏红秋〉》（第四期，1949 年 2 月 28 日）等作品。

在开始编辑生涯的同时，从静谧的清华园走向广阔的社会，从北平流亡到中南、到奔向革命圣地延安，韦君宜一直保持着文学创作的爱好。1941 年 7 月 8 日，她在创刊不久的《解放日报》第二版《文艺副刊》专栏上，发表短篇小说《龙》，将带有传奇色彩的传说故事

---

① 徐江明：《解放前后〈中国青年〉编辑生活回忆片断》，《中国青年》1983 年第 4 期。

与现实生活融为一体，以隐喻的方式表达对革命者贺龙的敬意。这篇小说后来和丁玲、孙犁等名家的代表作一起，被收入了由周扬编选，1946年、1947年东北书店相继出版的《解放区短篇创作选》等多种选本。随后不久，韦君宜又相继发表短篇小说《群众》（《解放日报·文艺副刊》1942年8月2日）、《三个朋友》（《人民日报》晋察冀版1945年10月2—5日），反映革命青年、知识分子在革命过程中对与群众关系的处理、认识。"从《龙》、《群众》到《三个朋友》，反映了作者小说创作倾向所发生的明显变化，即由偏于理想色彩转而着重表现在现实中人与人之间的阶级关系和他们的政治思想面貌。"① 小说总体上属于知识分子投身革命自我改造的主题。《群众》这一小说，后来还曾改成话剧剧本《群众在那里》，在韦君宜担任总编辑时的《中国青年》第二十九期（1949年12月25日）刊出，以供春节来临时学校、机关等排演使用。编辑部为此在《编辑室》栏目特别说明剧本对于促进青年进步的意义："这个戏……是以知识青年的改造为主题的。剧中人都是热情的肯求进步的可爱青年，但是还存在着不少小资产阶级知识分子的旧思想。戏里写了她们热情的一面，也写了她们缺点的一面，上演时希望导演和演员注意这一点，不要将这些人物完全否定，我们否定的只应当是她们的旧思想。不要使观众讨厌她们，而要使观众觉得她们可爱，来帮助她们改正缺点，使她们都成为最好的群众工作者。"

与此同时，韦君宜还写了不少散文与诗词，较有代表性的如《中古风味的襄阳》（《战时青年》第四期，1938年3月10日）、《流亡记》

---

① 宋彬玉：《记青少年时期的韦君宜》，于光远等：《韦君宜纪念集》，人民文学出版社2003年版，第92页。

(已佚)、《八年行脚记》(1945 年 8 月)、《还乡记》(1948 年 1 月)①、《延安陷落忆延安》(约 1947 年)②。历经学生运动的流亡、革命圣地的洗礼，在战争环境中由象牙塔中读书的女大学生、"富家小姐"成长为革命战士，不管是小说、散文还是诗词，韦君宜当年格调清新的"校园文学"，与波澜壮阔的时代革命相激荡、应和，日益披上凝重、深沉的现实主义色彩。韦君宜成长中的敏感体验与复杂心绪，在其古诗中也多有反映。如其刚到延安闻三五八旅岚县大捷时所作古诗《闻岚县捷》中所说，"两年流浪已堪惊，踏破关山万里程。戎服更非慈母线，风霜改尽旧时容。悼亡渐痛双眶竭，赴死何难一命轻。闻道将军新破虏，愿随旌旗指河东"，充满豪迈之情。及至 1943 年，其所作古诗却多有身世飘零之感："小院徐行曳破衫，风回犹似旧罗纨。十年豪气凭谁尽，补罅文章付笑谈。自忏误吾唯识字，何似当初学纺棉。隙院月明光似水，不知身在几何年。"③ 一代革命者，在血与火的洗礼中，与青春作别。

1949 年 3 月，韦君宜与丈夫杨述一起，随中央机关进入解放不久的北平，开始踏上新的人生旅程。中国当代史，是一部将革命胜利从延安扩展到全国的历史。战争年代的新闻出版编辑工作，尽管朴素、艰难，但它有力地承担了历史赋予的责任，也为韦君宜在新中国和平时期从事编辑工作积累了丰富的实践经验，奠定了一位革命出版家的思想底色与基本风格。

---

① 收入《海上繁华梦》，《韦君宜文集》第四卷，人民文学出版社 2013 年版，第 373—389 页。

② 《韦君宜文集》第五卷，人民文学出版社 2013 年版，第 311—312 页。

③ 韦君宜：《在绥德》，《韦君宜文集》第五卷，人民文学出版社 2013 年版，第 167 页。

## 第三章

# 青年思想教育与文艺普及

## 一、担任《中国青年》总编辑

平津战役胜利后,《中国青年》编辑部于 1949 年 2 月迁入北平市东长安街 17 号,2 月 28 日在北平出版第四期。1949 年 4 月 11 日至 18 日,中国新民主主义青年团第一次全国代表大会在北平召开,宣告正式成立中国新民主主义青年团。大会选出团的中央委员,韦君宜当选为候补中央委员。大会确定以《中国青年》作为团中央机关刊物。青年团中央任命杨述为《中国青年》杂志社社长,韦君宜为《中国青年》总编辑。韦君宜的《中国青年》总编辑之职,

一直担任到 1953 年 8 月由邢方群接任。《中国青年》杂志一直持续到
1966 年 8 月 16 日出版第十六期后停刊，并于 1975 年试刊、1978 年
9 月 11 日再度复刊。

中华人民共和国成立以后，中国共产党领导全国各族人民在政
治、经济、文化等各方面开展建设工作。为了对基层人员进行分层改
造、组织与动员，需要大量的媒介来进行思想文化宣传。《中国青年》
肩负着通过塑造青年形象引领青年前进的重任。随着新中国建设、社
会主义改造的进行，中国社会、文化组织形态与观念被重构，政府与
社会高度合一，包括中国共产主义青年团在内的人民团体成为准行政
机构。由新的人民和业界团体主办的"中国""人民"字头期刊，体
现出浓厚的国家意识形态特性。作为面向特定人民群体、社会行业的
期刊媒介，实际上成为解读、传达、普及党中央和政府部门方针政策
的传播主渠道。[①] 在国家主导传媒、青年工作蓬勃发展的时代大背景
下，《中国青年》迎来辉煌时期：杂志发行量日益上涨，复刊时每期
发行约 5 万份，到 1953 年初发行达 40 万份。作为《中国青年》主编
的韦君宜，正是在这一大背景下，展现出新中国一代期刊人的才能与
抱负。

### （一）明确刊物定位

期刊的媒介身份，影响其定位。1949 年 1 月 1 日发布的《中国
共产党中央委员会关于建立中国新民主主义青年团的决议》决定：

---

① 范继忠：《中国期刊史　第三卷（1949—1978）》，人民出版社 2017 年版，第 83 页。

"为了指导全国青年团的工作和组织广大青年学习，中央决定由中央青年工作委员会负责出版《中国青年》定期刊物。"① 作为团中央的机关刊物，《中国青年》在创办之初确定刊物的方针任务，是"以'指导青年团工作，帮助青年学习'为编辑方针，根据青年工作、生活、学习中的实际问题，起思想指导的作用"②。具体而言，杂志是团中央机关刊物，是党的舆论工具，必须配合党的工作，接受党组织的领导；杂志是面向全国青年的刊物，而不只是面向青年工作干部的刊物，不能局限于青年工作问题和青年运动的经验，而要着眼于教育、发动和组织，解决青年生活工作中的实际问题；杂志是学习性、教育性的刊物，并偏重于思想教育。总之，《中国青年》杂志的性质可以用党性、群众性、思想性和教育性四个关键词来概括。③

历经革命战火洗礼，韦君宜逐渐积累起丰富的报刊编辑与思想宣传工作经验；但"进城"迈入新中国社会主义和平建设时期，共产党人对媒体的认知与运用面临新的挑战，需要新的智慧。编辑徐江明曾就韦君宜关于《中国青年》新环境下办刊思想所经历的"相当一段时期的摸索"回忆说：

① 中央档案馆编：《中共中央文件选集》第18册，中共中央党校出版社1992年版，第7页。

② 《〈中国青年〉吴佩伦代表报告》，《各期刊社代表在第一届全国出版会议分组会上的工作经验报告（1950年9月19、20日）》，中国出版科学研究所、中央档案馆编：《中华人民共和国出版史料 第二卷：1950》，中国书籍出版社1996年版，第572—573页。

③ 范继忠：《中国期刊史 第三卷（1949—1978）》，人民出版社2017年版，第84—85页。

这时我们遇到的最大问题就是如何根据党中央确定的《中国青年》的任务，解决一系列办刊方针、方法问题。杨述和韦君宜同志都参加过延安时期《中国青年》的编辑出版工作，在这方面积累了比较丰富的经验。他们经常对我们讲，《中国青年》的一项重要任务是指导团的工作。因此，适当地介绍一些团的工作经验是必要的，但不能过分，不能在刊物上连篇累牍地登载团内工作经验，把《中国青年》变成团的工作经验汇编。《中国青年》要组织青年学习，但也绝不能使刊物成为学校文化课本的重复。组织青年学习，主要是帮助青年学习马克思主义。在如何帮助青年学习这点上，我们也经过了相当一段时期的摸索，才逐渐明确，《中国青年》主要应该结合青年在党的中心工作中的思想问题，来宣传马克思主义的基本观点，进行马克思主义教育。这就是说，宣传马克思主义，一要结合当前斗争，不做学院式的传授；二要结合青年思想实际，不无的放矢。做到这两点，才能把组织青年学习搞活。从此，结合青年在党的中心工作中的思想进行共产主义人生观、世界观的教育就成为《中国青年》的核心内容。这样做的结果，也更有力地指导了团的工作。这个问题的解决使全编辑部的办刊水平达到了一个新的高度。《中国青年》从此以一个思想性、战斗性很强的刊物出现在青年面前，受到广大青年、团员和团干部的热烈欢迎。

这些办刊思想说起来似乎很简单，但真正认识它并在办刊实践中贯彻执行，并不是一帆风顺的。进城后不久，《中国青年》的发行量从 5 万份迅速上升到了 15 万份。这时，由于我们认识上的模糊，狭隘地理解了青年的特点，曾一度把《中国青年》办成了以指导青年娱乐生活为主的刊物。刊物上充满了介绍如何溜冰、照像、下棋、交朋友、谈恋爱等方面的文章。似乎这样做才算结合青年实际、抓住了青年的特点，才能为青年所喜闻乐见。结果刊物的销路一落千丈，下降到了5万份。通过对这次教训的总结，我们进一步认识到结合青年实际，在刊物上适当刊登一些有关青年娱乐，指导青年生活的文章是可以的，而且是必要的。但更主要的，还是应该结合青年在当前中心工作中的实际。要看到，中心工作好比一段时期的主要矛盾，解决了这个主要矛盾，就能推动青年积极投入到火热的革命实践中去。青年们在中心工作中暴露出的思想问题，往往是人生观、世界观方面的一些带根本性的问题。解决了这些问题，才能从根本上提高青年的觉悟。青年的觉悟提高了，自然能够正确对待婚姻、恋爱等生活中出现的问题。如果单纯从生活问题上着眼，头痛医头，脚痛医脚，是抓不到根本的。《中国青年》的办刊经验就是在这些教训和挫折的基础上不断总结得出来的。这些经验的取得，使办刊水平又提高了一步。《中国青年》的发行额在1953年迅速上升到30万份，并很快达到60万份、120万份，到"文化大革命"前夕，已高达200万份左右。

这一办刊方针在以后十几年的办刊工作中得到了进一步的完善和发展，并始终起着决定性的作用，之所以如此，是因为它适合当时青年群众最根本的特点。1949年，中华大地上发生了一场翻天覆地的变化。这个时代的年轻人目睹了旧制度的灭亡和新社会的诞生，这不能不在他们心中产生巨大的影响：一方面，他们对新中国充满热情，积极关心国家的政治生活和经济生活，把个人的前途同国家的命运紧密地联系在一起。另一方面，他们渴望获得新知识、新思想，在理论上，在人生观和世界观的水平上得到提高，跟上时代的潮流。《中国青年》的办刊方针正是抓住了青年的根本特点，所以才经受得住时间的考验。①

1952—1964 年，胡耀邦一直担任团中央书记，他的思想和作风对《中国青年》影响极大。1951 年底，作为团中央宣传部副部长的韦君宜对刚创刊的《中国青年报》社的负责人说，新中国成立之初，《中国青年》杂志"片面强调青年的工作、学习、职业、社交、娱乐等切身问题，忽略了结合当前形势与青年思想问题进行马克思主义的思想教育；又由于片面强调文章短小，而忽视文章的质量，以至青年不爱看，发行份数一度下降到两万份"。针对此，胡耀邦强调："《中国青年》不是一般的刊物，而是充满着思想性和战斗性的刊物。《中国青年》第一位的工作是抓思想，根据当前的中心工作，根据党的路线和政策谈思想。不是个别青年的思想修养问题，也不是某一个部门、某一个短时期的偏向，而是要抓更多人的思想问题。青年切身问题当然要谈。但首要的是对青年进行思想政治教育，也就是搞那个时期的青年的思想建设。""《中国青年》杂志的性质、任务和特点是什么呢？我觉得，《中国青年》与其它杂志相比，有它的特点和任务。《中国青年》是一个政治思想教育综合性的杂志，那么它就应该有思想的权威。这就是我们杂志的个性。在大革命前后那几年，《中国青年》因为登了恽代英、萧楚女、张太雷、任弼时、邓中夏等人的文章。我

---

① 徐江明：《解放前后〈中国青年〉编辑生活回忆片断》，《中国青年》1983 年第 4 期。

们就能对时局重大问题与青年参加革命问题作出评析，就成为那时的思想权威。《中国青年》长久以来是有这个特色的，有时表现得暗淡一些罢了。"① 胡耀邦多次强调，刊物的定位要准。② 刊物的思想性要比报纸的思想性来得有系统，说理性也强一些。"刊物一定要结合当前政治生活、群众生活中的大事，以马列主义理论来改造青年的思想。青年最关心的是世界往何处去，中国往何处去，自己往何处去。因此我们杂志的主要任务，就是应该配合国内外大事，宣传党的方针政策，解决青年的思想问题。就是说，要抓时代的思潮……在刊物文章中，如果没有问题，不赞成什么，反对什么，宣传就是教条主义。"③

在胡耀邦等团中央领导的指导之下，韦君宜逐步认识到杂志作为青年政治思想教育综合性刊物与团中央机关刊物、思想权威刊物的地位与性质，明确了编辑思想，提出要结合中央工作精神与青年思想实际"两头"，组织与教育广大青年。她在给编辑盛禹九做解释工作时说：

搞报刊编辑工作，文字是很重要的。但比文字更重要的，是编辑思想。编什么文章？给谁看？要解决什么问题？这是首先要搞清楚的。《中国青年》杂志是青年团的机关刊物，面向广大的青年读者。它要紧跟时代，要了解当前中央的宣传思想和有关政

---

① 陈模：《君宜同志，你慢慢地走》，于光远等：《韦君宜纪念集》，人民文学出版社2003年版，第18—19页。邢方群在《胡耀邦同志对〈中国青年〉的领导》（《新闻研究资料》1983年第5期）一文中也有类似记述。

② 钟启元、焦永萍、曲星：《1953—1963：〈中国青年〉的回忆——邢方群访谈录》，《党史文汇》2005年第11期。

③ 邢方群：《胡耀邦同志对〈中国青年〉的领导》，《新闻研究资料》1983年第5期。

策，还要了解和研究青年群众中的思想倾向和问题。把这"两头"的情况弄清楚了，才能确定文章要宣传什么、提倡什么，要反对什么。这样，写出来的东西才有的放矢，才有人看，才有社会效果。我估计，你写的东西没有被采用，主要不是文字上的问题，而是稿子的指导思想和实际内容。……宣传政策的文章，主要要看观点是否正确，能不能解决群众中的思想问题。不一定要求我们每篇文章都像文艺作品那样内容文字上讲究生动活泼。①

传播学领域有经典的"使用与满足"模式。它站在受众的立场上，把受众成员看作是有着特定"需求"的个人，把他们的媒介接触活动看作是基于自己特定的需求行动来选择媒介内容从而满足需求的过程。这种模式，一改"受众绝对被动"的成见，而注意到受众的能动性及其需求对传播效果的制约作用、积极影响。通过有的放矢地了解、研究与解决青年的思想问题，政治思想教育期刊才能在"使用与满足"中获得社会效果。韦君宜平实的语言中，蕴含着对编辑出版工作深刻的见解。

伴随着对刊物定位的思考，韦君宜带领同事不断丰富、改进栏目设置，设计、推出包括《习作之页》、《本刊特稿》、《团的活动》、《读者信箱》、《通讯往来》、《小言论》、《大家写》、《诗》、《连环画》、《日用常识》、《青运消息》、《编辑室》、《时事漫谈》、《新语林》、《小游戏》、《小说》、《书报介绍》、《书刊简评》、《生活·思想·学习》、《新民主主义青年团动态》、《双周座谈》、《快板诗》、《影评》、《我们在工作建

---

① 盛禹九：《一个大写的人——怀念韦君宜》，于光远等：《韦君宜纪念集》，人民文学出版社 2003 年版，第 145—146 页。

设岗位上》、《祖国在前进》等丰富多样的常设栏目来落实编辑思想，指导团组织工作，进行青年思想启蒙。杂志还曾连载《中国青年运动史话》、《中国社会发展史》、《中国近代史笔记》、《毛泽东同志的少年时代》、《毛泽东同志的初期革命活动》等文章。从整个杂志刊发的文章类型来看，杂志对青年的思想塑造，主要是通过正面说教性文章、主题讨论性文章和对文艺作品的介绍性文章来进行的。正面说教性文章包括社论、各级与青年工作有关的领导人的讲话等。主题讨论性文章一般围绕某个中心问题展开讨论，主导观点往往以读者来信的方式刊载。对文艺作品的介绍性文章主要介绍苏联的电影、小说等文艺作品等。①

## （二）贯彻党和青年团关于青年工作的方针政策

作为团中央的机关刊物，传达团中央的大会精神是《中国青年》的重要任务。杂志做到了与会议同步，及时刊发会议相关决议、宣传纲领、领导讲话、社论等，如《中国学生运动的当前任务》（1949年3月5日中华全国学生第十四届代表大会通过，刊第五期，1949年3月30日）、《在中国新民主主义青年团第一次全国代表大会上的政治报告》（任弼时，第七期，1949年5月4日）、《在延安五四运动二十周年纪念大会的演讲》（毛泽东，第七期重刊，1949年5月4日）、《在中国新民主主义青年团第一次全国代表大会上的讲话》（朱德，第七期重刊，1949年5月4日）、《中华全国青年第一次代表大会宣言》、《中

---

① 李巧宁：《1950年代〈中国青年〉塑造的革命青年形象》，《经济与社会发展》2004年第11期。

国新民主主义青年团工作纲领》、《中国新民主主义青年团团章》（第八期，1949 年 5 月 30 日）、《和广大的工农兵相结合》（刘少奇，第五十三、五十四合刊重刊，1950 年 12 月 9 日）等。

杂志还及时发表"应时应景"的纪念性文章来引导青年关注时事，传承青年运动精神。如 1952 年第二十一期（12 月 1 日），为纪念"一二·九"十七周年和"一二·一"七周年，发表社论《革命青年要向科学作群众性的进军》以及运动参与者的回忆文章，号召青年们发扬一二·九时代青年的爱国主义精神，努力学习，成为既有高度的政治觉悟又掌握现代科学的人才。还有对杂志自身历史的纪念与重温。如第二十三期（1949 年 10 月 22 日）刊出《纪念"中国青年"创刊二十六周年》专文，介绍大革命时期《中国青年》战斗的特点、和广大青年群众密切的联系、文字的明白晓畅等，号召继承光荣传统。同期杂志还刊发《介绍"中国青年"》、《"中国青年"发刊词》、《"中国青年"和恽代英同志》、《大革命时期的"中国青年"是我的启蒙老师》、《延安的"中国青年"》、《在前进的道路上》等文章。第五十期（1950 年 10 月 21 日），发表任弼时的署名文章《纪念"中国青年"创刊二十七周年》、韦君宜的署名文章《继承战斗的光荣传统》和《介绍"中国青年"》等。

为宣传贯彻党与共青团方针政策，韦君宜采取的重要做法之一，就是每期约请胡乔木、蒋南翔、冯文斌、周扬、于光远、田家英等著名学者、理论家撰写一篇"挂帅"的文章，就青年中普遍性的问题予以指导。如《青年团的基本任务在学习》（冯文彬，第六期，1949 年 4 月 15 日）、《论知识分子和工农群众结合》（蒋南翔，第十一期，1949 年 7 月 18 日）、《论革命人生观》（听樵，即胡乔木，第三十六期，

1950 年 4 月 8 日 )、《积极参加反对贪污、反对浪费、反对官僚主义的斗争》( 冯文彬，1952 年第一号，1 月 12 日 )、《以新的劳动态度迎接新中国的建设事业》( 艾思奇，1952 年第十二期，7 月 16 日 ) 等。文章高屋建瓴而又通俗易懂，就团中央关于青年工作的中心问题进行阐述，发挥了对青年工作的指导性作用。

贯彻党与共青团方针政策，《中国青年》杂志更为常规的做法，是以专题的方式相对集中地进行主旋律论述。在盛禹九的印象中，"《中国青年》是政治思想教育刊物，50 年代解放初期，在杨述和韦君宜同志的主持下，这本刊物高扬革命人生观、爱国主义、集体主义的主旋律，对青年进行启蒙教育"①。20 世纪 50 年代最为突出的任务是在新时期进行爱国主义思想的宣传与教育。新中国成立之初，面临着国内外反动势力的破坏，迫切需要强化广大青年认同与拥护新生政权的信念。韦君宜在《中国青年》上组织、发表重头文章，在青年群体中发起"新爱国主义"教育。"新爱国主义"教育，大体以抗美援朝为界分为前后两个阶段：之前主要是将"新爱国主义"教育作为国民教育，之后则结合抗美援朝特定背景进行宣传、教育。1950 年 1 月 14 日，"为了配合对新政权认识、新国民意识的树立"②，配合对《共同纲领》的学习和宣传，《中国青年》第三十期发起"新爱国主义"运动论述。编辑希望"这些文章对于大家在《共同纲领》的学习中有些帮助，对于解决青年有关爱国主义与狭隘民族主义的一些思想问题

---

① 盛禹九：《一个大写的人——怀念韦君宜》，于光远等：《韦君宜纪念集》，人民文学出版社 2003 年版，第 147 页。

② 何吉贤：《抗美援朝背景下的"新爱国主义"运动与新中国"国际观"的形成》，贺照田、高士明主编：《人间思想 01：作为人间事件的 1949》，金城出版社 2014 年版，第 120 页。

中，有些帮助"①。新中国成立一周年前后，中国确定出兵朝鲜。在此背景下，杂志第四十八期（1950 年 9 月 23 日）再次组织专题并说明："新爱国主义是需要在青年中长期地宣传及进行教育的，我们以后将陆续组织关于这方面的文章。"第五十期再次指出，"新爱国主义与国际主义是需要在青年中长期地宣传及进行教育的"②。先后发表的代表性文章有于光远的《谈谈爱国主义》（第四十八期，1950 年 9 月 23 日）、李达的《新旧中国的国家机构》（第五十期，1950 年 10 月 21 日）、许邦仪的《谈谈国际主义与爱国主义》（第五十期，1950 年 10 月 21 日）、于光远的《新中国与新爱国主义》（第五十六期，1951 年 1 月 13 日）、循心的《关于爱国主义的几个问题》（第五十六期，1951 年 1 月 13 日）等。韦君宜撰写了《论中国人民的新爱国主义》（第三十期，1950 年 1 月 14 日，笔名萧德）、《我更感到祖国的可爱》（第五十六期，1951 年 1 月 13 日）和《和学生们谈爱国主义的实践》（第七十期，1951 年 7 月 14 日，笔名萧德）等文章，引导青年群体体认爱国主义。总体来看，《中国青年》关于"新爱国主义"运动论述，既有主流叙述的一般特点，又有其相对独特性，明显体现出"青年政治"的特点，"注重对青年，尤其是青年知识分子的教育，不仅贴近青年的生活和思想状况，而且也由于青年中知识分子比重较大，而展现出了相当的理论论辩性"③。除了对热爱新中国政权态度与信念的强化，"新爱国主义"运动态度鲜明地对美国、苏联进行"敌我之辩"。如第七十期发

---

① 《编辑室》，《中国青年》第三十期，1950 年 1 月 14 日。

② 《编辑室》，《中国青年》第五十期，1950 年 10 月 21 日。

③ 何吉贤：《抗美援朝背景下的"新爱国主义"运动与新中国"国际观"的形成》，贺照田、高士明主编：《人间思想 01：作为人间事件的 1949》，金城出版社 2014 年版，第 119 页。

表吴江的《我们的文明为什么胜过帝国主义国家》，以"在学生中应肃清帝国主义侵略遗留给我们的思想毒害，例如崇美啦，羡慕帝国主义的'文明'啦"①，等等。杂志倡导的"新爱国主义"教育另一突出的特色，是确立新的"人民观"，以人民史观对中国历史和民族知识等进行重构，发表了杨晦的《鲁迅的爱国主义》（第四十九期，1950年10月7日）、黄既的《荆轲、屈原、岳飞和续范亭》（第五十期，1950年10月21日）、冯至的《爱人民、爱国家的诗人——杜甫》（第五十五期，1950年12月23日）、游国恩的《热爱人民的诗人——白居易》（第五十八期，1951年2月15日）、钱伟长的《中国古代的三大发明》（第六十一期，1951年3月27日）等文章，发掘、彰显人民史观视野下中国历史的悠久与辉煌。这种贯穿着人民史观的爱国主义教育，与韦君宜个人的思想相通。她当时发表在《中国青年》上的文章对此多有反映。如她在《老古董与新看法》（第六十五期，1951年5月19日）中专门阐释："我们对于祖国的过去，所爱的主要是从古至今的劳动人民，人民的反抗、人民的创造和一切对人民有利的，属于人民的事物。""我们讲爱国，主要是爱劳动人民，爱劳动人民的历史。"有人因为汉奸殷汝耕等人生活节俭、"对仆人很和气，对儿女教育很留心"，认为他们是"好人"。对此，韦君宜发表《殷汝耕是好人还是坏人》（第十二期，1949年7月27日），批评这是封建的道德观，而今天要倡导革命的道德观，"我们说一个人是好人，第一条标准，必须他是为人民服务的，是为了最大多数人的最大利益服务的"。"青年同志要谈修养问题，首先就要弄清这一条革命道德的最高标准，确

---

① 《编辑室》，《中国青年》第七十期，1951年7月14日。

定为人民服务的人生观。凡合乎这个的基本上都是好的，和这一条相反的随便怎样都是坏的，根据这标准去检查一下自己的思想、行为、生活，这就是修养的第一步，把这一点做到了，才能谈到其他的修养问题。"

在广大青年群体中大力倡扬爱国主义主旋律，除了与新中国成立所激发的热情有关，更重要的原因在于，坚定的爱国主义，是韦君宜这一代革命出版人的思想底色。韦君宜的编辑工作，给同事盛禹九印象最深的，除了其朴实、明快、犀利、真挚感人的文风，就是关于爱国主义主题的宣传。"从 1950 年到 1953 年，她曾多次在刊物上组织宣传中心、发表重头文章来宣扬爱国主义，批判当时一些在青年中存在的自卑和崇洋媚外的思想。"[1]1988 年，《中国青年》创刊 50 周年时请她题词，当时已经半身不遂的韦君宜在病榻上用残疾的手颤抖着写下："热爱祖国，怀抱大志，追求理想，这是几代青年珍贵的传统。不论形势如何，虽九死其未悔。这是我对当代青年的希望，鄙视那些鼠目寸光的人吧。"

除了开展爱国主义教育，《中国青年》的青年思想教育工作还注重结合 20 世纪 50 年代以来不断开展的政治运动、社会经济建设潮流等。如 1950 年，为宣传《中华人民共和国土地改革法》以及土改的实际进展，杂志以征文启事的方式与青年读者进行互动交流。1953 年 2 月 1 日，中央人民政府、政务院公布《关于贯彻婚姻法的指示》，《中国青年》1953 年第四期（2 月 16 日）以此为中心，发表胡耀邦的《青年团要积极参加贯彻婚姻法运动》、罗琼的《正确地全面地认识中

---

① 盛禹九：《一个大写的人——怀念韦君宜》，于光远等：《韦君宜纪念集》，人民文学出版社 2003 年版，第 148 页。

华人民共和国婚姻法》、韦君宜的《青年团员应该怎样对待妇女》、华木的《在贯彻婚姻法运动中青年妇女应该做什么》等一组文章，引导青年学习、贯彻婚姻法。在1953年第五期的《编辑室》中还特别说明："青年团在参加贯彻婚姻法运动中，要注意掌握好政策，着重的是做好宣传教育工作，切不可和过去的社会改革运动（土地改革、镇压反革命等）中的做法混淆起来，本期也组织了文章说明了这个问题。"①1953年，中共中央提出中国共产党在过渡时期的总路线和总任务。韦君宜在1953年第二十二期上发表《过渡时期的国家总路线是什么?》（署名萧文兰）一文。青年团中央于同年12月13日发出《关于学习和宣传国家在过渡时期总路线的指示》。一年时间内，《中国青年》发表近30篇文章，促进广大青年对总路线精神实质的理解，有力地发挥了青年刊物在贯彻国家政策时的媒介引导作用。

在结合社会经济建设、政治运动进行青年思想教育与组织动员的过程中，韦君宜注意发挥《中国青年》作为思想权威刊物理性引导的功能。在20世纪50年代新旧思想嬗变的大背景下，社会上存在着"宁'左'勿右"的思潮。一些学校和团支部，大搞"思想改造运动"，追求"彻底消灭"资产阶级思想和小资产阶级思想。出身资产阶级家庭的青年，迫于"唯成分论"的压力，和家庭断绝关系。针对青年工作中这些"左"的倾向，韦君宜策划、组织了《改造思想，性急不得》、《不要在中小学中搞"思想改造运动"》等文章进行理性分析。她亲自撰写《关于学生中间的资产阶级思想》、《论学生学习中的急躁情绪》、《从花衣服的问题谈起》等反"左"的文章，纠正和解决了青年思想

---

① 《编辑室》，《中国青年》1953年第五期，3月1日。

上的模糊观念和实际生活中存在的问题。如在第三十六期（1950 年 4 月 8 日）发表的社论《改造思想，性急不得》中，韦君宜提出，提高思想觉悟，要逐步进行，不能性急，不能简单粗暴；提高思想觉悟必须同学习文化科学知识结合。起草这篇社论初稿的编辑丁磬石后来总结说，"社论所强调的这两个观点，也是后来《中国青年》的重要宣传指导思想。在抗美援朝、土地改革和'三反'、'五反'运动中，《中国青年》一方面结合革命斗争，有主次、有步骤地引导青年不断提高自己的思想觉悟，一方面也很注意激励青年学习文化科学知识"[1]。在《在"三反"和"五反"运动中资产阶级家庭出身的革命青年如何看待自己家庭》中，韦君宜对当时流行的思想认识作出纠偏：不用斤斤计较用家里钱买书等枝节问题，拿家里钱买书、日用品、捐献和借人都属于正当用途。[2] 这种纠偏意识，正在于她深刻地认识到，在当时，应将资产阶级思想从与资产阶级相关的生产方式、生活方式中分辨出来加以检讨，否则有可能会使对资产阶级思想的警惕越出边界成为一种对现代生活方式普遍、激进的拒斥，这与新民主主义阶段发展生产、改善生活的目标并不一致，对资产阶级过分的批判有碍巩固新民主主义秩序。[3] 对于社会上存在的流行女青年穿花衣服、喜欢集邮、摘点野花等就是"资产阶级思想"的误解，韦君宜专门撰文进行反驳。她认为，要把这种将生活中美好、丰富、富有感情的方面看作资产阶级思想的观点扭转过来。工人阶级是有感情、有志愿、有爱好、有美

---

[1]　丁磬石：《难忘的一课》，《中国青年》1983 年第 5 期。

[2]　《中国青年》1952 年第七号，4 月 19 日。

[3]　程凯：《新青年与旧家庭——以新中国成立初期〈中国青年〉上的相关讨论为中心》，《文艺争鸣》2017 年第 1 期。

感的，是应当有文化的。共产主义思想之所以被视为人类的最高理想，就是因为世界上曾经有过的真正美好的东西都应当包括在我们的文化里面。①

在进行思想教育与宣传时，韦君宜还注重通过个人经历进行"现身说法"。1937年韦君宜与妹妹魏莲一双双离开家庭参加抗战，但妹妹被母亲劝回。八年后，韦君宜成长为一个革命者；而妹妹则成为生活在狭小天地中的贵妇人，一度精神空虚，直到北平解放后再参加工作。韦君宜以这一亲身经历写下《妹妹的故事》，发表在《中国青年》杂志，说明个人选择与民族、国家道路的关系。文章发表后，引发轰动。当时，《中国青年》正好在总结复刊以来的编辑经验，"其中一个重要问题是宣传应该如何联系实际。《中国青年》的宣传必须联系青年的实际，在这问题上大家是一致的，但对应该联系青年的什么实际却有分歧"。编辑部总结了《妹妹的故事》一文发表后引起反响的经验：

> 党所领导的重大斗争，所进行的中心工作，关系到青年的最大利益和前途，是青年最关心的问题，宣传要联系实际，就应注重联系这个最主要的实际，应该帮助青年解决在这政治生活中遇到的问题。当然，对青年在日常生活中的切身问题，如婚姻恋爱等，也应当帮助解决。但是只有引导青年参加重大革命斗争、党的中心工作，在政治生活中受到锻炼，青年的视野开阔了，思想觉悟提高了，革命人生观树立了，他们也才能很好地处理自己的各种

---

① 韦君宜：《从花衣服的问题谈起》，《韦君宜文集》第五卷，人民文学出版社2013年版，第60—64页。

切身问题。这一编辑思想得到明确后，我们刊物又连续发表了彭真同志那年在北京"一二·九"纪念大会上的讲话《与青年谈点革命家常》、胡乔木同志的《论革命人生观》和于光远同志的《青年与革命英雄主义》等文章，进一步鼓励青年要在重大的革命斗争中充分发挥作用，通过斗争提高觉悟，树立革命的人生观，使自己得到茁壮成长。我们这样做宣传，刊物在青年中更有影响了。[①]

### （三）以问题讨论进行"议程设置"教育青年

除了强化正面教育性文章的宣讲，作为群众性特点突出的刊物，韦君宜主编《中国青年》时，特别注重以青年问题为中心，通过调查研究，提炼、设计出与青年学习、生活密切相关的公共性话题，以杂志为平台，发起讨论，充分发挥杂志媒体"议程设置"的功能。讨论与交流多从青年关注、困惑的问题入手，结合青年成长的切身问题进行思想上的引导和实践上的扶助，以此进行价值观教育。从1950年开始设置的《问题讨论》专栏，是《中国青年》最受读者关注的栏目之一。与此类似的栏目还有《答读者问》、《生活·思想·学习》、《双周谈座》（后改为《半月谈座》）、《问题探讨》等。据统计，1950年至1959年的近10年间，《中国青年》共发起了19次讨论，其中多数与青年理想问题直接相关。[②]讨论的问题涉及理想观，幸福观，处理

---

① 丁磐石：《我们的好领导、好老师韦君宜同志》，于光远等：《韦君宜纪念集》，人民文学出版社2003年版，第169页。

② 苏宝俊：《从〈中国青年〉看建国初的青年理想教育》，《广西青年干部学院学报》2007年第5期。

工作与学习、个人与集体关系等方方面面。其中既有对先进人物的赞颂，也有对反面对象与思想的剖析与批评。

例如一位大学生被分配做收发工作，他认为是大材小用，不安心做平凡的工作。《中国青年》编辑丁浩川与他进行了谈心，教育他要抛弃个人名位思想，踏踏实实做好本职工作。杂志发表他们谈话的内容，青年读者对此反映强烈，纷纷来信陈述自己的意见。杂志就此发起"和一个做收发工作同志的谈话"讨论，先后发表了《应该根据什么来建立我们的远大理想?》（第四十二期，1950年7月1日）、《讨论"和一个做收发工作同志的谈话"》（第四十三期，1950年7月15日）等文章，认为追求个人名誉、地位、前途等是旧社会的陈腐观念，新中国的青年应该站在革命立场上看待工作，个人志愿应当服从组织分配。这次讨论，和杂志1954年"什么是我们的远大前途?"、1963—1965年由胡东渊来信引发的"青年应该有什么样的幸福观"、20世纪80年代由潘晓来信引发的"人生的路为什么越走越窄"等讨论可谓前后相续，都是青年的人生观话题。类似的话题讨论，还有第七十九期（1951年11月24日）至1952年第一号（1月12日）关于郑辉人提出的要不要批斗自己"勤谨守成"的父亲的讨论;杂志1952年第三号（2月20日）至1952年第九期（5月24日）就如何看待原来追求进步的共青团员陆尚博转而追求个人前途这一问题的讨论;第十一期（1949年7月18日）至第二十一期（1949年10月1日）就读者陈宏滨、张北涛来信，引发"理工科学生和技术人员是否需要学习政治吗"这一问题的讨论;等等。

以问题讨论设置媒介议程，并不意味着完全由杂志编辑主导"话题"。一方面要发挥编辑积极的引导作用;另一方面，这种引导要建立在顺应青年思想现状的基础上。1981 年，韦君宜在接受何启治的访谈时就曾说，"在办《中国青年》的时候建立了这样的传统，就是凡要提倡什么或讨论什么问题，就先派人去调查，开座谈会"。"最近《中国青年》发起'人生的路为什么越走越窄'的讨论，看来老传统还在起作用。你就是得到群众中吸收营养，知道他们想什么，关心什么，这样才能给群众解决点问题，刊物也才能办得活泼。"① 因为事先准备充分，讨论的问题从广大青年群体中调查而来，因而有其代表性；在讨论过程中，杂志注重发动团组织等青年群体，因而有其广泛性；讨论到一定阶段，则精心组织"意见领袖"的文章来进行评述总结，因而有其导向性。总之，"这种广泛发动和依靠青年读者自发讨论自我教育的方式，确为一种有效的思想教育方法，它能广泛而潜移默化地发挥传播的最大优势和最佳效果，也是同'从群众中来，到群众中去'的宣传思想路线的努力贴合"②。

### （四）引导青年加强学习

20 世纪 50 年代，国家的工作重心由革命战争转移到经济建设，学习科学文化知识成为人民大众的迫切需要。通过各种方式，引导、鼓励先锋力量——广大青年群体加强学习，投身社会主义建设，成为《中国青年》杂志的重要任务。

---

① 启治：《编辑的素质、修养、职责和作风——韦君宜访问记》，《韦君宜文集》第五卷，人民文学出版社 2013 年版，第 129 页。
② 谭锐：《韦君宜从〈中国青年〉到〈文艺学习〉编辑思想探索》，《北京印刷学院学报》2014 年第 1 期。

　　《中国青年》首先是以社论、会议决议、指导性文章等形式进行思想动员。如第六期发表冯文彬的《我们新民主主义青年团的基本任务是学习》，指出青年团的一切工作必须围绕"青年人学习什么？怎样学习？什么才是新的学习方法？"这一基本任务进行。1950年五四运动纪念，《中国青年》发表社论《青年要精通业务，掌握科学技术》，动员青年学习业务成为专家。1952年五四运动三十三周年、中国新民主主义青年团成立三周年纪念日，发表社论《青年要学习些什么?》。1953年6月，中国新民主主义青年团第二次代表大会召开。毛泽东在接见大会代表时提出青年要"身体好，学习好，工作好"，韦君宜发表《长知识》一文，提出青年应把知识范围扩大，不能"把自己压缩在一个狭窄范围里"。与自己的业务无关的知识并非无用的知识，它可以训练思考能力、开阔眼界、培养道德品质。①

　　其次是通过多个栏目介绍各类文化知识，尤其是注重介绍学习方法、推荐阅读、普及性知识等。向广大青年推荐阅读，是《中国青年》《中国青年报》等"青年"谱系报刊对青年进行思想引导与价值规范、建构当代青年共同体的重要方式。《中国青年》主要通过《书籍、电影评介》、《小说诗剧》、《评论》、《连环木刻》、《日用常识》、《书报介绍》、《书刊简评》等栏目，以及《暑期读物介绍》等，还有连载《青年团的基本知识教材》、《初级政治常识教材》等编辑行为，向青年推荐各种文艺作品和理论书籍等。如第二十三、二十四期《中国青年》杂志连载了丁玲的《在前进的道路上——关于读文学书的问题》一文，从四个方面来谈"读文学书"的问题。类似的还有韦君宜的《我怎样

---

　　① 韦君宜：《长知识》，《韦君宜文集》第五卷，人民文学出版社2013年版，第55—56页。

从看小说到学习社会科学》（第二十四期，1949 年 10 月 29 日）、适夷的《从鲁迅的杂文学习什么》（1952 年第十八期，10 月 16 日）等文章。以青年阅读推广来看，当时的推荐阅读有着明显的时代特色，尤其注重苏联文艺作品的阅读。在 1952 年第十三期（8 月 1 日）为广大青年开列的书单《向青年推荐一些暑期读物》之"文艺·故事"书目，具体包括：《鲁迅选集》、《可爱的中国》、《太阳照在桑干河上》、《暴风骤雨》、《白毛女》、《李有才板话》、《铜墙铁壁》、《吕梁英雄传》、《刘胡兰小传》、《钢铁是怎样炼成的》、《卓娅和舒拉的故事》、雅可福烈夫的《一个苏联飞机构造家的自述》、西蒙诺夫的《日日夜夜》、尼古拉耶娃的《收获》、恰可夫斯基的《我们这里已是早晨》等。杂志对苏联文艺的介绍比重较大。如不少青年读过苏联小说《普通一兵——马特洛索夫》，深为英雄马特洛索夫的事迹所感动，并热诚地向马特洛索夫的高贵品质学习。杂志在 1953 年第三期（2 月 1 日）发表孟凡《漫谈向"普通一兵——马特洛索夫"学习》、姚远方《谈勇敢》，赞扬主人公的品德；并发表《青年们的光辉榜样》，报道北京市小学生学习小说的情况。曹靖华在 1952 年第十九期（11 月 3 日）撰文《苏联文学帮助我们青年塑造新品质》认为，充满最深刻的政治教育内容的全世界最先进的苏联文学，正帮助我们塑造青年一代的最高贵的品质。

韦君宜自己也写了不少书评，推荐《夏红秋》、《牛虻》等外国进步小说。如杂志文艺组编辑萧枫回忆：

《中国青年》是团中央的机关刊，是政治性强的综合刊物。对文艺组的文章要求紧密配合青年的政治思想教育。当时，年轻人看小说和看影剧的热情很高。充满革命思想的小说、影剧对青年的教育、影响力是很大的。韦君宜等领导就要文艺组多向青年介绍这类优秀的小说、影剧。那时，苏联的小说、影剧最有吸引力。在领导的具体指导下，我们陆续介绍了《钢铁是怎样炼成的》、《日日夜夜》、《青年近卫军》、《被开垦的处女地》、《母亲》、《恐惧与无畏》、《卓娅与舒拉的故事》、《他们有祖国》、《普通一兵》等等。介绍时都是请些有水平的名家写书评和影评。还请前辈作家邵荃麟写了《关于文艺作品的阅读》，指导青年阅读。此外，我们还常常在青年中召开些读书和影剧的座谈会，也很受青年欢迎。那时很多年轻人不只喜欢阅读而且还有着强烈的写作欲望，希望编辑给以指导。韦君宜同志便要我们组织作家写些指导写作的文章。我们组织了茅盾写的《关于文学的修养》、何其芳写的《讲解读文章》、艾青写的《谈谈写诗》、马烽写的《我是怎样学习写作的》。①

最后就是在《编辑室》、《大家谈》、《大家写》、《青年团》等栏目中，结合刊发的文章，提醒读者关注学习、树立学习典型、总结学习经验体会等。如1952年第十八期（10月16日）《编辑室》栏目提示：

> 青年团三中全会的决议中向青年提出的当前任务，重要的一项就是学习。学习在目前为什么是我们"更加特别突出的任务"

---

① 萧枫：《摇篮情》，于光远等：《韦君宜纪念集》，人民文学出版社2003年版，第183页。

呢？要学习些什么东西呢？工作和学习怎样结合呢？青年干部在
工作中怎样了解学习专门知识的问题呢？学生应该怎样看待学习
和工作的问题呢？怎样看待做"专家"的问题呢？……这些都是
青年们学习青年团三中全会决议后所提出的问题。本期发表的于
光远和徐明江两位同志的文章，就是回答这些问题的。于光远同
志的文章较侧重于青年学生们所提的问题，徐明江同志的文章则
较侧重放在工作岗位上的青年同志在工作中学习的问题。

再如杂志第十期（1949 年 7 月 7 日）《大家谈》栏目发表的短论《工
作与学习》，强调学习要挤时间，要结合工作实际；第十四期（1949
年 8 月 10 日）《大家写》栏目中发表萧锡涌的《我决心更加紧学习》、
蓝琪的《我怎样工作和学习》等，畅谈工作体会等；第十九期（1949
年 9 月 17 日）《青年团》栏目发表《郭东甲怎样帮助工友学习》，介
绍学习互助经验；1953 年第三期（2 月 1 日）《编辑室》栏目发表《多
想出智慧——在学习中怎样发展自己的思考力》，论述思考对学习的
重要性；等等。

以团机关刊物组织、推动学习与阅读，在 20 世纪 50 年代有着特
别的意义。在建设社会主义新中国的热潮中，文学等阅读、学习活动
并不纯粹是一种专业性的文学活动，而是兼具思想动员与文学阅读的
泛政治化、组织计划性活动。"可以说，正是团的组织、团的学校和
团的刊物共同塑造了 1950 年代初中国青年一代公认的文化价值观念。
共青团中央关于共青团文化建设的一系列想象与实践，目的是通过有
组织的阅读，在共青团员中形成一个具有共同意志和追求的阅读共同
体，从而建构起青年的文化身份，唤醒其作为社会主义新人的主体意

识。"① 尤其难得的是，如前所述，《中国青年》在引导青年加强学习的过程中，对极端化、非理性的倾向有着清醒的认识。针对 50 年代青年思想教育工作中不顾实情过度强调"开展学习竞赛运动"等极端做法，杂志不断予以"降温"，发表《不要在中小学中搞"思想改造运动"》、《学习不宜提倡竞赛》等文章。这些文章指出：思想改造和学习都有着自己的规律，是由低到高、由浅入深、循序渐进的一个过程；在现阶段，主要应批判反动的、封建的思想影响，而不是急于大批资产阶级和小资产阶级的思想；特别是在学校里，对青年人，不能简单粗暴、要求过高过急。提高学习成绩，主要靠老师的引导，学生的自觉，讲究学习方法；搞竞赛，强迫命令，对学生施加压力，不仅不能提高学习质量，其效果往往适得其反，等等。策划和组织这些文章，韦君宜同志起了主要作用。她自己还亲自动手写了《在"三反""五反"中资产阶级家庭出身的青年和团员应该怎样对待自己的家庭》、《从穿花衣服谈起》等文章。这些文章宣传党的政策，划清了是非界限，纠正和解决了青年们思想上的一些糊涂观念和实际生活中存在的问题，在读者中普遍叫好。②

### （五）注重约稿与编辑加工

20 世纪 50 年代，媒体普遍面临优质稿源不足的困难。约稿成为

---

① 成姿娴：《从"娜斯嘉"到"林震"——1950 年代初的青年文学阅读与王蒙的〈组织部来了个年轻人〉》，硕士学位论文，华东师范大学 2010 年，第 4 页。
② 盛禹九：《一个大写的人——怀念韦君宜》，于光远等：《韦君宜纪念集》，人民文学出版社 2003 年版，第 151—152 页。

编辑的重要任务。韦君宜注重通过选题、约稿等培养年轻编辑。"记得在每次编前会上，文艺版文章的稿目，最后都是由韦君宜同志敲定的。特别是作者，她更为我们反复挑选最佳的。会前我们也常去先和她商量，征求她的意见。我们促膝而谈。她谈意见时，随便自然，不作长篇大论，不讲空话，讲得实在具体。常常是三言两语，一针见血，讲到点子上，很内行，很有水平。"① 作者队伍的问题，在《中国青年》杂志社发生过争论："有一种意见是说《中国青年》是青年的刊物，自然应该主要靠青年写稿。但蒋南翔、杨述、韦君宜同志则认为，《中国青年》虽然应当鼓励青年多投稿，应当登青年的稿件，让青年进行自我教育。但青年还缺经验，缺理论，缺知识，教育青年不能只靠青年自己，更重要的是要靠长辈人。尤其是《中国青年》作为团中央的机关刊物，要面向全国的广大青年和各级团的干部进行政治思想教育，很好地帮助青年解决在政治生活中、日常生活中遇到的种种疑难问题，这更需要依靠富有经验、学识的革命前辈、名家学者的指导、帮助。"②

　　因为特殊的延安经历，韦君宜特别注意提醒编辑在约请"老（革命）、名（人）、专（家）"写稿或处理他们的稿件时，"要请示汇报，要慎之又慎"。编辑昌沧从同事手上接手处理著名理论家胡风撰写的一篇英雄人物通讯《战斗英雄郭俊卿》。他看后认为文章写得非常漂亮，主题抓得好，内容翔实，文笔生动，可读性强；但有些自然主义

---

① 萧枫：《摇篮情》，于光远等：《韦君宜纪念集》，人民文学出版社 2003 年版，第183 页。

② 丁磐石：《我们的好领导、好老师韦君宜同志》，于光远等：《韦君宜纪念集》，人民文学出版社 2003 年版，第 173 页。

的倾向，过多地描绘了青春少女在成长过程中的"隐私"。昌沧认为
为了满足刊物的政治思想教育功能，必须做较大的修改。向韦君宜请
示后，韦赞许其意见并要求其与胡风商谈，同时嘱咐："态度要诚恳，
意见要坚持！"当昌沧向作者详尽地转达了编辑部的意见后，胡风"炸
庙了"，以为编辑"不懂文学！"昌沧本着韦君宜的"十字"原则，始
终心平气和地与胡风一再磋商。几经交涉，胡风冷静地考虑了编辑部
的意见，按要求做了修改。文稿发表后，读者反映特别好，收到几千
封读者来信，表示要向郭俊卿学习。在十月革命三十五周年纪念前
夕，杂志文艺组计划向郭沫若约稿。韦君宜叮嘱昌沧："郭老是文艺
界的老前辈，大学问家，在国内外享有很高的威望，咱们小青年去约
稿，要谦逊，要好好地向郭老学习！"但约来的诗稿不尽如人意，编
辑拟退稿。韦君宜读过诗作后，也决定退稿。但她建议编辑先去拜访
郭沫若，相机行事。最终，编辑顺利处理好了退稿事宜。① 韦君宜去
请邓颖超谈青年时代的革命活动，邓谈了非常多。韦记录整理后送去
请邓审看，并署上名字"邓颖超"。邓看了后说："不能这么署名。这
不是我写的，是你写的。"由于当时还没有如何署名的规范，韦只好
创造了一个办法，就是在邓的署名下面加了一个小小的"（谈）"字予
以刊出。送去的稿费，邓无论如何不肯全收，只愿收一半，另一半
韦只好"厚颜留下了"②。也有比较棘手的。杂志社向一位志愿军铁道
兵副司令员约稿。副司令员写了题为《和苏联专家在一起的时候》，

---

① 昌沧：《三载胜三生——怀念韦君宜老师》，于光远等：《韦君宜纪念集》，人民文学
出版社 2003 年版，第 117—119 页。

② 韦君宜：《记我见到邓大姐的琐事》，《韦君宜文集》第四卷，人民文学出版社 2013
年版，第 458 页。

8000 余字，内容丰富，只是文字晦涩，欧化句子多，有时一句长达 38 个字，与杂志"让初中以上文化水平的青年都能看懂"的要求不符。编辑提出修改意见，作者见到大样后大怒，以为没有尊重个人文风。编辑无奈，只好向韦君宜汇报。韦解释说，这位作者虽是搞工程建设，但在延安却是有名气的诗人。她提醒编辑，今后处理这类同志的文稿，应先征求作者意见；同时果断决定："马上采取措施：原稿全部恢复，重抄后再发排；个别地方该改的，你们也得做些改动！"了解到这些情况后，作者自己也有所反思。①

除了认真对待名家约稿，《中国青年》杂志同样认真对待日常性投稿，注重主动关注与提前介入，与广大作者互动。这突出体现在杂志《稿约》栏目的说明。如第十四期（1949 年 8 月 10 日）《稿约》："（一）本刊欢迎投稿。凡关于青年思想、生活、修养、青年团的论文及报导，青年团工作经验，各地通讯，社会科学、自然科学、文学等各科知识，生产知识、小说、诗歌、散文、故事、歌曲、漫画木刻照片等，均所欢迎。"杂志注重通过《通讯往来》等栏目，与基层通讯员进行沟通，引导投稿。如第二十一期（1949 年 10 月 1 日）《通讯往来》栏目说明："中国人民政治协商会议现在正在开会，中华人民共和国即将诞生，为庆祝开国盛典，希望本刊通讯员把你们所在地区、工厂、学校、部队或团体的庆祝盛况很快地报告给我们。报导要联系各单位具体情况，如报导工厂，就要讲工人对人民政协共同纲领中关于工人的部分有何反映，打算以什么实际行动来庆祝人民政协开幕与中央人民政府成立等。"同年 10 月 20 日为《中国青年》出版二十六周

---

① 昌沧：《三载胜三生——怀念韦君宜老师》，于光远等：《韦君宜纪念集》，人民文学出版社 2003 年版，第 120—121 页。

年纪念日，"本刊拟出纪念号，欢迎各地团委、团员、通讯员及读者来稿。内容着重'中国青年'对于团员、青年及青年工作者所起的作用，以及你们对于'中国青年'的建议，作为对'中国青年'二十六周年的礼物。本刊最近将以下列各问题为中心内容：（一）学校的新民主主义学习；（二）青年团工作。本刊通讯员与读者如有适当材料，请即写稿"。

对广大基层作者，《中国青年》杂志服务细致周到。稿件一旦采纳，《编辑室》刊出通知，一一具名，通知说"诸同志，来稿都已收到，正考虑采用，请继续写稿"①。稿件刊发后，则在《编辑室》栏目中，一一列出每位作者姓名，为支付稿费要求示知详细地址；并考虑周到地提出建议，如"因东北邮汇不通，你们的稿费，是否托人在北平代领，或由我们买等价书籍寄上，请来信告诉我们"②。有时还就稿约作出详细的说明，为作者投稿提供针对性的参考。如第十九期（1949年9月17日）《通讯往来》栏目不仅刊出于大波"诸同志来稿都已收到，正考虑采用，请继续来稿"的通知，还作了特别说明与分析：

> 八月份本社共收到来稿八三一件，其中学生来稿三七二件，各机关团体工作人员来稿三二四件，工人来稿一一一件，部队来稿二十四件，按地区来分（部队不计在内）华北为五五五件，东北为七十七件，华中为五十六件，华东为三十五件，西北为七件，未署地址的七十七件。从以上数目字来看，稿子的来源很不平衡，在写作者方面，工人稿件较少，军队稿件更少。在地区

---

① 《编辑室》，《中国青年》第十八期，1949年9月10日。
② 《编辑室》，《中国青年》第十三期，1949年8月3日。

上，华北最多，西北最少，我们恳切地希望工人、指战员及新区同志努力写稿。

据粗略统计，学生与工作人员稿件，可用的占来稿百分之二十。工人稿件，可用的占百分之四十，稿件内容，以为青年团及青年的活动，表扬好团员，思想转变等为最多，对青年切身问题，谈的很少。我们把退稿的原因简单地分析一下，退稿中以写作较差的文艺稿为最多，发空论的次之。这些稿件大都缺乏内容，用抽象的名词来说明事情。我们希望通讯员写稿时注意多报导事实，认真地去发现群众生活中的新的事情，新的问题，然后老老实实的报导出来，文长不可过一千五百字。

《中国青年》还注重与基层作者召开座谈会进行面对面交流。如1949 年 9 月 4 日召开北平工人通讯员座谈会，11 日召开北平学生通讯员座谈会。"会中通讯员们说：希望以后'中国青年'多登些与青年切身问题有关文章，加强青年团方面的指导论文及各地青年团与青运动态的通讯报导，在文字上要更通俗、活泼、简短。韦君宜同志作了关于写作问题的发言。"① 对待编辑工作，韦君宜非常认真。刚到《中国青年》时，科长杜绍西嘱咐韦君宜："看稿子你得公平对待。对于负责同志的稿子，该改的也得改。如果他有语句欠妥的地方你放过去，将来登出来，反而对这个负责同志影响不好。"② 编辑昌沧曾回忆当年韦君宜组稿改稿时

---

① 《青运消息》，《中国青年》第十九期，1949 年 9 月 17 日。
② 韦君宜：《忆延安的〈中国青年〉》，《韦君宜文集》第五卷，人民文学出版社 2013 年版，第 388 页。

特别注意文字细节的事：

君宜同志写作立论和批改文稿，精辟独到，其实她这一大手笔，就是一支"如椽之笔"！她才思敏捷，书写可快了。字还不潦草，但字的间架结构，却不敢恭维：像一堆火柴棍架在一起，但好认。涂抹的地方，一定是个墨砣，清清楚楚的，一点不含糊。她特别注意标点符号：句号圈得圆圆的，逗号"带尾巴"的，分号、引号、大括号、小括号、书名号等等，都是规规矩矩的。她说："你不要小看了标点符号，弄得不好，意思就变了！比如：'走，'，'走。'，'走！'，'走？'，'走！？'，'走？！'。你体会体会，因符号运用的不同，它们所表达的思想、情感就是不一样！"①

有一次，昌沧处理韦君宜的稿子《访苏散记》，顺手在"否定之否定"的后面加上了一个"否定"，正好把原意弄反了。送厂付印前，被韦君宜发现了，她分析说：

一是你还不明白编辑流程。经过组长、秘书长、总编辑审过的稿子，责编再也不能随意改；如果你发现有什么问题要改时，必须先请示，或在稿笺上标明。以便引起有关领导的注意，复审裁夺。这样能分清责任，杜绝差错！

二是澄清一个观念。谁都不是圣人，难免出错。谁发现谁都

① 昌沧：《三载胜三生——怀念韦君宜老师》，于光远等：《韦君宜纪念集》，人民文学出版社 2003 年版，第 114 页。

可以改。我的文章也一样，今后发现了毛病，你们都可以改，而且我非常希望你们改！千万不要因我现在说了你，以后你发现了问题，也不提，更不改了。如果是这样，那咱们今天的谈话就算是失败了！

三是要改进工作作风。你不仔细推敲人家的东西，连自己还未弄明白，就大笔一挥，那咋行呢！？我们无产阶级的新闻事业，有其严肃性！每句话、每个字，都要对读者负责，不能让它有差错！

四是咱们都要加强学习。一个优秀的编辑要有较广博的知识，力争做个"杂家"。你虽然学过法律，但你对逻辑学的一些基本概念都运用不好！这咋行呢！①

为了提高编辑、记者的文字水平，韦君宜专门邀请语言文字学家、老编辑吕叔湘、叶圣陶到编辑部讲解语法修辞学和标点符号的问题。韦认为编辑的认真与清楚，不仅是写字的问题，而且体现了群众观点的问题。原因在于，排字工人、校对的文化水平一般都不算太高，写得太差，影响他们的工作效率，也容易出差错；标注认真，也是尊重排字工人的劳动。一时难以彻底改正毛病的昌沧，被请到承印厂校对科开座谈会，工人师傅对其多有批评。他更感谢韦君宜的及时提醒。

《中国青年》对校对工作非常重视，对之前的文字错误经常进行细致勘误，如关于第十二期《中国新民主主义青年团中央委员会关于

---

① 昌沧：《三载胜三生——怀念韦君宜老师》，于光远等：《韦君宜纪念集》，人民文学出版社 2003 年版，第 122 页。

〈中国青年〉的决定》一文文字错误的更正；[1] 再如对第十八期人名等专名错误的更正，以及指出文句极其欧化的问题，"这些都是因为我们编辑同志还不够负责和细心，现在已开会作了检讨，并向读者致歉"[2]。1952 年第二十二期（12 月 16 日）发表章圻的诗歌《校对员》："墨水是法宝，/红笔当武器，/'错字'就是我们的仇敌。/不管它原稿多么模糊，/任凭它校样上改得层层密密，/聚精会神睁大眼，/一行行，一句句，/挨着个儿瞧仔细。//像我们守卫国土的战士，/要把暗藏的坏家伙一股脑儿赶出去，/谁说这工作无足轻重？/在传播劳动人民斗争经验的工作中，/我们是一队战斗兵。/我们的事业关系着千百万群众，/从来革命的胜利/离不了平凡工作岗位上的每一颗'小螺丝钉'。//每一份可口的精神食粮，/都交纳着我们辛勤的劳动；/每一次人们善意的批评，/都鞭策着我们继续不断前进。/为了回答读者对我们的期望，/我们要以无限忠诚于革命的精神，/更加负责、细心，/使工作达到理想的水平。"这既是《中国青年》发表的诗作，也是编辑对自己的警醒。

## （六）体现"读者意识"

"读者意识"是韦君宜编辑报刊的重要思想之一。在新中国成立初期，"读者意识"更是有着特定的时代内涵。在编辑过程中大力倡导加强群众联系，重视读者反应与群众性意见，成为当时出版工作的突出特点之一。这与当时的国家领导人对"群众路线"的重视与"人

---

[1] 《编辑室》，《中国青年》第十三期，1949 年 8 月 3 日。
[2] 《编辑室》，《中国青年》第十九期，1949 年 9 月 17 日。

民当家作主"的政治理念相关。1950 年 4 月 23 日，《人民日报》发表社论《加强报纸与人民群众的联系》，不久即开辟《读者来信》栏目。这种观念与做法，对当时的其他媒体起着示范性作用。《中国青年》的"读者意识"突出体现在特别注重与读者，尤其是基层普通读者的互动。杂志主要通过《信箱》、《读者来信》、《通讯往来》、《对本刊批评的反应》、《生活思想学习》、《稿约》等多个栏目进行编读互动。《信箱》栏目直接而简要地回答读者来信中提出的各种问题，举凡如"中学是否应当讲古文？我们是不同意讲古文的，能不能向教师提意见？"（第七期，1949 年 5 月 4 日）、"中国新民主主义青年团与中华全国民主青年联合总会的主要区别何在？参加中华全国民主青年联合总会的手续怎样？"（第十二期，1949 年 7 月 27 日）、"中国与东欧的新民主主义政权有何不同？"（第二十期，1949 年 9 月 24日），等等，涉及方方面面。据统计，20 世纪 50 年代，读者来信涉及的内容和比例分别约为：团的知识及青年工作，13.5%；政治政策、观念是非，35.4%；工作、学习与成才，26%；婚姻、恋爱，4.2%；健康，12.5%；个性与人际处世，2.1%；生活、生产服务，3.1%；其他，3.1%。[①] 另有代为回复作者问题的单篇署名文章，如 1954 年第 15 期，发表署名李伟的《在工作岗位上难道就不能学习吗？——答陈树明同志》。韦君宜本人也经常亲自回复，如第五十期（1950 年10 月 21 日）发表她回复读者张英的问题"结婚会不会影响进步？"第十三期（1949 年 8 月 3 日）《编辑室》中特别说明，"'信箱'这一栏的范围，不仅限于解答青年团方面的问题，读者同志们关于学习

---

①　吕海燕：《对〈中国青年〉杂志五十年读者来信的内容分析》，《中国青年研究》2004 年第 7 期。

上、工作上、生活上各方面的疑难，无论是职业、婚姻、社交、家庭、体育、娱乐或健康等问题，都可来信询问"。《中国青年》每逢有较大变化，即以互动的方式告知读者。如在改为周刊的第十二期，附上征求读者意见的表格，希望读者多提意见，"特别希望提出对本刊改为周刊以后需要改进之处"。

注重"读者意识"，同样体现在韦君宜编辑过程中的写作中。1955年，她把在《中国青年》工作期间发表的关于青年思想的论文和书评辑为一册《前进的脚迹》予以出版。在"后记"中她说明了自己写文章"唯恐青年读者弄不清楚"，"只希望它们能'赶'上了青年给予我们刊物的'任务'就行"这一明确、自觉的认知：

> 这本集子所收的文章，是五年来我在中国青年社工作中，根据读者所提的问题陆续写的。因此说，就算青年们在前进的路上的几点脚迹。——自然，这些脚迹也还是残缺不全。这些文章大致都是赶着写起来的。常常是在某一运动中，编辑部收到青年读者的来信，一定要在下期刊物上答覆（复）。于是连忙按题作文，克期交卷。在写的时候，我自己也曾想：这算什么文章？经常写这样东西，既不能说是搞的政治理论，也不能说是搞的文学。写这样东西的人既非理论家也非文学家。简直说不上一个名堂。在刊物上我们无以名之，名之曰"青年修养"。但是，我又看到，在我们国家里正在起着这样翻天覆地的大变化，这变化着的现实世界对青年的思想感情的影响是那么大，迫使他们时时刻刻要把国家的变革和自己的生活联系起来考虑。由此发生许多问题。在书本上找不到直接的回答，于是他们着急地到处问。尤其

是在每个大的政治运动中，青年们的问题一批一批涌来，来的那么多，要求的又那么急。大家问：要怎样思想？怎样生活？怎样学习？怎样做一个对祖国有用的人？只要针对他们的问题登一篇小小的哪怕是极不深刻的文章，也有成百的青年写信来表示那样真诚的感谢。那热情使我不能不想：青年既要这个，就不容许我们不搞。只要自己搞的一点点东西，多少能帮助青年摧毁他们在革命道路上遇到的思想障碍，能帮助青年变得更好一点，更健全一点，那么自己就什么名堂都搞不出来也该安心。我成不了理论家或文学家，我爱青年们，愿意为青年们服这一点务。这些文章就是在这样的思想之下写的，由于有这样的思想，写的时候我不大考虑问题提的幼稚，也不大管自己见解的粗浅。而且，因为唯恐青年读者弄不清楚，常常把一点点意思反覆（复）说明，有意地尽力说得浅露，完全没有含蓄。文章也很不讲究。我只希望它们能"赶"上了青年给予我们刊物的"任务"就行了。①

## 二、主编《文艺学习》

### （一）高规格出任主编

1953 年，中央组织部门打算把韦君宜调到新创建的工科大学去担任领导工作。她觉得自己力不胜任，于是去找时任中共中央宣

---

① 韦君宜：《〈前进的脚迹〉后记》，《韦君宜文集》第五卷，人民文学出版社 2013 年版，第 65—66 页。

传部副部长胡乔木，胡就让她到中国作家协会去。"他说可以做组织工作，也可以当编辑。"韦君宜说自己不是作家，在作家群中做不了组织工作，希望能让自己练习写作。胡乔木说："到作家协会就是要写嘛。"他还与韦说："你要生活，到作协就得去生活，要多接触人，当编辑就非接触人不可。"结果，按韦君宜自己的说法是，"总而言之，我要达到的一切目的，都可以通过作协去达到。谈话的结果是我被他说服，服从了他的分配。从此开始了我后半生的文学编辑生活"①。1953年6月，在中国新民主主义青年团第二次代表大会后，韦君宜由青年团中央宣传部副部长兼《中国青年》总编辑，转任北京市文化委员会副书记，不久加入中国作家协会，受命筹办文学普及刊物《文艺学习》，并成为作家协会党组成员。1954年4月27日，中国作家协会主办的《文艺学习》创刊，韦君宜出任主编。编辑部设在北京东总布胡同22号。杂志"编辑者"为"中国作家协会·文艺学习编辑部"②，刊名由郭沫若题写。编委先后包括李庚、杜麦青、吴伯箫、韦君宜、康濯、黄药眠、彭慧、萧殷、黄秋耘、马烽、公木、艾芜、谭丕模，韦君宜主编身份则一直没有变化。

从1954年4月创刊到1957年12月停刊，每月一期的《文艺学习》共刊行45期。据统计，刊物总印数为1140.9055万册，平均期印数为25.3535万册，鼎盛时期达到31.148万册，远远超过同期的

---

① 韦君宜：《胡乔木零忆》，《韦君宜文集》第四卷，人民文学出版社2013年版，第467页。

② 1956年12月起"文艺学习编辑部"改为"文艺学习编辑委员会"，地址迁至东单贡院西街1号。

《人民文学》、《文艺报》。① 对此韦君宜颇为自豪:"在当时这可是了不起的数字。"② 据黄秋耘回忆,"从一九五四年四月创刊,到一九五七年十二月停刊,一共出版了四十五期,每期的篇幅四十八面,共八万字左右。印数从创刊的十二万份一直增加到近四十万份,每个月的来稿来信达千件以上,可见,它还是受到广大青年读者欢迎的"③。中国作家协会在制定 1956—1967 年的工作纲要时,就"编辑出版工作"明确规定"原有的或新创办的报刊,应不断地改进自己的编辑工作,加强刊物的群众性和战斗性,不断地增加刊物的销数。各刊物争取在年达到以下销数:'人民文学'、'文艺报'三十万份以上;'文艺学习'、'新观察'一百万份以上;'译文'五万份以上;上海'文艺月报'、'萌芽'、武汉'长江文艺'十万份以上;广州'作品'、重庆'西南文艺'、沈阳'文学月刊'、西安'延河'、天津'新港'、云南'边疆文艺'五万份以上;外文刊物'中国文学'十万份以上"④。由上述刊物销数之比较,可以见出《文艺学习》发行量之大、影响面之广。

迄今为止,学术界很少从文学、出版等角度对《文艺学习》进行专题研究,只是有学者董瑞兰从广义修辞学角度对《文艺学习》进行深入的个案研究。她认为,《文艺学习》是"一份'出身'名门、编辑实力雄厚、作者稳定强大、有特色有影响有销量、在读者中影响颇

---

① 谭锐:《韦君宜从〈中国青年〉到〈文艺学习〉编辑思想探索》,《北京印刷学院学报》2014 年第 1 期。

② 韦君宜:《忆〈文艺学习〉》,《韦君宜文集》第四卷,人民文学出版社 2013 年版,第 281 页。

③ 黄秋耘:《风雨年华》,《黄秋耘文集》第四卷,花城出版社 1999 年版,第 142 页。

④ 《中国作家协会一九五六年到一九六七年的工作纲要——一九五六年三月中国作家协会第二次理事会会议(扩大)通过》,中国作家协会编:《中国作家协会第二次理事会会议(扩大)报告、发言集》,人民文学出版社 1956 年版,第 105 页。

大的文学普及期刊"①。其具体表现在：

第一，基本定位——面向青年的普及刊物。新中国成立初期，青年期刊以共青团中央的机关刊物《中国青年》影响较大。与之不同的是，《文艺学习》以提高青年的文学阅读和写作能力为己任，以"普及文艺知识、传播文艺信息、辅导学习写作、提高鉴赏能力"为基本定位。

第二，出身"名门"——中国作家协会。和《文艺报》、《人民文学》、《新观察》等刊物一样，都是中国文协（作协）直属机关刊物。②《文艺学习》的"出生证明"（1954年5月号《人民文学》封底刊登《文艺学习》"创刊号要目"）和"获罪判刑"，都是在《人民文学》上宣告的。《文艺学习》作为中国作家协会创办的文学青年普及期刊，是中央期刊中的"唯一"。

第三，"当家人"韦君宜级别高。韦君宜被誉为20世纪50年代北京"新闻界四大才女"之一③，有着革命资历，曾担任领导职务。编委会成员都是作家（如黄药眠、萧殷、李庚、彭慧、公木）或级别达到局级或处级（如黄秋耘）的干部。

第四，刊物发行量堪称一流。创刊后两年时间，销数就升至三十几万册。

第五，发表的部分文章曾产生轰动效应而名噪多时。包括规定文

---

① 董瑞兰：《〈文艺学习〉的广义修辞学研究》，南京大学出版社2018年版，第9—10页。

② 20世纪50年代，全国文艺界的领导机构中华全国文学工作者协会（1953年改为中国作家协会）创办了直属的"八大报刊"，即《文艺报》、《人民文学》、《新观察》、《文艺学习》、《文学遗产》、《译文》、《中国文学（英文版）》、《诗刊》。

③ 另三位分别为《文汇报》主编浦熙修、《旅行家》主编彭子冈、《新观察》主编戈扬。

学阅读范围的参考书目《文艺工作者学习政治理论和古典文学的参考书目》和关于王蒙小说《组织部新来的青年人》、刘绍棠《我对当前文艺问题的一些浅见》讨论等。①

上述概括，可谓十分精当。

## （二）面向青年普及文艺知识、进行文学教育

20 世纪 50 年代，新成立的中华人民共和国，迫切需要通过文化普及工作，推进新民主主义的即民族的、科学的、大众的文化教育事业，创造与发展以工农兵为主体的人民文化。作为其中的重要部分，对广大读者进行文学教育十分迫切。《文艺学习》的创办，主要出于应对这一时代性任务的需要。1949—1955 年间，出于建构社会主义文学体制的需要，以中国文联为主，创办了《文艺学习》、《说说唱唱》、《人民戏剧》、《中国文学（英文版、法文版）》、《译文》等机关刊物性质的文学期刊。这些期刊各有分工与定位。《文艺学习》重在进行文学普及教育。

《文艺学习》创刊号设置有《发刊词》、《作品分析》、《文艺学习谈座》、《新苗》与《我们的文学生活》等栏目，发表的重要文章有：时任共青团中央第一书记胡耀邦的评论《文艺作品是青年的老师和朋友》，文艺理论家冯雪峰对鲁迅的《药》、诗人臧克家对郭沫若的《地球，我的母亲！》的赏析文章，艾青的《诗与感情》。《问题讨论》栏目发表了《作品内容与自己生活没有直接关系读了有什么用》，《文学

---

① 董瑞兰：《〈文艺学习〉（1954—1957）研究的价值与缺失》，《内江师范学院学报》2012 年第 11 期。

知识》栏目发表了穆木天的《莎士比亚和他的戏剧》。韦君宜据读者来信，撰写、发表了综述《漫谈怎样读文艺作品(读者来信述评)》。《文艺学习谈座》栏目发表《谈学习面的狭窄》、《不要急于写长篇》。《新苗》栏目发表《我的师傅》、《新来的同志》、《春节之夜》三篇习作。前面附有柯蓝的评点《谈唐克新同志的"我的师傅"》。《我们的文学生活》栏目发表《"北大诗社"的活动》、《天津棉纺五厂的朗读会》等。此后，刊物设置的栏目大致固定，主要有：《新苗》（1955 年起改为《创作之页》）、《社论》、《政论》、《读者来信》、《读者作者编者》、《问题讨论》、《编者的话》、《答读者问》、《读者来信来稿综述》、《文学活动报道》、《读稿随谈》、《无所不谈》、《创作经验谈》、《写作辅导》、《答编者问》、《初开的花朵》、《读稿随谈》、《文学常识初步》、《苏联文学讲话》、《短篇新作介绍》、《我们的文学生活》、《典故新说》、《名词浅释》等。

关于刊物的定位，韦君宜说："那刊物说评论刊物不是评论刊物，说创作刊物更不是创作刊物，算文艺研究刊物或语文学习辅导刊物也都不对，只能按它的名称，就算个文艺学习刊物。"[①] 如刊物名称所指，所谓"文艺学习刊物"，重点在于面向青年、以普及为目的进行文学教育，帮助青年学习文艺知识。据其发刊词，可以看出创办《文艺学习》的初衷：20 世纪 50 年代，广大青年掀起学习的热潮，但在阅读和写作时，经常会碰到问题需要解决。阅读文学作品时，如果不对疑难进行解析，就不能接受与理解；在练习写作时，如果得不到指导，就摸索不到正确的写作道路，也会减低写作的信心。"广大的文学爱好者，是我国文学事业繁荣的深厚的基础，也是我们文学队伍的

---

① 韦君宜：《忆〈文艺学习〉》，《韦君宜文集》第四卷，人民文学出版社 2013 年版，第 280 页。

后备力量。他们不论在阅读和写作方面，都迫切要求帮助和指导。"
出于这一目的，《文艺学习》定位为"一个普及刊物"，"它的任务主
要是向广大青年群众进行文学教育，普及文学的基本知识，提高群众
的文学欣赏和写作能力，并为我国的文学队伍培养后备力量"。具体
来说，要做的工作包括：

> 帮助读者正确地阅读、欣赏、理解作品，更深刻地领会作品
的思想内容，通过作品更好地认识生活，更多地获得教育。对于
那些需要一定的准备知识才能理解的作品，提供一些必需的知识。

> 提供一些关于我国和外国古典文学的知识，以帮助读者逐渐
对人民的文化传统获得正确的了解，在更宽阔的范围内提高文化
教养。

> 提供一些关于写作的知识，介绍一些创作经验，发表一些较
好的反映现实生活的习作，帮助培育文艺的新苗。

> 提供一些文艺科学的知识。

> 经常评论、答复一些读者们所关心的文学阅读、写作方面的
问题；对于具有较大普遍性的问题，将组织大家进行讨论。

> 报道群众的文学活动情况，发表读者学习文学作品的心得和
体会。

> 鉴于广大读者的要求，刊物将以辅助阅读作品为主；在辅助
阅读的范围中又以现代作品为主，兼顾其他作品；也兼顾写作的
辅导。[①]

---

① 《发刊词》，《文艺学习》1954 年第 1 期（创刊号）。

与同时期其他文学期刊相比，《文艺学习》最大的特点，是青年期刊与普及期刊的属性。胡耀邦在《文艺作品是青年的老师和朋友》中，高度强调杂志对于青年文学生活的重要意义："《文艺学习》出版了，爱好文艺的青年增加了一个好朋友，一个好老师……文艺作品是培养青年共产主义品质的重要工具之一……文艺作品是用活的形象来表现某种思想，很具体，很生动，有一种魅力，使你投入到书中的世界，与作品中的主人公一起思想，一起活动，同联系，共忧虑。如果这主人公是个英雄，那你就会得到许多精神财富……文艺作品还可帮助青年提高文化。……我希望有阅读能力的青年，常常阅读文艺作品。好的文艺作品实在是青年人的老师和朋友。……我希望作家们为年轻一代创造出更多的优秀作品，来满足青年们愈来愈增长的要求。"[1]《中国青年》杂志在刊出的《文艺学习》创刊启事中说明："'文艺学习'是向青年群众进行文学教育的刊物。以工人、学生、教师、机关干部和广大的文学爱好者为读者对象。刊物是为了帮助和指导读者正确地阅读、欣赏、理解中外古今的优秀作品；帮助读者从作品中获得真正深刻的共产主义教育；同时有重点地帮助青年练习写作，提供必要的文艺知识。"[2] 这既说明了两个刊物之间的内在联系与互动关系，更说明二者以青年群体为读者对象的共同点。谢冕等主编的《中国文学之最》，称《文艺学习》为"中国当代第一个以文学青年为读者对象的文学刊物"[3]。

韦君宜当时的另一身份，是中国作家协会下属的普及工作部副部

---

[1] 《文艺学习》1954 年第 1 期（创刊号）。

[2] 《"文艺学习"今年四月创刊并征聘通讯员》，《中国青年》1954 年第四期，8 月 29 日。

[3] 谢冕、李矗主编：《中国文学之最》，中国广播电视出版社 2009 年版，第 855 页。

长（部长是老舍），具体负责文艺界的普及工作。普及工作部为中国作家协会下设五个职能部门之一。该部"反映了当时文艺政策的一个立足点，即'为工农兵服务'，加强与大众的联系，推广文学，辅导群众"①。韦君宜的这个身份，与《文艺学习》主编"二位一体"。如前所述，当时中国作家协会主办的多种文学期刊有不同分工：《人民文学》以发表各类文艺作品为主，《文艺报》以发表文艺政策、文艺思想和文艺理论批评为主，《文艺学习》则定位于"普及文艺知识、传播文艺信息、辅导学习写作、提高鉴赏能力"。就"普及"这一时代性命题来说，同是普及性质的期刊，则又有不同专业领域的分工，如1951年创办的《学习》主要从政治角度，普及马列主义和毛泽东思想等社会科学知识；《文艺学习》主要通过具体的文学创作和文学批评，普及文学知识和文学史常识。

《文艺学习》面向青年普及文学知识的定位，在栏目设置与内容安排上得到明显体现。

文艺精神与政策贯彻和宣传方面，重点通过社论、报告等方式，关注青年文学创作与活动情况，如发表《文艺作品是青年的老师和朋友》(胡耀邦,1954年第1期)、《迎第一次全国青年文学创作者会议》(茅盾,1956年第1期)、《向青年文学创作者祝贺》(郭沫若、曹禺、高士其、陈荒煤等，1956年第3期)、《青年作家应有的修养——在全国青年文学创作者会议上的报告》(老舍,1956年第4期)、《关于文学的技巧——迎接第三届全苏青年作家会议》(尼林库，1956年第11期)等。

作品评论部分，《文艺学习》通过对中外文学的分析与评价，来

---

① 李洁非、杨劼：《共和国文学生产方式》，社会科学文献出版社2011年版，第76页。

提升青年读者的文学欣赏水平。中国古典文学方面，重点在以人民性、现实主义标准评述"四大名著"、杜诗等古典名作。现当代文学方面，涉及广泛，对鲁迅、郭沫若、茅盾、叶圣陶、闻一多、张天翼等"五四"作家以及杜鹏程《保卫延安》、《高玉宝》、毛泽东诗词等当代作家作品进行鉴赏与分析，突出标举作品的现实意义。外国文学方面，重点介绍如何阅读苏联及欧美进步作家的文学作品，如《青年近卫军》、《堂吉诃德》、《草叶集》、安徒生童话，等等。在评论过程中，杂志注意突出强调"常识"与"浅显"，如韦君宜所说：

> 单篇介绍名著的文章则占刊物主要篇幅，但并不像中学老师似的逐段"赏析"、"选讲"。也不大发表原文，只作概括介绍，让想学文学的读者，自己找书读去。这种"名著"，选题范围很广，古今中外全有。那一阵，正在时兴苏联的《卓娅和舒拉的故事》、《普通一兵——马特洛索夫》，青年几乎人手一编（那正是目前许多中年人所无限怀念的"纯洁的五十年代"）。我们就想把爱文学的青年的视野弄得再稍微宽阔一点，除了这几本书，再能多知道一点。于是我们介绍了一些西方十九世纪作品，如巴尔扎克、契诃夫等的小说，一些当代创作，如《保卫延安》，苏联新作品如《拖拉机站站长与总农艺师》……
>
> 其实这"宽阔"自然也很有限，基本上仍属于文学常识。我们只觉得宽一点比过于狭窄好些，思路稍活泼比完全单线好些。于是就这么做了。而且为此观点发过一些浅显的评论。①

① 韦君宜：《忆〈文艺学习〉》，《韦君宜文集》第四卷，人民文学出版社 2013 年版，第 280—281 页。

在具体的作家作品分析外，《文艺学习》还积极通过《文学知识》、《文学常识初步》、《典故新说》、《名词浅释》等栏目介绍有关文学文艺的知识，约请一些专家为刊物撰写通俗地讲解文学史的连载文章、重头文章，如王瑶对《楚辞》（1954 年第 4 期）、唐诗（1954 年第 7 期）等的介绍，臧克家对新诗的介绍（《"五四"以来新诗发展的一个轮廓》，1955 年第 2、3 期），吴小如对中国小说的介绍（《中国小说史》1957 年第 5、7 期），以群对文学语言的介绍（《文学的语言》，1957 年第 2 期），等等。杂志还有一种阅读推广方式，是向广大青年文艺工作者提供书目。1954 年 7 月 17 日，中国作协主席团召开第七次扩大会议，会上讨论并通过了《文艺工作者学习政治理论和古典文学的参考书目》。书目以《文艺学习》编辑部的名义发表于 1954 年第 5 期。书目"目的是为了帮助文艺工作者选择读物，以便有计划有选拔地进行自修"。书目分理论著作和文学名著两类；"文学名著"分为"中国"（35 种）、"俄罗斯和苏联"（34 种）和"其他各国"（67 种）三部分，共荐书 136 种。据韦君宜回忆，"那是当时作协党组讨论认为要这么搞的，由林默涵同志起草。我拿到手一看，许多我也没读过。我当主编让人家读自己不读怎么行！我就挤时间一本一本地看，晚上回家就念书，看一本圈掉一本。这样，除了当时没译全的如《悲惨世界》，我终于通通读下来了。否则，我和作家就没有共同语言。同时，邵荃麟同志也告诉我要关心各种流派，如苏联的安东诺夫、西蒙诺夫等等，都要注意"[①]。推荐书目还有《暑假中有些什么可读的书》（1955 年第 6 期）、《共青团中央向青年推荐四本暑期文艺读物》（1955 年第

---

① 启治：《编辑的素质、修养、职责和作风——韦君宜访问记》，《韦君宜文集》第五卷，人民文学出版社 2013 年版，第 129—130 页。

8 期）等。

文学活动的报道与反映方面，《文艺学习》重点通过《我们的文学生活》等专栏，报道基层文艺工作者活动、职工业余文艺活动、农村文艺活动、青年作者的文艺生活等，介绍了关于话剧、京剧、集体舞、戏曲脸谱、曲艺、京韵大鼓、相声、壁画、木刻、业余摄影、象棋、剪纸等大众艺术、民间艺术的欣赏等。

作品创作方面，《文艺学习》重点通过《新苗》（1955 年起改为《创作之页》）栏目，发表大量年轻作家、文学爱好者的作品。王蒙、邓友梅、从维熙等年轻作家，张天民、唐克新等基层作者，都曾在刊物上发表新作。刊物还充分利用四封、插页以及《小知识》等栏目，刊发其他艺术作品，如美术木刻、雕塑、水墨画、漫画、年画、相声、舞蹈、民歌等。

20 世纪 50 年代，作为人民文学组织中的重要媒介的《文艺报》，陆续开设了《文艺信箱》、《读者中来》、《读者论坛》、《读者讨论会》等专栏，以响应群众性交流的要求。同时，编辑出版单位还积极通过召开座谈会、讨论会、批判大会、检讨会等多种形式，推动与读者的交流，提高读者的地位。茅盾在 1953 年第二次文代会上曾总结，过去没有或很少接触文艺作品的劳动人民，在今天已成为文艺的“基本读者和观众”；作家和文学刊物编辑部经常收到对创作提出意见的大量来信。[①] 在这种时代背景之下，以面向青年、普及为主的《文艺学习》，特别注重贯彻“尊重读者”的办刊理念。韦君宜一直秉持“读者是刊物的主人，编辑是仆人，要使主人满意，刊物质量必须提高”

---

① 茅盾：《新的现实和新的任务——在中国文学工作者第二次代表大会上的报告》，《茅盾全集》第 24 卷，人民文学出版社 1996 年版，第 255 页。

的信念。她特别注意文学信息和读者反馈，经常提醒年轻的同事们"刊物的活力来自读者，要切合他们的要求，体现年轻人的特点，文风力求新鲜活泼，内容尽量充实"①。

　　《文艺学习》之所以能在青年读者群中产生很大影响，主要就在于它在实际的编辑过程中接受读者的意见、满足读者的需要。韦君宜曾经回顾，自己"编《文艺学习》，开始就是书呆子的编法，反正青年需要文学知识，她就给灌，就给教。但后来觉得，既然是文艺青年的刊物，就应该知道文艺青年关心什么，议论什么。钻不到他们心里去，刊物是办不好的"②。刊物常设的交流性、互动性栏目有《答读者问》、《读者来信》、《编者的话》、《文艺学习谈座》、《读者·作者·编者》等栏目。编者以此为平台，就青年读者关心的文学知识、创作技巧等问题进行解答和交流；就读者提出的意见与建议作出积极回应，发表《读者来信综述》、《问题讨论》、《寄给通讯员中学生的信》等文章，拉近编读之间的距离。据统计，45期《文艺学习》，共发表"读者来信"类文章130篇/封③；共发表"编者"、"说话"217篇/则，编辑的修辞行为比之其他期刊，更贴近读者的需求。④最为典型的强化读者意识的编辑行为，是以"读者来信综述"为代表的"综述话语"，即编辑对读者来信进行整理、分类、编发，借"读者"之名达到舆论引导的目的。其中，有以编辑个人名义发表的，如《漫谈怎样读文艺作品

---

　　①　毛宪文：《我的第一个上级韦君宜》，《毛宪文诗文选》，华艺出版社1992年版，第96页。

　　②　启治：《编辑的素质、修养、职责和作风——韦君宜访问记》，《韦君宜文集》第五卷，人民文学出版社2013年版，第128页。

　　③　董瑞兰：《〈文艺学习〉的广义修辞学研究》，南京大学出版社2018年版，第146页。

　　④　董瑞兰：《〈文艺学习〉的广义修辞学研究》，南京大学出版社2018年版，第174页。

（读者来信述评）》（韦君宜，1954 年第 1 期）；有以"编者"名义发表的，如《赵树理"青年与创作"一文发表以后》（1957 年第 12 期）；还有未署名的，如《读者们在关心着〈红楼梦〉研究问题（读者来信来稿综述）》（1955 年第 1 期）。无论哪种形式，都强调"大量读者"、"大多数读者"的"在场"，把"读者"作为相当重要的言说对象，用具体的编辑实践把"读者"推至政治文学话语场的中心，发挥着"读者"的强势话语权力与功能。[①] 此外，杂志社还通过其他编辑实践贯彻"读者意识"。如 1954 年 5 月，刊物邀请老舍、茅盾、赵树理、柳青、周立波、杨朔、孙犁、碧野等名作家答复编辑整理出的读者提问，向读者介绍创作经验，分享创作体会；在全国组织通讯员网，"随时反映读者对《文艺学习》的意见与要求；广泛地介绍青年阅读《文艺学习》"[②]；为了联系群众，在北京举办通讯员电影招待会，组织作家举办文学讲座；等等。

在追求办好"广大文学爱好者自己的刊物"的过程中，韦君宜带领同人不断适应外界政治气候，进行改版、调整。1955 年，杂志社检讨此前 9 期刊物"缺乏战斗性、目的性和群众性"的不足，从第 10 期起，将《新苗》改为《创作之页》，增加了政治运动、现实生活热点的内容，加大了刊发青年作者通讯、散文等短篇习作的力度，内文篇幅由 35 页增至 43 页；1956 年，在"双百"方针的影响下，杂志由竖排改为横排，新设《无所不谈》栏目以刊发"干预生活"的杂文，还增设《读者·作者·编者》、《苏联文学讲话》、《初开的花朵》等栏目。

---

① 董瑞兰：《〈文艺学习〉的广义修辞学研究》，南京大学出版社 2018 年版，第 153 页。
② 《"文艺学习"今年四月创刊并征聘通讯员》，《中国青年》1954 年第 4 期，1954 年 8 月 29 日。

### （三）从"正统的教条主义者"到"非正统"

由共青团调至中国作协，从青年思想工作岗位转到文学编辑岗位，韦君宜对刊物媒介的认知与编辑思想，经历了一个大转变的过程。

受编辑《中国青年》经历的影响，起初韦君宜比较注重文学的政治性、教育功能与当下效果而非文学艺术的自身规律和审美特性，对文学与《文艺学习》编辑工作体现出明显的功利主义色彩。在其执笔撰写、发表于《文艺学习》创刊号的《漫谈怎样读文艺作品（读者来信述评）》中，韦君宜直言，"有些文艺作品是共产主义的教科书"，青年阅读文艺作品，要多向作品中的英雄人物学习。[①] 这种认识与韦君宜对文学的认知相关。关于自己的文学修养，韦君宜在 1979 年追忆邵荃麟时曾说："那时我刚刚由一个青年团干部转到作家协会来工作，不过三十五岁。在这以前，我虽然也读过几本文学作品，而且，自己以前也写过几篇小说；可是，自从参加青年团建团工作以后，我就全部抛弃了那点业余文学爱好，努力按照工作需要去学习写文件、写社论，写分析青年思想的论文。对于文学，我沉入了完全的'功利主义'。我们的青年刊物是围绕着解决当时青年思想问题办的。什么文学作品能针对当时青年思想发挥教育作用，我们就宣传提倡什么。同时，我自己也跟着读什么。例如《卓娅和舒拉的故事》、《普通一兵》等书，都是为此看的。我们这样干，当时自然也不能说没有发挥作用，作用确实还不小。但是我自己的那点文学趣味也就从此淡忘

---

[①]　《文艺学习》1954 年第 1 期。

了。"① 主编《文艺学习》杂志时，一开始，"我们的刊物成天介绍一些苏联得斯大林奖金的作品，什么《金星英雄》、《钢与渣》等等。没想到我这个不知文艺为何物的人，竟很快成了作协党组成员"②。韦的这种编辑认知与定位，曾经被革命资历更老、文艺修养深厚的理论家、作家冯雪峰直接批评。有一回，为筹备出版《文艺学习》开会，韦君宜一仍其旧，"把我以上那一套搬了出来，仿佛记得说要介绍苏联的《钢与渣》之类作品（得斯大林奖金二等奖的，因为一等的全介绍完了）。刚一说完，冯雪峰同志就变了脸，很生气地说：'这怎么行！我们为青年办个文学刊物，这么办行吗？'"③"中途入伙"④《文艺学习》的编委、韦君宜的清华同学黄秋耘曾回忆，在《文艺学习》开领导小组会时，冯雪峰批评韦说："韦君宜，我晓得你，你过去不是几次都在乔木领导下工作吗？你当过《中国青年》的主编，你现在想把《文艺学习》编成《中国青年》一样，那是办不到的。这样你非碰钉子不可！你应该好好学习一下文艺的东西。"黄秋耘说："说得不客气一点，就是说你韦君宜不懂文艺，所以要韦君宜'好好学习一下文艺的东西'。"这体现了冯雪峰反对绝对的教条主义，而主张文艺就是文艺，不能用

---

① 韦君宜：《心中的楷模——参加邵荃麟同志追悼会归来》，《韦君宜文集》第四卷，人民文学出版社 2013 年版，第 83 页。

② 韦君宜：《思痛录·记周扬》，《韦君宜文集》第二卷，人民文学出版社 2013 年版，第 298 页。

③ 韦君宜：《心中的楷模——参加邵荃麟同志追悼会归来》，《韦君宜文集》第四卷，人民文学出版社 2013 年版，第 83 页。1985 年 12 月，韦君宜在《追念雪峰同志》一文中重提此事：有一回，她提出在《文艺学习》上介绍《钢与渣》时，冯雪峰嗤之以鼻："那叫什么文学？"这让韦君宜感觉到，"这位老同志极认真，极严肃，视党为自己的生命，而同时，他对文学艺术的思路却与当时流行的简单文学模式颇不相同"。《韦君宜文集》第四卷，人民文学出版社 2013 年版，第 330 页。

④ 黄秋耘：《〈文艺学习〉的经验教训值得总结》，《文艺学习》1986 年第 1 期。

政治来取代文艺。①

　　作为对韦君宜大学与革命经历都非常熟悉的同事，黄秋耘直言韦君宜最初是"百分之百的、彻头彻尾的教条主义"。这从其阅读趣味可以看出。韦君宜曾问黄秋耘，苏联那么多作家，最喜欢的是哪位，黄秋耘回答说是安东诺夫，"觉得他的作品比较有抒情味"，"《雨》，写得很美"。韦君宜回应："你这样的艺术欣赏不好！""你应该喜欢波列伏依。"黄秋耘说："对波列伏依的作品我不敢恭维，它没有什么艺术性。"韦君宜立即大加批判："这你就不对了，所有的领导同志，包括白羽同志都喜欢波列伏依的作品，没有人说过喜欢安东诺夫的。"黄秋耘认为，像韦君宜这样以喜欢不喜欢哪个作家来划线，"这个人的教条主义很严重"②。对于苏联作家的评价与喜恶，同样是安东诺夫与波列伏依，像黄秋耘那样选择的，还有时任作协党组书记邵荃麟。他认为韦君宜"文学主张"实在幼稚，并建议她到冯雪峰家中，诚恳地请教如何办刊。在闲谈中，邵荃麟告诉韦，作协最近准备讨论一下苏联两个作家的作品，一个是波列伏依的，另一个是安东诺夫的。对波列伏依的作品韦君宜熟悉，《文艺学习》向读者推荐过他专写英雄的《真正的人》（即《无脚飞将军》）和《建设伟大水道的人们》。但对安东诺夫，韦君宜不了解。邵荃麟解释说："我觉得他那个写法很有意思。你看看他写的那个在电车上的十六岁男孩子，快成为一个大人了，但还是个孩子，刻划得多细致。"他讲解了一些细节的出色之

---

①　黄伟经：《文学路上六十年——老作家黄秋耘访谈录（上）》，《新文学史料》1998年第1期。

②　黄伟经：《文学路上六十年——老作家黄秋耘访谈录（下）》，《新文学史料》1998年第2期。

处。韦君宜按他所说把这两篇作品找来看，慢慢看出点味道来。后来邵荃麟就办刊物如何培养青年的文学兴趣，对韦君宜说："我们认为文学应该是生活的教科书，而不是伦理的教科书。"韦君宜认识到，"不能把全部的文学都变成伦理教科书。尽管这伦理已不是封建主义的伦理而是共产主义的伦理，这么做法也不行。那将失去文学感染人的力量。在荃麟同志耐心的教导下我有些开窍了"①。1980年，韦君宜写下《敬悼荃麟》："初来艺苑谒良师，教我深观教我思。语带春风评练笔，颜犹温厚责狂痴。闻道沉冤难白日，再观遗容雪涕时。代辨人多不相识，是非始觉不难知。"② 其中也折射出韦君宜对自己文艺观念与编辑思想的一种反省。

韦君宜在与盛禹九的一次闲聊中，谈起自己离开团中央以后的一些感受。她说："离开了青年团，我最大的收获是，读了不少的书，开阔了眼界。我以为，应该让青年人获得各方面的知识。我现在编《文艺学习》，不只是给青年介绍苏联的、革命的文艺小说，也介绍中外的各种名著。青年人只有知识丰富了，懂得古今中外的历史，才能眼界开阔，思想活跃，然后才能有所作为和创造。"③ 从过去注重介绍苏联的小说，到提出要给青年介绍古今中外的名著，提高青年的文学修养，使青年开阔眼界、活跃思维，韦君宜的编辑思想有了极大的发展。

---

① 韦君宜：《心中的楷模——参加邵荃麟同志追悼会归来》，《韦君宜文集》第四卷，人民文学出版社 2013 年版，第 83—84 页。

② 韦君宜：《敬悼荃麟》，《韦君宜文集》第五卷，人民文学出版社 2013 年版，第 206 页。

③ 盛禹九：《一个大写的人——怀念韦君宜》，于光远等：《韦君宜纪念集》，人民文学出版社 2003 年版，第 153 页。

　　除了冯雪峰、邵荃麟、黄秋耘等人的影响，韦君宜的编辑思想发生"开窍"与转变，还与当时的时事剧变以及"百花时期"的思想变化这一大环境有关。1956年11月21日至12月1日，作协在北京召开文学期刊编辑工作会议，就文学杂志如何贯彻执行"双百"方针、推进文学事业的发展和繁荣进行了讨论。全国有47家编辑部的代表90余人参会，大家普遍认为，"大胆放手地实行这一方针，敢于发表不同意见、不同观点的文章，敢于发表不同风格、不同题材、不同形式的作品；并且特别提出，尖锐地批评生活中的缺点的文章和作品，只要不是恶意的诽谤，就应该发表"①。1957年4月下旬，为了响应"双百"方针，中国作协召开主管杂志座谈会，号召"大放""大开门"。"百花时期"特定的政治气候，推动了韦君宜编辑思想的转变。

　　这种思想的转变，直接反映在《文艺学习》内容的编排上。1957年3月，《解放军报》刊登了肖洛霍夫的《一个人的遭遇》，这是一部充满人道主义色彩的作品。韦君宜决定在《文艺学习》第5—6期转载此文，并于同期刊发评论。在这之前，黄秋耘曾经向她提议转载，但韦认为"这个东西是反苏反共的"。黄秋耘反驳说："不能这样讲吧？苏联人民难道都是欢乐的吗？没有痛苦？有痛苦，作为作家，写一写人民的痛苦，是应该的。"但韦君宜一直不赞成。但此时，韦君宜主动转载了该小说。在"百花时期"涌现出的王蒙"干预生活"的代表性小说《组织部新来的青年人》，黄秋耘建议组织讨论。韦君宜一开始认为，这是一部好作品，但不赞成在杂志上讨论，理由是，"讨论嘛，可以引出很多胡说八道的话来"。黄则认为："正因为它胡说

_____

　　① 本刊记者：《办好文学期刊，促进"百花齐放，百家争鸣"——记"文学期刊编辑工作会议"》，《文艺报》第23号，1956年12月15日。

八道嘛，那么大家来讨论，不就好啰！"后来韦也主动提出在刊物上展开讨论这部小说。[①] 可见此时，韦君宜的编辑思想与实践发生了很大转变。

### （四）积极介入"百花时期"的重要问题大讨论

韦君宜刊物媒介的认知与编辑思想从"正统的教条主义者"到"非正统"的转变，推动着她在"百花时期"积极介入"干预生活"文学潮流，以大讨论的方式引发轰动效应，使得《文艺学习》在中国当代文学期刊史上留下盛名；但也因编辑思想的"不合时宜"，而使杂志很快遭遇停刊。

从编辑实践来看，《文艺学习》杂志以多样的形式开展文学批评：作者以"文学评论"的方式评价古今中外的作家作品流派思潮；编者以"编者的话""编者按"的方式介入到文学论争；读者以"读者来信"的方式参与文学批判运动、由各种力量（读者、评论家、作家）组建评论团队针对某一问题展开讨论。总体上看，《文艺学习》的文学批评以辅导的方式展开，以满足青年读者的需要。[②] 而让《文艺学习》真正体现批评意识并产生轰动效应、引发社会广泛关注的，是韦君宜、黄秋耘、李兴华等编辑同人共同推动的、对于当时文学重要问题所组织的大讨论。正如刊物《发刊词》所说："经常评论、答复一

---

① 黄伟经：《文学路上六十年——老作家黄秋耘访谈录（下）》，《新文学史料》1998年第 2 期。

② 董瑞兰：《〈文艺学习〉的广义修辞学研究》，南京大学出版社 2018 年版，第 119—120 页。

些读者们所关心的文学阅读、写作方面的问题，对于具有较大普遍性的问题，将组织大家进行讨论。"以《问题讨论》栏目为例，创刊号即以读者来信为引子，刊发以"作品内容与自己的生活没有直接关系，读了有什么用？"为话题的"问题讨论"。从创刊号起，连续四期展开讨论，并在当年第八期发表署名"舒辛"的文章《向文学作品汲取精神力量》作为总结。其参与讨论的读者从地域上看，分别来自京、津、鲁、湘、闽、浙等地；从身份上看，有解放军、公安战士、工人、学生等。《文艺学习》影响最大的集中性讨论，是对王蒙的小说《组织部新来的青年人》的讨论。当代文学史家洪子诚曾说："1954 年创办的刊物《文艺学习》，本来只是个面向文学青年和一般文学爱好者的普及性刊物。但在后来，却积极地介入到文学界有争议的重要问题中去，这包括由黄秋耘提议组织的《组织部新来的青年人》的讨论。"①

　　《人民文学》1956 年第 9 期发表王蒙的《组织部新来的青年人》，因其反映青年对官僚主义现实问题的关注与作者"干预生活"的创作态度，在社会上引发广泛关注。《文艺学习》1956 年第 12 期开始首次讨论，其"编者按"说："今年九月号的《人民文学》发表了王蒙的小说《组织部新来的青年人》，这篇作品引起了很强烈的反应，在某些机关和学校里，人们在饭桌上、在寝室里都纷纷交换着各种不同的意见。有人认为它是一篇好作品，也有人认为它是不健康的、歪曲现实的。本刊决定就这篇作品展开一次讨论，本期先发表七篇来信来稿，正反两方面的意见都有。希望读过这篇作品的读者，都踊跃参加讨论。"在讨论的过程中，《文艺学习》有意识地通过"编者的话"等

---

① 洪子诚：《1956：百花时代》，山东教育出版社 1998 年版，第 99 页。

方式，表达对讨论的引导与对"双百"方针的态度：

> 迎着新的一年，本刊的内容也打算革新一番。假如用两句简单的话加以概括：就是力求帮助读者"开阔眼界，活跃思想"。为了"开阔眼界"，我们评介作品的范围就尽可能宽广些……为了"活跃思想"，我们准备在刊物上展开各式各样的自由讨论，使读者有机会在各种不同的甚至完全相反的意见之前，发挥自己的独立思考能力，运用马克思列宁主义的原则来明辨是非……①

从 1956 年第 12 期持续到 1957 年第 3 期，《文艺学习》共收到稿件 1300 多件，展开了一场关于写真实与暴露黑暗的大讨论。刊物共刊发 25 篇讨论文章。讨论参与者中，不乏李长之、彭慧、刘绍棠、从维熙、邵燕祥、马寒冰、秦兆阳、唐挚、刘宾雁、康濯、艾芜等文艺界专业人士，也有大学生、基层区委干部、部队政治工作者和普通读者。争论的焦点围绕小说是否反映社会真实、如何评价小说"干预生活"的勇气等。洪子诚认为，《文艺学习》关于《组织部新来的青年人》的讨论，是"十七年"中为数不多的有深度，也较能容纳不同意见的一次；除了读者来稿外，先后组织、刊发作家、批评家的文章。《文艺学习》原是面向青年作者和文学爱好者的普及性刊物，但这次讨论，显然超越这一定位。②结合反官僚主义等社会热点的讨论，使《文艺学习》进一步得到广大读者的欢迎。这一阶段，刊物的印数达到第二次高峰阶

---

① 《编者的话》，《文艺学习》1957 年第 1 期。
② 洪子诚：《〈苕花集〉到〈古今集〉：被迫"纯文学"》，《读作品记》，北京大学出版社 2017 年版，第 118 页。

段，即 30.8 万册（1956 年 12 月）、30.4950 万册（1957 年 1 月）、31.2
万册（1957 年 2 月）、31.418 万册（1957 年 3 月）。① 也因为如此，韦
君宜在文艺界的影响日盛。1956 年，当时最重要的文艺媒介之一《文
艺报》1 月号上曾刊出一幅有四个十六开本大，由丁聪、方成、华君
武等十余位老一代漫画家费时半月集体创作的漫画《万象更新图》，表
现的是当时的文坛新格局。在这幅"友好的漫画"上面，220 多位著
名文艺家，按照他们的地位、工作等错落有致而又融洽地分布其上，
构成一幅以繁荣创作、为世界和平和社会主义建设服务为主题的迎新
图。在"出版编辑"部分，作为代表出席的，是巴人、韦君宜和楼适
夷。——他们都是当时重要的文学出版机构、期刊的负责人。

　　但是，在讨论的过程中，对《组织部新来的青年人》一直不乏
批评的声音和隐忧。根据郭小川的日记，1957 年 1 月 29 日，中国作
协召开党组扩大会议，一整天讨论《组织部新来的青年人》。参加的
老作家中，上午张天翼、周立波、艾芜等说了一些自然主义倾向的
意见等，下午"发表了一些同志的不同看法，总的认为这小说是有
毒素的。最后决定，《文艺学习》可如期结束，但请几位作家写些结
实的文章"②。而尤为始料未及的是，讨论引起国家领导人毛泽东的注
意，调侃"'北京发生了世界大战'，因为讨论了《组织部新来的年轻
人》"③。毛泽东在读到马寒冰批评《组织部新来的青年人》的文章《是
香花还是毒草?》后，于 1957 年 2 月 16 日在颐年堂召开座谈会，谈

---

① 谭锐:《韦君宜从〈中国青年〉到〈文艺学习〉编辑思想探索》，《北京印刷学院学报》
2014 年第 1 期。
② 郭小川 1957 年 1 月 29 日日记，《郭小川全集 9　日记（1957—1958）》，广西师范
大学出版社 2000 年版，第 24 页。
③ 邢小群、孙珉编:《回应韦君宜》，大众文艺出版社 2001 年版，第 141 页。

了自己的看法："我们一定要坚持百花齐放、百家争鸣的方针，不要急躁，不要怕香花毒草。《组织部新来的青年人》写得不错，作品批评我们工作中的缺点，这是好的，应该鼓励对我们工作的批评。我们是当权的党，最容易犯官僚主义，而且又最容易拒绝批评。我们应该欢迎批评。马寒冰他们的文章说，北京中央所在的地方不会出官僚主义，这是不对的。这篇小说也有缺点，正面力量没有写好。林震写得无力，还有点小资产阶级情调，如林震和女朋友吃荸荠那一节。"① 郭小川当天的日记记载毛泽东的意思："主要是对于王蒙的小说《组织部新来的青年人》和对它的批评，主要是李希凡和马寒冰对它的批评。主席特别不满意这两篇批评。它们是教条主义的。他指出：不要仓促应战，不要打无准备、无把握之仗，在批评时要搜集材料，多下一番功夫。而在批评时，应当是又保护、又批评，一棍子打死的态度是错误。"② 参与者张光年、郭小川等以及间接听取会议精神的黎之等，都在有关回忆录、日记等中记录了毛泽东肯定王蒙小说反对官僚主义的积极意义以及指出其反面人物写得好、正面人物弱等不足的基本态度。③20 世纪 90 年代末，韦君宜追悼相关稿件的主要约稿编辑李兴华时曾说："我们谁也没有想到，这一次小小的讨论，会引起上层那么大的注意。当大家知道了上边来的那几句'谁说北京没有官僚主义'的话之后，个个都感到鼓舞。特别是李兴华，他简直跳起来了。那些天他每天处于极度兴奋状态，嘴里不停地在议论。一会儿笑呵呵地

---

① 黎之：《文坛风云续录》，人民文学出版社 2010 年版，第 63 页。

② 郭小川 1957 年 2 月 16 日日记，《郭小川全集 9　日记（1957—1958）》，广西师范大学出版社 2000 年版，第 38 页。

③ 崔建飞：《毛泽东五谈王蒙〈组织部新来的青年人〉》，《长城》2018 年第 10 期。

说：'想不到中央还看我们的刊物！'一会儿又猜测：'某某篇文章不知他看过没有？'"①未料此后《组织部新来的青年人》的命运，发生了巨大变化。批判的调子渐高，甚至出现认为王蒙捅了大娄子，"已经有人将此文与王实味的《野百合花》相提并论"的传闻。韦君宜、黄秋耘找到王蒙，"说是他们原没有想到此事闹得这么大，不好收场"。韦君宜表达了对王蒙的器重与爱护之情，同时试图帮助他认识到小说中的一些缺陷，以便正确对待批评。②《文艺学习》很快结束了讨论。韦君宜在杂志 1957 年第 3 期的《编者的话》中就讨论总结道：

> 关于"组织部新来的青年人"的问题讨论，已经进行了四个月。感谢许多读者和作家同志的热烈支持，使讨论产生了比较广泛的影响。这次讨论，一共收稿一千三百多件，编辑部在讨论进行中努力本着"百家争鸣"的精神，对于各种具有代表性的意见都尽可能给以发表的机会。这些意见很不相同，尤其是在讨论初期，有些意见是针锋相对，很极端的。……多数来稿，大致都觉得这篇作品揭露在我们的现实生活中存在的否定现象、官僚主义灰尘，揭露刘世吾这样一个政治热情衰退、把一切看成"就那么回事"的人物，都是好的，有积极意义的。但是出现在作品中想与否定现象做斗争的林震赵慧文二人，却是带着很浓厚的小资产阶级灰暗情调的。作者对于这种情调也未能从更高的角度去观察和批判，作品是有片面性的。……

---

① 韦君宜：《思痛录·一个普通人的启示》，《韦君宜文集》第二卷，人民文学出版社 2013 年版，第 223 页。

② 王蒙：《王蒙自传·半生多事》，花城出版社 2006 年版，第 150 页。

　　我们觉得，以艺术的形象来揭露在我们国家迈进新时代时所必然产生的人民内部的矛盾，批评我们自己在前进中的缺点，实在说，这在我们还是一种新的尝试。出现的作品还很少。王蒙同志严肃认真地进行了这样一种新的探索，他的作品提出了具有迫切现实意义的新的生活课题，在作品中也显露了他的艺术才能，他的尝试应当得到大家的鼓励。在尝试探索中产生一些缺点错误应当说是难免的，缺点错误产生的原因也应当说是来自多方面，需要我们慎重地有区别地看待，决不能粗暴。……

　　如果这次讨论能帮助作者和我们大家认识生活的复杂性，认识作品中问题的两重性，能启发我们不要简单地片面地看作品、看生活，这就是达到了讨论的目的了。以辩证法为指导来看问题，这并不容易，我们希望以此和读者共勉。因为意见已经发表得很多，讨论打算就从本期停止。当然如果再有特殊的新意见，那在以后还是可以发表的。

　　洪子诚认为，"《文艺学习》编者的这段概括，合乎事实地说明了这篇小说在评价上的变化的情况"[①]。

　　《文艺学习》发起的《组织部新来的青年人》讨论，成了20世纪50年代的一桩重要的文案，从中可以看出《文艺学习》作为文学普及刊物的重要作用及其所处的媒介环境，典型地反映出韦君宜的文学编辑思想。出版史学者李频认为："《文艺学习》、《文汇报》、《人民日报》等发表针对这一小说的文艺评论，构成了二次传播。它们与毛泽

---

① 　洪子诚：《1956：百花时代》，山东教育出版社1998年版，第110页。

东'五谈'的相连并持续互动，形成了20世纪50年代媒介环境下一个短篇小说所能产生的巅峰性的传播效应。"① 学者李洁非在探究为什么《组织部新来的青年人》受到毛泽东的保护却仍受到政治批判这一桩"迷案"时说："当时，《文艺学习》每期都能收到逾千封读者来信。从这些来信，可以看出《组织部新来的青年人》引起了巨大反响，赞成、指责的都有，而主要是前者。编辑部里很早就有人建议，应该就此对小说展开讨论。韦君宜拒绝了，说：'讨论嘛，可以引出很多胡说八道。'可是后来，她主动重提此事，要在刊物展开讨论。韦君宜的这个决定（指发起讨论——引者注），意义一点不亚于《人民文学》使王蒙小说发表出来。小说不发表，后来一切固然无从谈起；然而以我阅读材料所得印象，假使《文艺学习》不搞这场动静很大的讨论，事情也完全发展不到那一步。原因是，毛泽东似乎就是由于《文艺学习》的讨论注意起这篇小说的——尽管我们不能断言毛泽东是因这场讨论才找了王蒙小说来读，他究竟怎样知道这篇小说，目前尚无直接材料；可是，《文艺学习》的讨论自一开始他即寓目并持续关注，是确凿无疑的。"李洁非认为，"《文艺学习》展开讨论，对《组织部新来的青年人》扩大影响、成为焦点，起到至关重要的作用。从韦君宜和编辑部具体组稿的编辑的倾向来看，在总体维持'讨论'的平衡态势下，他们还是悄悄使天平略微倾向于肯定一边的"②。这一点，也得到了韦君宜在回忆录中的证实：编辑部的李兴华他们"把赞成和反对

---

① 李频：《〈组织部新来的青年人〉的编辑学案分析》，《出版：人学絮语》，河南大学出版社2012年版，第82页。

② 李洁非：《谜案辨踪——〈组织部新来的青年人〉前前后后》，《典型文案》，人民文学出版社2010年版，第230—231页

的两派意见都登出来，但显然是偏向于赞成的一面"①。"我们就《拖拉机站站长与总农艺师》，及《组织部新来的年轻人》两篇作品组织过读者讨论。意思也无非引导青年人多想想问题，关心一下正在前进的祖国所存在的疾病，共起疗治。不希望青年老是满足于坐在'糖罐子'（五十年代对青少年生活的常用形容词）里吃糖而已。其实从今天看去，那意思还是很平实的，只不过把不同主张平等摆开讨论，而且实无惊人之论。"② 由此可见，韦君宜明显的启蒙主义立场与"干预生活"的编辑态度。

在"百花时期"，除了《组织部新来的青年人》，《文艺学习》还曾组织对邓友梅的《在悬崖上》、刘绍棠的《我对当前文艺问题的一些浅见》等热点问题的争论。尤其是后者，《文艺学习》从 1957 年第 6 期起开设文学批评专栏《矛盾在哪里？》，号召青年读者讨论"目前我们人民艺术内部的主要矛盾到底在哪里"。讨论持续到 1957 年底停刊才结束。

当时正在上映电影《马路天使》，诸多青年工作和教育工作者担心青年观众容易沾染上电影中所反映的毒素，建议政府禁播。韦君宜在《文艺学习》1957 年第 5 期以"方怀"笔名发表《从〈马路天使〉引起的问题》一文，提出："《马路天使》我只看了一遍……说老实话，我看不出什么毒素来。……说主要问题不在片子本身，而在青年们欣赏的着眼点都不对，我觉得这种估计也缺乏可靠的根据。所有的

---

① 韦君宜：《思痛录·我所见的反右风涛》，《韦君宜文集》第二卷，人民文学出版社 2013 年版，第 194 页。

② 韦君宜：《忆〈文艺学习〉》，《韦君宜文集》第四卷，人民文学出版社 2013 年版，第 281 页。

人都有欣赏艺术作品的能力，都能从艺术作品得到感动，各人所获得的，确是不大一样的，特别是程度深浅不同。……很难强求大家欣赏了某个艺术作品之后必须都得到某一种内容完全相同，程度也相同的感受。……退一步说，就算很多青年看法不对，不是也可以帮助他们的吗？……从这里，我联想到了影片以外的问题，想到党的'百花齐放、百家争鸣'政策。这个政策已经宣布了快一年了。可我们总还是在讨论'什么能鸣？什么能放？'。所以老要讨论这个，就因为这个实在成问题，对'鸣'和'放'的阻力来自社会的各方面。就以本文所举的某些负责教导青年的同志们来说，大概就总是希望：对青年还是'放'得越少越好。……我们不是要团结人吗？连人家心里有什么都完全不能理解，还团结什么人呢？""……可是我想，要青年能抵抗真正不健康的东西，也总得让他锻炼。我们有句常说的话很好，叫'在战斗里成长'。老是像不足月的婴儿那样放在保温箱里是不行的。青年们都要看的东西，就让他们多看一看，想一想，还可以谈一谈，这总没有坏处。如果那些确是谬误，那么，自由竞赛的结果，真理总是能战胜谬误的。马克思主义不许公开宣传的年代，许多青年还是拨开重重云雾找到了马克思主义真理，那为什么现在笔直的大道摆在面前的时候，我们反而要害怕青年找不到路呢？"① 在《中国青年》共事的编辑盛禹九问韦君宜对讨论有什么想法。韦说："我认为：不能把青年人管得太死，应该尽量发挥他们的积极性和创造性。像娜斯佳，给集体做出了那么大的贡献，先不去检查上面的官僚主义，不去看她的工作成绩和社会效果，却去谴责她的组织纪律性？难道要把青年人一个个

---

① 韦君宜：《从〈马路天使〉引起的问题》，《韦君宜文集》第五卷，人民文学出版社2013年版，第339—343页。

变成机械木头人不成?!"① 由此可见韦君宜身上的坦率、通达和革命出版人的宽容精神。

### （五）停刊与韦君宜的"不平静"

随着政治风向由"反'左'"转向"反右"，"百花时期"结束。在这个过程中，杂志经常因为跟不上政治形势的变化而无奈地"顺便说明一下"，因为截稿、印刷、发行等原因，"文章往往会落在形势之后"②。《文艺学习》陆续发表《读者对本刊的批评》、本刊评论员《对青年作者和读者们说几句话》（1957年第9期）等文章进行自我检讨。1957年11月，《文艺学习》以"本刊编辑部"名义发表《彻底纠正我们的右倾思想》，反思发表刘绍棠的文章《我对当前文艺问题的一些浅见》等以及由此展开的讨论，是将讨论"引到错误的方向去了"；尤其是6月号开辟的专栏《矛盾在哪里?》，"许多文章是脱离了青年读者群众的需要和兴趣的，有些文章则只谈文艺工作的缺点"。郭小川日记等证明，中国作家协会主席团从1957年10月开始组织批判讨论的会议达5次以上。③ 当时的韦君宜，挨批且又要批判他人，"一身而二任"，非常苦闷。④

---

① 盛禹九：《一个大写的人——怀念韦君宜》，于光远等：《韦君宜纪念集》，人民文学出版社2003年版，第153页。

② 《编者的话》，《文艺学习》1957年第9期。

③ 参见郭小川1957年8月17日、10月17日、10月24日、11月1日、11月16日、11月23日日记，分别见《郭小川全集9 日记（1957—1958）》，广西师范大学出版社2000年版，第160、203、207、213、222、227页。

④ 韦君宜：《忆〈文艺学习〉》，《韦君宜文集》第四卷，人民文学出版社2013年版，第282页。

1957 年 12 月 4 日，中国作协召开书记处会议，茅盾、老舍、陈白尘、张光年、严文井五人到会。郭小川汇报了作家下放、整改和刊物问题，大家同意合并《人民文学》和《文艺学习》。①12 月 6 日，刘白羽宣布把《文艺学习》合并到《人民文学》，张天翼任主编，韦君宜与陈白尘、葛洛三人任副主编。②

以大讨论赢得盛名，以"干预生活"的姿态引发文学论争，在变幻的时代气候中，《文艺学习》"因犯错误"而关门。③甚至于连一份终刊词都没有即告结束。念及自己投入心血的刊物，韦君宜充满惋惜与痛苦，"好像目睹了我的一个亲爱的朋友死亡。与过去离开别的刊物有些不同，想起来总感觉心里不平静"④。在她所作的旧体诗《一九五七年有感》中，也可隐晦地看出韦君宜的苦闷之情："抱影清宵辗转时，秋寒猎猎已难支。朱颜绿鬓缘谁尽，卧雪含冰不可思。宁惜一身甘粉碎，每怀天下欲成痴。人生所苦心难死，碎向君前知未知？"⑤

不过，值得注意的是，销售一度高达 30 多万份的《文艺学习》对 20 世纪 50 年代社会主义文学的贡献显然得到广大青年读者的认可。

---

① 郭小川 1957 年 12 月 4 日日记，《郭小川全集 9　日记（1957—1958）》，广西师范大学出版社 2000 年版，第 236 页。

② 郭小川 1957 年 12 月 6 日日记，《郭小川全集 9　日记（1957—1958）》，广西师范大学出版社 2000 年版，第 237 页。

③ 韦君宜：《忆〈文艺学习〉》，《韦君宜文集》第四卷，人民文学出版社 2013 年版，第 281 页。

④ 韦君宜：《忆〈文艺学习〉》，《韦君宜文集》第四卷，人民文学出版社 2013 年版，第 280、282 页。

⑤ 韦君宜：《一九五七年有感》，《韦君宜文集》第五卷，人民文学出版社 2013 年版，第 189 页。

在中国作协党组宣布《人民文学》与《文艺学习》合并后,《人民文学》在《编者的话》中指出:"'文艺学习'创刊将近四年以来,在对青年进行社会主义文学教育、培养青年写作者方面,是作出了一定成绩的。现在把它和'人民文学'合并,将更有效和更广泛地进行这方面的工作。我们将力求把《文艺学习》紧密联系青年群众的良好作风继承下来,把它在编辑工作中积累的好经验接受下来。'文艺学习'过去的工作成绩是在关心青年的作家们和广大青年读者的支持和帮助下取得的,今后我们要把这方面的工作做好,仍然需要作家们和广大青年读者的大力支持和帮助。"①

两刊合并之后,韦君宜名义上是《人民文学》的第二副主编,但被撤销了作协党组成员职务,取消了中共中央直属机关党代表身份,被下放到河北省怀来县花园乡西榆林村劳动锻炼。

值得注意的是,在主持《文艺学习》以及组织《组织部新来的青年人》大讨论的过程中,韦君宜对坚持文学编辑主体性价值所遭遇的冲突,表现出深刻的思考。1957 年 4 月 30 日、5 月 6 日,中国作家协会书记处召开了北京文学期刊编辑工作座谈会,讨论怎样改进文学刊物编辑部和作家之间的关系问题,并且讨论了《人民文学》编辑部对《组织部新来的青年人》原稿的修改问题,认为严肃对待作家的创作劳动,广泛地团结更多的作家,是在文学领域内贯彻"百花齐放、百家争鸣"方针的关键性问题。《人民日报》5 月 8、9 日刊出座谈会记录,以《加强编辑部同作家的团结》为名,发表茅盾、臧克家、秦兆阳等多位作家、编辑的发言。韦君宜的发言,对当时文学编辑所普

---

① 《编者的话》,《人民文学》1958 年第 1 期。

遍面临的困扰多有反映：

> 当编辑的人这几年经常受人责备，经常都在检讨，停一下我还要检讨的。但是我也想：为什么我们这些人会这样经常喜欢犯错误呢？我们的错处，知道的人尽有。我们的苦恼，似乎也可以要求旁人了解了解。我想先把这些苦诉一诉，然后再作检讨。
>
> 第一个，文责究竟是自负还是由编辑部代负的问题。应当是自负。但过去社会观感却不然，刊物上登出什么文章出了毛病，就怪编辑部。甚至在批评某篇有错误的文章时，根本不提作者名字，只提是在某某刊物上登出的。在对于不大知名的作者写的文章作批评时，尤其是如此。这样就不能不形成编辑在审稿时字斟句酌，遇到点不大对处就想改，好像对待自己的文章一样，因为要代他负责，出了岔子是编辑部的呀。
>
> 第二个，除去要正确，要水平高，还得符合读者要求。群众性越大的刊物这一点越不能不管。遇到回答在广大读者中有普遍性的问题时，这一点就更突出，编辑部就易对文章苛求，想把它弄得适合大家的需要。
>
> 第三个，不可能把一切来稿都发表。收到退稿的同志总不大满意。青年同志总批评编辑部是权威思想，老作家则批评为不团结老作家。在选稿上，确难说有绝对把握。编辑本人的文艺思想、艺术趣味、欣赏能力……对选稿都有影响，由于这许多原因我们确是犯错误不少。但批评的人则总是把问题提到编辑的政治品质上去，仿佛当编辑的人人都是毫无特操，崇拜权威，势利眼……，更使编辑觉得委屈。此外还有因刊物上发表了编辑自己

的文章，也责骂编辑的。而事实上一些新作品的评论文章极难约到，编辑常是在不得已的情况下承乏。

第四个，改稿的困难。到底改不改，是个大问题，青年投稿者都要求修改刊用，这当然不可能办到。编辑部就总想从中选一些有修改基础的，改一改来用。退给本人改改不好，常常就代他改了。这样一改，易出毛病，要不改，这些投稿能刊用的机会就会减少。这也是为难的问题。

这些事情，是使我们常觉得苦恼的。当然，不能因为这就消除了我们的错误。我们错误不少，《文艺学习》在改稿上也犯过错误。为慎重起见，编辑部把某些文章送交好多同志去传阅，如果大家对其中一个论点不同意，执行的编辑为了"尊重集体领导"，就一定要求作者修改。这种做法，后来我们自己也知道是完全错误的。首先，编辑部的看法并不见得就正确，编辑部也不见得对读者情况有完全准确的估计。即使真是如此，登出一些口味不同意见不同的文章对读者也是只有好处的。我们的年轻读者读同一口味同一意图的文章实在太多了，致使许多人简直不大知道世上还有别种文章，使他们目光狭窄，思想停滞，丧失了判别力。在约稿上我们也有个流行的办法，即"命题而且命意"。觉得最近有什么该谈的问题了，就去找作者。方式好些的是供给材料，引导他往这面想，方式差的简直代他设计，要他达到编辑部的要求。往往你觉得某一倾向应当反对，而作者并未感到如此，或者并无很深感触，一定要他写，焉能写好？

要克服以上缺点是有困难的，当编辑的人还会有些思想不能完全搞通，我们也要克服。同时，我们也希望社会上一些看法能够改变。读者常认为刊物上的文章都代表编辑部的意见，有些作者也习惯于这样写作，这是要逐渐改变的。[①]

可以看出，一方面，在编辑实践中，韦君宜主张积极面向青年、向广大文学青年普及文学教育；另一方面，韦君宜并没有回避特定时代环境中编辑面临的问题甚至是冲突。上述发言中提到因文责自负而容易导致谨慎改稿、改稿以满足广大读者普遍性的需要为目标而容易导致苛求文章、"不可能把一切来稿都发表"、改稿难等观点，可以看出韦君宜对媒介环境与编辑主体之间关系这一复杂问题深入的思考。

总体来看，《文艺学习》三年多的主编生涯，韦君宜的编辑实践与思想充满探索、矛盾与冲突。她的转变反映了一个革命者、有机知识分子的个性思考和在一定程度上的思想突破。这正如研究者所说，"在这三年半中，韦君宜一直是刊物的'主政者'，编委中黄秋耘、杜麦青、彭慧等人也是文艺活动的积极分子。谁在策划、撰写这一栏目并不是我们探讨的问题，重要的是这些文本都有清晰的历史现场感，同时扮演着'评论家'、'政治家'、'忏悔家'等多个角色，在主流意识形态的宏大喧嚣中发出多种声音，这些'合奏'如何表达对文学规范的引导、疑虑和离合，这实在是一个复杂而有意义的话题"[②]。

---

[①] 韦君宜：《编辑人员也有苦恼》（《加强编辑部同作家的团结》中的一节，《人民日报》1957年5月9日），《韦君宜文集》第五卷，人民文学出版社2013年版，第336—338页。

[②] 董瑞兰：《文艺学习（1954—1957）研究》，硕士学位论文，福建师范大学2009年，第52页。

## 第四章

# 人民文学的建设者

## 一、从干校到主持人民文学
出版社编务

1959 年初，韦君宜从河北省怀来县花园乡西榆林村结束劳动锻炼回到北京，随后又以《人民文学》副主编的身份，到长辛店二七机车车辆工厂参加工厂史编写工作。直接派出专业人员推动工厂史的写作，是当时中国作协的重要举措之一。1959 年 2 月 5 日，《作家通讯》宣布："编辑部本身为了向十周年国庆献礼，要做下面三件事：1. 在北京市范围内选择一个工厂，协助其编写一部具有一定水平的工厂史"，"工厂史是作家协会的献礼计划之一……《人民文学》已决定由副主编韦君宜同志亲自负责……选定了……长辛店铁路工厂"。[①] 在韦君宜领导下，写出《北方的红星——长辛店机车车辆工厂六十年》，1960 年 2 月由作家出版社出版。

　　1960 年，韦君宜调任作家出版社总编辑。伴随着对国民经济的"调整、巩固、充实、提高"、精简中央一级行政部门和事业单位的形势，1960 年 11 月，文化部决定，作家出版社、中国戏剧出版社与人民文学出版社（下称"人文社"）合并，仍为文化部的直属出版社，业务上受作协和剧协指导。1961 年 4 月，严文井任人文社社长兼总编辑，韦君宜任第一副社长兼副总编辑，楼适夷任副社长。5 月，副社长许觉民兼任副总编辑，孟超、何文任副总编辑。1961 年，在此前持续不断的思想斗争运动之后，文化界迎来短暂的"调整时期"。但这种难得的间歇很快转向紧张气氛。在主持人文社编务时，韦君宜的隐忍曾经被同事许觉民认为是"软弱"。在许的印象中，在经历批判丁玲、陈企霞事件后，从作协调任人文社的韦君宜变得"沉默少语，有些事不敢决断"。有一次要出版散文家杨朔写的《非洲游记》，封面设计是一群飞禽猛兽，画得不错；印好后有人认为不好，说把非洲人民都认作是野兽，是对非洲人民的侮辱，必须撕去重印。韦君宜最终决定重新设计。人文社出版了曲波的长篇革命传奇小说《桥隆飙》，描写的是抗日战争年代一支民间游击队的战斗事迹。首领桥隆飙神出鬼没，弄得鬼子兵昼夜不宁。这支游击队日后为八路军所收编，但桥隆飙有时我行我素。此书印好后，有人提出小说主人公不服从党的领导，有损于党的形象。许觉民把小说看完后认为，桥隆飙被收编，就

---

　　① 《迎接建国十周年把刊物水平提高一步》，《作家通讯》1959 年第 2 期。转引自李丹：《论"大跃进"时期"群众史"写作运动——兼及文学工作者心态》，《文学评论》2015 年第 6 期。

是接受了党的领导；至于其部队有时有些越轨，正说明其要成为真正的八路军还有待于不断给以教育；而且在小说中八路军正是那样耐心地做了，这正表现了小说布局的真实性与合理性。但最后，韦君宜还是将印好的 5 万册全部销毁。①

　　不断变化的政治形势，对韦君宜开展正常的编辑工作造成影响。1960 年，四川作家马识途以革命烈士刘惠馨为原型的长篇小说《清江壮歌》在《四川文学》等报刊连载，引起了韦君宜的注意。抗战初期，她和马识途、刘惠馨烈士一起在黄安党训班学习过，因此她对这部稿子情有独钟，并为书中的革命英雄人物所感动。当时四川人民出版社已决定出版《清江壮歌》，韦君宜想争取由人文社出版。她派编辑王仰晨专程到成都找到沙汀和马识途商量，最终议定由人文社与四川人民出版社联合出版。韦君宜对稿件提出修改意见，还在会议期间带马识途去见周扬说明情况，请周出面向西南局常务书记李大章打招呼给马识途修改作品的时间。但在当时特殊的环境下，小说的出版并不顺利，需要加以必要的改写。后来马识途又将小说做了几次调整，小说一直拖到 1966 年才正式出版。②

　　自 1966 年 9 月起，韦君宜就生病在家，长达三年之久。1969 年秋天，韦君宜随全社二百多名同事一道，被下放至湖北咸宁向阳湖边的文化部干校进行"劳动锻炼"和"再教育"。社内仅十余人留守。

　　1970 年 9 月 17 日，周恩来总理召见出版口等领导小组成员，要

---

　　① 许觉民：《记韦君宜》，于光远等：《韦君宜纪念集》，人民文学出版社 2003 年版，第 383—387 页。

　　② 马识途：《〈清江壮歌〉出版的前前后后——我和人民文学出版社的文字缘》，《新文学史料》2001 年第 2 期。

求恢复图书出版业务。1971 年 3 月 15 日，全国出版工作座谈会召开，周恩来总理在接见谈话中，批判极左思潮，一再要求恢复出版业务。不久，中央一级和各地方出版部门开始从"五七"干校陆续调回出版编辑干部。在干校，韦君宜不顾五十多岁的垂老之躯，坚持起早贪黑艰苦地干着纯体力的农活。作为"领头雁"，韦君宜要为连里的大小事务操劳：学习柳河干校和中办干校搞"粮油肉菜四自给"，带头参加各项生产劳动；以正义之心向上级反映同事工资低的情况，使其按精神落实加薪。三年多的干校岁月，韦君宜尝遍酸甜苦辣各种滋味。1972 年，她曾赋诗《向阳湖即事》："湖上春何在？渠开水满畦。初阳活种谷，细雨透青泥。白发能持末，书生健把犁。稻田随手绿，熟麦逐人齐。茅舍千颗点，甲园一局棋。"[1] 诗作明显带有特定时代的烙印。20 世纪 80 年代初，韦君宜在反思小说代表作《清醒》中，借主人公周青云之口，道出了她对干校的复杂情感："'五七'干校，这实在是个奇妙的地方。有的人想起它就感到无限温暖，有的人却提到它就气忿填膺。你说它不好，那时大家写了多少真心歌颂它的诗。你说它好，最后这些写诗的人却又竭力想办法要离开这里。不止今天出现这些矛盾思想，就在当时，又何尝不如此？"[2] 她还创作了其他干校题材的小说，其中中篇小说《洗礼》荣获第二届全国优秀中篇小说奖，与杨绛的《干校六记》被誉为"干校文学"的双璧。

1973 年，韦君宜从干校回到人民文学出版社主持工作。当时的人文社，仍处于一种特殊的状况中。及至十年"文革"结束，中

---

① 韦君宜：《向阳湖即事》，《韦君宜文集》第五卷，人民文学出版社 2013 年版，第 201 页。

② 韦君宜：《清醒》，《韦君宜文集》第三卷，人民文学出版社 2013 年版，第 3 页。

国开启新时期，出版业走上发展的正轨。1981 年 2 月，韦君宜出任人民文学出版社总编辑，至 1983 年 10 月由屠岸接任；1983 年 10 月任社长，一直到 1985 年 12 月离休。按李曙光的回忆，改革开放前后，人文社的"三驾马车"分别是社长严文井、总编辑韦君宜、党委书记周游。韦君宜在处理很多难事、烦事、琐事上都扮演了重要角色。① 这些年，是中国出版业在新时期拨乱反正的大背景下改革发展的时期，也是韦君宜挥洒出人民出版家巨大热情与干劲的时期。

## 二、重印名著，缓解"书荒"

1966—1970 年的五年中，共出版图书 2729 种，除毛泽东著作和少量马列著作外，"两报一刊社论"和所谓"大批判"小册子占总印数的 75.8%，文化教育类图书只出了 5 种。② 及至"文革"结束，国人面临读物奇缺的"书荒"境遇。

人文社建社之初，冯雪峰将其出版方针确定为"古今中外，提高为主"，"提出了要出版中外文学名著，不仅要有延安以来的工农兵优秀文艺，还要整理出版'五四'以来的新文学；不仅要有现代

---

① 陈早春：《在人文社领导层中的李曙光》，《新文学史料》2014 年第 3 期。

② 宋木文：《从拨乱反正到繁荣发展——中国出版改革发展 20 年的巨变》，《中国出版》1999 年第 1 期。另一种说法为，1966 年至 1970 年五年内，全国 49 家出版社共出版图书（不包括马恩列斯著作、毛泽东著作、图片）2977 种；1970 年，全国共出版图书 2773 种，大部分是政治读物。参见方厚枢、魏玉山：《中国出版通史 9：中华人民共和国卷》，中国书籍出版社 2008 年版，第 126—127 页。

的文学，还要着手古代文学遗产的整理；不仅要有苏联文学，还要有欧美等国家的古典名著和现代名著的系统介绍"①。这一方针，在"十七年"难得地得到相对稳定的践行，为人文社的发展奠定了基础，但在"文革"中被彻底中断。粉碎"四人帮"后，为了缓解"书荒"，韦君宜与严文井等人文社领导一起，积极应对，发挥出人文社的重要作用。

1978 年 2 月 23 日，北京新华书店在各主要门店发售人文社出版的巴金的《家》、斯威布的《希腊的神话和传说》、阿拉伯民间故事集《一千零一夜》、莎士比亚的《哈姆莱特》四种图书，供不应求，引发抢购潮。由于当时百废待兴，缓不济急，原国家出版局在 3 月初召开会议，决定组织力量，迅速重印 35 种中外文学名著，计划每种印刷 40 万至 50 万册（最后实际共印刷 1500 万册），在"五一"节集中投放市场。35 种中外文学名著分别为：（一）10 种五四运动以来的中国现代文学作品：《家》、《子夜》、《郭沫若剧作选》、《曹禺选集》、《吕梁英雄传》、《新儿女英雄传》、《战斗的青春》、《红旗谱》、《铁道游击队》和《苦菜花》；（二）9 种中国古典文学作品：《官场现形记》、《儒林外史》、《东周列国志》、《古文观止》、《唐诗选》、《宋词选》、《唐宋诗举要》、《李贺诗歌集注》和《稼轩词编年笺注》；（三）16 种外国古典文学作品：《艰难时世》、《鲁滨逊漂流记》、《威尼斯商人》、《汤姆·索亚历险记》、《安娜·卡列尼娜》、《契诃夫小说选》、《悲惨世界》、《九三年》、《高老头》、《欧也妮·葛朗台》、《莫泊桑中短篇小说选集》、《牛虻》、《斯巴达克思》、《希腊的神话和传说》、《一千零一

---

① 许觉民：《阅读冯雪峰》，韦君宜等：《怀念集》，人民文学出版社 2011 年版，第 9 页。

夜》和《易卜生戏剧四种》。<sup>①</sup>其中大部分是人文社的图书。在韦君宜的主持下，人文社以最快的速度，推出古今中外文学名著49种，以满足社会需要。在古典文学方面，人文社重印"四大古典名著"等。冯其庸负责校注的《红楼梦》，1982年印行43.5万册。1979年重印游国恩、王起等主编的四卷本《中国文学史》，一次印行15万套。现当代文学方面，如20世纪50年代出版的《林海雪原》，1978年不仅人文社大量重印，还由广西、安徽、浙江等地人民出版社租型大量重印。其中，百花文艺出版社一次印23万册，吉林人民出版社印10万册。<sup>②</sup>外国文学方面，1977年，人文社一方面延续工农兵学员集体翻译苏俄及第三世界国家文学作品的传统，出版诸如秘鲁作家蒙托罗的《金鱼》（上海外国语学院西班牙语专业1976届工农兵学员及部分教员集体翻译）、朝鲜作家朴风学等著的《朝鲜电影剧本集》（延边大学朝语系1972届工农兵学员译）等著作；另一方面首次重印5种外国古典文学名著，即斯威布的《希腊的神话和传说》（楚图南译），阿拉伯民间故事集《一千零一夜》（1—3卷，纳训译），果戈理的《死魂灵》（鲁迅译），莎士比亚的《哈姆雷特》、《雅典的泰门》（朱生豪译）。人文社在1978年又大批重印世界古典名著37种，包括雨果的《悲惨世界》（李丹译），托尔斯泰的《战争与和平》、《安娜·卡列尼娜》（周扬译），塞万提斯的《堂吉诃德》（杨绛译），巴尔扎克的《高老头》、《欧也妮·葛朗台》（傅雷译），狄更斯的《大卫·科波菲尔》（董秋斯译），

① 易图强：《20世纪70年代末80年代初文学名著畅销的原因》，《云梦学刊》2013年第2期。

② 何启治编撰：《光荣与梦想——人民文学出版社·复苏编》，人民文学出版社2008年版，第31页。

《契诃夫小说选》（汝龙译），萨克雷的《名利场》（杨必译），11 卷本《莎士比亚全集》（据朱生豪译本校订）等。[①]

救急之后，更需济以长线的建设。重印名著缓解社会"书荒"的同时，在韦君宜的主持下，人文社迅速开始了新时期文学出版的建设性工作。古典文学方面，推出了《吴承恩年谱》、《白居易评传》、《杜甫传》以及"中国小说史料丛书"、"新注古代文学名家集"等。"中国小说史料丛书"主要收录宋初至民国我国小说史上较重要但此前被忽略的作品，列入其中的有兰陵笑笑生的《金瓶梅词话》（洁本）、沈复的《浮生六记》、俞万春的《荡寇志》、韩邦庆的《海上花列传》等。丛书因为其突破古代小说出版的禁区，以及精选底本、保留原书序跋、加以准确的标点与校勘等特点，在广大读者中产生重大影响。丛书出版后，获得全国首届（1992 年）古籍整理图书丛书奖。"新注古代文学名家集"包括《贾谊集校注》、《司马相如集校注》、《孟浩然集校注》、《秦观集校注》等近十种。普及性出版物中，有钱锺书的《宋诗选注》、俞平伯的《唐宋词选释》、刘永济的《唐人绝句精华》、《新选唐诗三百首》、《新选宋词三百首》、《新选千家诗》等，广受读者喜欢。现代文学方面，推出钱锺书的《围城》、老舍的《鼓书艺人》以及《鲁迅全集》、《老舍文集》、《雪峰文集》、《何其芳文集》、《郭沫若全集（文学篇）》、《周扬文集》、"中国现代文学作品原本选印丛书"、"新文学史料丛书"、"中国现代文学流派创作选"等"五四"以来的名家文集。"中国现代文学作品原本选印丛书"有《草莽集》、《背影》等。"新文学史料丛书"有《徐懋庸回忆录》、茅盾的《我走过的道路》、

---

① 赵稀方：《"名著重印"与新时期人道主义》，《外国文学研究》2000 年第 2 期。

张恨水的《写作生涯回忆》等。"中国现代文学流派创作选"包括《〈语丝〉作品选》、《新月派诗选》、《新感觉派小说选》、《〈七月〉、〈希望〉作品选》等。"五四"文学，逐渐由左翼进步作家选本扩大到其他文学流派。外国文学方面，人文社开始与上海译文出版社合作，恢复出版"文革"前已经出版 50 余种的"三套丛书"，即"马克思主义文艺理论丛书"、"外国文艺理论丛书"和"外国文学名著丛书"。外国文学作品集，启动出版 20 卷本《高尔基文集》、9 卷本《陀思妥耶夫斯基文集》、30 卷本《巴尔扎克全集》、17 卷本《列夫·托尔斯泰全集》以及"20 世纪外国文学丛书"等。中外文学作品的出版，都呈现出系列化、多样化的趋势。这一时期，大规模引进西方文学作品，重印 20 世纪五六十年代的出版物，重新发掘 50—70 年代被贬抑、忽视的中国作家与流派等，人文社在多个领域、多条产品线上大力推动中外文学著译恢复正常出版。

韦君宜及其同人以其创造性的劳动不予偏废地推出中外名著，为走出文化荒芜的国人提供精神食粮，在文化传承和知识积累方面功不可没。这一举措，成为新时期文学出版业复兴的先声，意义非同寻常。有学者以 20 世纪 80 年代人文社"现代作家选集丛书"入选作家范围、篇目的扩大为例说明，新时期初期人文社为恢复中国现代文学部分作家的历史名誉，在国内率先策划出版现代作家选集或流派选集的这一"名著重印"活动，以独特方式参与了新时期建设的进程，介入了当代文学观念的探索和更新的历史活动。[1]外国文学方面，学术界特别注意到"名著重印"与新时期人道主义思潮之间的关系。在当时发行量极

---

[1] 吴自强：《新时期文学与"名著重印"——以人民文学出版社八十年代版"现代作家选集丛书"研究为例》，《文艺争鸣》2020 年第 2 期。

大的世界文学名著中，影响较大的是莎士比亚、塞万提斯等文艺复兴时期作家的作品与雨果、托尔斯泰、屠格涅夫等 19 世纪作家的作品。这两个时代文学作品的一个突出主题，就是人道主义。外国古典文学名著的重印，成为新时期人道主义思潮的重要来源之一。"应当感谢那些思想敏锐的出版者，正是他们像普鲁米修斯一样给荒芜的中国运来了火种。在刚刚结束'文革'之后的政治气候下，打破禁区，冒险重印这些被禁锢已久的西方古典名著，是需要勇气的。这种输入在国内植入了新的话语生长点，成为了人道主义话语崛起的动力。"① 在这些中外文学名著"落实政策"、恢复名誉并大开书禁的过程中，韦君宜表现出解放思想的巨大勇气。在乍暖还寒的当时，开放书禁多以逐步探索的方式进行，已有定评的公开出版、大量印行，拿不准的则以"供内部参考"、"内部发行"等方式出版发行。当时协助韦君宜负责当代作品出版的黎之（李曙光）记得，即使重版图书也必须审查。几经挑选，只先再版《林海雪原》、《暴风骤雨》、《青春之歌》等。②

## 三、以中长篇小说为突破口，推动当代文学创作

走入新时期，不仅要迅速缓解时代造成的"书荒"，更要大力开拓新局面，以给文学出版带来新气象。韦君宜认识到，十一届三中全会以来，我们需要做的事情实在太多了。遭受多年迫害的老作家获得了解放，他们的作品应该再版，一些故去的老作家，更应该为他们编

---

① 赵稀方：《"名著重印"与新时期人道主义》，《外国文学研究》2000 年第 2 期。
② 黎之：《文坛风云续录》，人民文学出版社 2010 年版，第 194 页。

辑出版文集，被"四人帮"封锁了十几年的中外古典文学名著也要出版，这都是我们不能推卸的责任。但是作为文学出版单位，我们还是应该以抓新的创作为主，首先应该出版反映当前现实生活的各种不同体裁的新作品。作为国家级文学专业出版社，人文社对于中国当代文学的发展发挥着举足轻重的作用。20 世纪 50 年代以来，"当代文学创作，特别是长篇小说，是人文社的牡丹花"①。"当代文学出版，历来是出版社的重要方阵，大都由社领导的第一把手抓，从冯雪峰、王任叔到韦君宜、屠岸主政时期，都是如此。"② 何启治认为，这可能是由人文社的性质、要求决定的，因为"古典、外国文学一般都有定评，中国当代文学却是竞争最激烈的领域"③。

具体到当代文学，人文社老编辑胡德培注意到："在当代文学创作中，又应当首推长篇小说创作；它是文学创作中的重中之重，往往标志着一个国家文学创作的最高水平。就文学出版社的编辑来说，最大贡献常常即表现在对优秀长篇小说的组稿和出版上。"④ 进入新时期，小说成为反映时代脉搏的重要体裁。快捷的短篇小说成为作家抒发情感的首选；随着大型文学刊物的复刊与作家创作的正常化，既能承载丰富社会内涵而又适于刊物及时推出的中篇小说成为激荡反思文学、改革文学、寻根文学等潮流的重要方式；随着茅盾文学奖的设立与作家的沉潜创作，新时期文学慢慢迎来长篇小说的丰收。在新时期这个潮流激荡，以文学慰藉国民心灵、推动思想解放的过程中，国字

---

① 黄伊：《编辑的故事》，金城出版社 2003 年版，第 30 页。

② 陈早春：《在人文社领导层中的李曙光》，《新文学史料》2014 年第 3 期。

③ 何启治：《用责任点燃艺术——何启治访谈录》，《美丽的选择》，首都师范大学出版社 2010 年版，第 92—93 页。

④ 胡德培：《近半个世纪的文学缘》，《出版史料》2007 年第 1 期。

号的人文社起着标杆性的引领作用。韦君宜主政人文社期间，"她重点是抓当代创作，其他古典、外文、戏剧等部门都有文艺界的名人分兵把口，她似乎很少过问"①。

在力推中长篇小说创作方面，人文社有两项重大举措：

一是在改革开放之初的1979年，召开全国性的中长篇小说座谈会，以繁荣凋敝已久的长篇小说创作。曾任人文社副总编辑的屠岸回忆："我记得是在1978年底的一次党委会上，我提了一个建议，说当时的思想气氛比较活跃，我们应该开一次作家座谈会，开展中长篇小说的讨论。……两天之后，韦君宜同志（当时人文社总编辑）找我说，她跟严文井（当时人文社社长）和周游（当时人文社党委书记）都说过了，同意我的建议。于是，1979年1月，在西苑宾馆召开了中长篇小说讨论会。"②屠岸的回忆稍有误记：座谈会是从1979年2月6日开始，地点在友谊宾馆。"三中全会开过不久，韦君宜就张罗着召开中、长篇小说座谈会。作为一个出版单位召开这样会议是有点违反惯例的。当时韦老太带着我去找陈荒煤、冯牧，去拜望正在参加理论务虚会领导小组的周扬和刚搬进新居的茅盾，还有新上任的宣传部长胡耀邦，请求这些作家、领导支持，求他们到会上讲话。"③经过韦君宜亲自奔走邀请，茅盾、周扬都与会讲话。会议结束时，胡耀邦发表了题为《形势、任务和对同志们的希望》的讲话。与会的作家，包括魏巍、李準、冯牧、陈荒煤、王蒙、李国文、从维熙、刘绍棠、陆

---

① 陈早春：《我看韦君宜同志》，韦君宜等：《怀念集》，人民文学出版社2011年版，第414页。

② 转引自孔令燕：《记忆，在叙述中重显——纪念〈当代〉创刊二十周年往事回顾座谈会》，《当代》1999年第3期。

③ 黎之：《文坛风云续录》，人民文学出版社2010年版，第592页。

文夫、林斤澜、秦兆阳、黎汝清、宗璞、刘心武、蒋子龙、冯骥才、竹林、杨佩瑾、茹志鹃、莫应丰、古华、秦牧、孙颙等人，老中青作家济济一堂。2月9日，屠岸在大组会上作了一次大胆的发言，提出"实践是检验真理的唯一标准"这一原则同样适应于文学。韦君宜事后对屠岸说："有的作家说你在会上投了一枚重磅炸弹。"屠岸问她："我的发言有没有说错的地方？"韦说："这次会的气氛你还没有感觉到？谁说错了准会群起而攻之！"13日，韦君宜做了总结发言，对会议围绕如何在文学上拨乱反正展开自由讨论形成思想解放的意义高度肯定。①"此次文学会议连续开了长长的一周（2月6日至13日），说明它所思辨与议论的问题之广之深之纠结，也说明文学从'文革'禁锢中解脱出来的艰辛。……那是一个纯精神的、思辨的、忧国忧民也忧文的会。"②新时期之初，百废待兴，文学会议往往具有特殊的告别过去、开启未来的意味，人文社中长篇小说座谈会，与此前的诗歌座谈会以及文艺理论批评工作座谈会等一起，在十一届三中全会、党的理论工作务虚会精神的鼓舞下，吹响了文艺界解放思想、拨乱反正的号角，也为第四次文代会的召开奠定了基础，对促进作家的思想解放及其后的创作繁荣产生了深刻的影响。

二是在1979年创办《当代》杂志。韦君宜在为《当代》所写的发刊词中，特意说明杂志"着重发表长篇小说，中篇小说和一部分戏剧文学"和"希望题材多样化，主题思想也多样化"的用稿标准。③《当

---

① 何启治编撰：《光荣与梦想——人民文学出版社·复苏编》，人民文学出版社 2008 年版，第 35—36 页。

② 冯骥才：《凌汛——朝内大街 166 号》，人民文学出版社 2014 年版，第 57—58 页。

③ 韦君宜：《〈当代〉发刊的几句话》，《韦君宜文集》第五卷，人民文学出版社 2013 年版，第 347—348 页。

代》高扬"直面人生，贴近现实"的现实主义文学精神，着重发表中长篇小说，为广大作家提供发表作品的新平台。具体内容，详见后"创办文学报刊"一节。

20 世纪 80 年代前期，重新恢复现实主义文学传统与人道主义精神，成为文学界普遍的心声。以现实主义为主要观念的小说创作，前后相续，逐渐转入对社会历史的反思与经验、教训的总结以及对当下改革的呐喊，对民族文化历史的"寻根"。韦君宜以其革命者的阅历，积极推动小说的创作与出版，表现出编辑家的勇气与胆识。

1979 年 1 月，老作家丁玲从下放地山西长治嶂头村回到北京。韦君宜立即安排编辑王笠耘、谢明清去看望，并在"五一"前亲自带着编辑去看望丁玲，在已安排出版《太阳照在桑干河上》和《丁玲短篇小说选》之外，计划出版她的散文集、评论集和《太阳照在桑干河上》的续编《在严寒的日子里》等作品。韦君宜偶然听说丁玲经济紧张，就决定以预支即将出版的《太阳照在桑干河上》的 2000 元稿费的方式，为其救急。1979 年后，人文社先后编辑出版了《丁玲短篇小说选》、《丁玲散文选》、《生活·创作·修养》、《太阳照在桑干河上》、《母亲》、《韦护》、《集外集》和《在严寒的日子里》等。《太阳照在桑干河上》、《丁玲短篇小说选》和《丁玲散文选》等作品多次重印。1986 年 3 月 4 日，丁玲因病逝世。在遗体告别仪式上，韦君宜以挽联表达对丁玲一生坎坷的思索："早岁慕英名女人郁积重重因君一吐；比年得顺境何事忧心忡忡令我三思。"[1]两位同样有着延安经历的革命文化人，惺惺相惜。

---

[1]　谢明清：《君宜同志，您走好！》，《中国出版》2002 年第 5 期。

"归来者"作家群体中，以中年作家为中坚。20 世纪 50 年代，因为发起《组织部新来的青年人》讨论，韦君宜与王蒙相熟。1962 年，政治气候稍有回暖，韦君宜即布置人文社向王蒙发出约稿信，派出编辑张木兰拜访约稿。这一举措有力地改变了王蒙的境遇。王蒙完稿于 1956 年的长篇小说《青春万岁》的出版，因政治气候变化而一再受阻。"四人帮"刚被打倒，韦君宜立即抓起旧稿《青春万岁》的出版工作，给王蒙写信，希望他重新执笔。[1]"王蒙复出后所有重要的长篇小说都由《当代》刊出并由人民文学出版社出版，可以说与韦老太和王蒙长达几十年的亦师亦友关系密不可分。"[2] 王蒙曾回忆其《组织部新来的青年人》、《青春万岁》等小说发表时，韦君宜循循善诱的师长态度和给予的呵护支持。他给韦君宜冠以"纯正"二字，认为她是一个"极诚实"、"最利索"、"极讲原则讲纪律极听话而且恪守职责"的人，"从来没有对她的与人为善失过信心"。对她长期服从党的安排做编辑工作，牺牲自己的写作，帮助众多青年作者脱颖而出的无私精神，油然而生一种敬意。[3]

当代女作家张洁的名作《沉重的翅膀》，在出版过程中受到韦君宜的大力推动。1980 年，张洁到人文社拜访韦君宜，韦得知张在工业部门工作多年，便勉励她写一部改革题材的长篇小说。1981 年 5 月，韦君宜收到《沉重的翅膀》初稿。小说触及国家重工业部及其所

---

[1] 王蒙：《这是我的幸运》，屠岸等：《朝内 166 号记忆》，人民文学出版社 2016 年版，第 278 页。

[2] 何启治、柳建伟：《五十年光荣与梦想——关于编辑、出版者与长篇小说创作关系的对话》，《当代作家评论》1998 年第 1 期。

[3] 王蒙：《纯正君宜》，于光远等：《韦君宜纪念集》，人民文学出版社 2003 年版，第 214 页。

属汽车制造厂的改革进程和复杂矛盾，对国家管理机构中存在的思想僵化、官僚主义等现象有所批评。韦君宜审阅后觉得"这是一部优缺点都很明显的好作品"①。小说约定由《十月》首发，人文社随后出书。小说在《十月》1981年第4、5期连载，迅即引起社会的关注与争议。为此，韦君宜和责任编辑周达宝等同志与作者一起冷静分析，并逐章逐段甚至逐字逐句地推敲，对原稿做了近百处修改。在这一过程中，受到批评的张洁感觉压力巨大。为了让单行本顺利出版，韦君宜"勇闯中南海"，求见邓力群和胡乔木，为张洁及其小说进行疏通。1981年12月，人文社推出了"作了数十处修改，其中有二三十处是重要的修改"②的单行本初版本。单行本出版后，张洁遭到了更多的批评。1983年，张洁又两次对作品进行了"大改百余处，小改上千处"的再修订，修改部分占全书三分之一左右。在张洁的修改过程中，韦君宜"写了长达四页纸的审读意见，对修改稿作了充分的肯定，并逐项提出作者和初、复审遗留的问题，请作者最后改定"③。1984年7月，小说修订本正式出版，并最终获第二届茅盾文学奖。

张洁1981年的日记记录下《沉重的翅膀》出版过程的曲折，以及韦君宜对她的鼎力支持：

> 5月28日　星期四
>
> 看望韦君宜同志。
>
> 谈起《沉重的翅膀》，她说："这是一部难得的、向前看的作

---

① 何启治：《夕阳风采——韦君宜素描》，《中国作家》1992年第1期。
② 陈骏涛：《评长篇小说〈沉重的翅膀〉"附记"》，《文艺报》1982年第3期。
③ 何启治：《夕阳风采——韦君宜素描》，《中国作家》1992年第1期。

品，但同时也看到现在和过去，不看现在和过去，是无法向前看的。

"有人曾怀疑你能否写这种题材，能不能发挥你的特点，而且工业题材过去有一个套数，看了使人头疼，没兴趣。

"然而你写的每个人物都是人，把高级干部写活了，写得很好。过去很少有人把高级干部当做人来写，不是写得很好，就是写得很坏。看出你着力写了郑子云，他有思想，有主张，但不是完人。"

10月3日 星期五

看望韦君宜同志。她说："明年要评选长篇小说'茅盾文学奖'，我推荐了《沉重的翅膀》和《将军吟》，不过挑你作品毛病的还有一些人。"

…………

10月31日 星期六

…………

下午，君宜同志把我召去，问道："你怎么在会上（中宣部文艺局召开的一个文学会议），说我对你说了什么，弄得人人打电话查询我。你再这样，我们大家都掉进酱缸里，可就没办法了……"

我请她向与会的同志核实，她立刻打电话给荒煤，荒煤说我在会上，连她的名字提都没提。

然后让我把《沉重的翅膀》上那些太尖锐的地方修改、修改，我同意了。我说："照我的脾气就不改，但现在这本书已经不是我个人的事，会影响一大批人，甚至我尊敬的一些领导，为了大我只好放弃小我。"

她又说："这样就可以堵住他们的嘴：已发的是初稿，定稿时改了。这让中央替我们说话时，也好出来说话，不要使他们一点回旋的余地也没有……"

我对出版社因我而造成的经济损失（因纸型已经制好）、政治上受到的压力而深感不安。①

张洁在《沉重的翅膀》修订本的文末曾交代小说修改过程："一九八一年四月十六日脱稿；一九八一年十一月第二次修改；一九八三年九月二十日第三次修改；一九八三年十二月十三日第四次修改。"②张洁的改写很大部分是来自当时政治批评的压力，典型地体现了改革文学在社会转型期所遭遇的波折。在整个修改与出版过程中，韦君宜表现出一位文学家、出版家的眼光、勇气和智慧。她对张洁的支持，给写序的张光年也留下了深刻的印象，在序言中称韦君宜"一贯给予作者热情帮助与支持"③。张洁更将韦君宜视为"施大恩的人"："那不仅仅是对她的感谢，也是对一种精神———一种精神的坚持的感谢。"④《沉重的翅膀》由人文社 1981 年 12 月第一次出版后，在

---

① 转引自张洁：《你不可改变她》，韦君宜等：《怀念集》，人民文学出版社 2011 年版，第 390—391 页。

② 张洁：《沉重的翅膀》，人民文学出版社 2004 年版，第 348 页。

③ 张光年：《序》，张洁：《沉重的翅膀》，人民文学出版社 2004 年版，第 2 页。

④ 张洁：《你不可改变她》，韦君宜等：《怀念集》，人民文学出版社 2011 年版，第 394 页。

人文社三楼会议室开的一次座谈会。韦君宜主持会议。张洁在最后的发言中谈到小说创作的过程和发表出版后受到各种责难和压力时，忍不住痛哭失声。"铁肩担道义，妙手著文章。"她引用李大钊赠友人条幅中的话说，如果没有韦君宜的帮助、支持，为她、为作品所承担的一切，一个女作家柔弱的肩膀，怎能承受得起那么大的压力啊。目睹此情此景的何启治说，"幸亏《沉重的翅膀》在我社出书，有韦君宜这样的老延安、老革命为她撑着，否则如何得了。……只是韦君宜对有创作潜力的作家、对优秀的作品特别热情、执着，也特别肯出力罢了"①。2008 年，湖北建始县举办"韦君宜纪念馆筹建工作座谈会暨文物捐赠仪式"，与会的张洁发表讲话时说："当年《沉重的翅膀》起飞时太难太难。……韦君宜同志为我担了风险，为了帮助、支持我，她亲自去找邓力群、胡乔木，当面为我鼎力辩护。我一辈子都不会忘记韦君宜同志的帮助和鼓励，她是值得我永远敬重和纪念的人！"②

莫应丰的长篇小说《将军吟》的出版过程，也同样体现了韦君宜的胆识和勇气。1978 年冬天，韦君宜到湖南组稿，素不相识的莫应丰主动来投稿。"他刚坐下，几乎还没有来得及寒暄，就单刀直入地告诉我们，他是来投稿的，看我们出版社敢不敢收他这个稿，如果敢，他就回去取来送给我们；如果瞻顾徘徊，那就算了。"③莫应丰曾在广州空军文工团担任政治工作人员。转业回到湖南后，他一直想把

① 何启治：《春风秋雨五十年——我对朝内大街 166 号的点点记忆》，《当代》2014 年第 2 期。

② 何启治编撰：《光荣与梦想——人民文学出版社·复苏编》，人民文学出版社 2008 年版，第 113 页。

③ 韦君宜：《〈将军吟〉的出世》，《韦君宜文集》第五卷，人民文学出版社 2013 年版，第 104 页。

亲身的经历写出来，"我想把它写成一个正直的将军发自内心的悲愤的长诗，藉以抒发他们那一辈人的主流思想，激发人们对自己和人民命运的关注"①。后来他在文家市公社一个人住的小阁楼里，写成47万字的稿子。韦君宜当即表示要把稿子带回去审看。第一个审看初稿的现代文学编辑部小说南组负责人龙世辉，对小说击节赞叹。小说南组中负责两湖地区的编辑刘炜，"对作者在作品中表现出的爱国忧民的传统美德和'真善美'的人生理想，有着高度认同"。她马上写出初审意见，肯定作品的思想性和艺术性、认识价值和社会意义，建议出版发行。但在当时，对于出版这部小说，复、终审人员表示担忧。刘炜越级找到韦君宜汇报书稿情况。"韦老太很敏感、有魄力，把我带去的书稿及其档案留了下来，表示她要亲自审阅书稿，亲自抓出书这件事，并告诉我遇到困难可以直接找她。在韦老太的具体领导下，我社的编辑们知难而进，勇于坚持真理、坚持'双百'方针，为推出优秀作品而努力。先后有8位编辑传看该书。"②韦君宜专门主持召开研究书稿的会议，决定邀请莫应丰进京改稿。

新时期之初，人文社有三部有争议的小说：冯骥才的中篇小说《铺花的歧路》、孙颙的长篇小说《冬》和竹林的长篇小说《生活的路》。这些作品出版前，都曾在人文社引发激烈论争。对此，韦君宜说："既然确是好作品，咱们就出。至于他说那风险我也知道……我说，这些描写咱们把它去掉，改一改，别的照样出。"③对于《将军吟》，韦

① 莫应丰：《寄望于将军们——〈将军吟〉成书前后》，《中国人民大学复印报刊资料·中国现代、当代文学研究》1982年第14期。

② 刘炜：《名作诞生记：〈将军吟〉、〈芙蓉镇〉》，《新文学史料》2009年第1期。

③ 启治：《编辑的素质、修养、职责和作风——韦君宜访问记》，《韦君宜文集》第五卷，人民文学出版社2013年版，第134页。

君宜回忆自己读到这个书稿时，"被这作品真切的细节、活生生的人物所感动了……作者虽然是怀着爆发的热情写的，但是这作品却写得很严谨，每个人物都是经过深入而仔细地描画的，结构也作了严格地忠于现实的安排，再奇巧的情节也是入情入理，绝非编造……我们一致同意给它出版"①。

　　起初人文社主要担心部队老帅们反对小说的出版，在第二次研究会上，很早到会的韦君宜说："今天《解放军日报》发表了《将军，你不要这样做》，传达出的政治信息是部队思想很开放，我们担心的事不会发生。"她拍板决定先在《当代》刊发，然后出版单行本。作者莫应丰给韦君宜写信，希望出版社能采纳湖南作家们的意见，书名改为《将军吟》。韦觉得很好，最后确定下来。在审定发排稿时，编辑刘炜把整理好的书稿交给负责《当代》的领导终审，但该领导在书稿上进行不少勾画删削，让刘炜进退两难，她把有删削的校样折叠起来送给韦君宜，"她当场就全看了。然后她拿起橡皮就擦，很费力地擦完一页，便把书稿交给我，说：你回去继续擦，把删掉的都恢复！我照办了，才保留住现在模样的《将军吟》"②。韦君宜赞赏莫应丰拒不修改的人格风骨，被他敢于坚持己见的勇气、捍卫个人作品灵魂的精神打动。她以非凡的胆识、惊人的魄力把《当代》杂志同人审稿时删去的大段文字重新恢复，竭力保住小说的精神原貌。韦君宜事后在座谈会等公开场合曾多次说，如今看来，还是删多了些。对韦的这一态度，孟伟哉表示认同与理解："尽管有时有不同意见，都是为了工作。

---

① 韦君宜：《〈将军吟〉的出世》，《韦君宜文集》第五卷，人民文学出版社 2013 年版，第 105—106 页。

② 刘炜：《名作诞生记：〈将军吟〉、〈芙蓉镇〉》，《新文学史料》2009 年第 1 期。

像《将军吟》这个情节这样的事，讲大道理是同党中央保持一致，讲小道理是为了出版社'安全'，都是好意。我想强调的是：这种曾有的分歧，并未影响我同君宜同志的工作关系，她作为领导同我这样晚辈的合作依然如常。她有自己的看法，也允许别人有不同意见。"① 而念及此事，莫应丰则说："若不是韦社长以惊人的魄力，推出《将军吟》，没准儿我还在湖南电影制片厂混呢。""我只是珍惜自己的作品，不愿它被人磨去锋芒。而韦老师力排众议推出《将军吟》，则表现了一种道义和担当，她是我文学之路上遇到的贵人，是我的福星。"② 对于《将军吟》的出版，曾经与韦君宜共事多年的何启治说："文学作品要准确、深刻地反映生活，不光靠作家的胆识和勇气，也需要编辑有这样的胆识和勇气。"③

突破思想的禁区，需要思想解放、与思想惯性做斗争的勇气，同时也需要实事求是的品格。1976 年，业余作者胡尹强创作的长篇小说《前夕》历经多次修改，在人文社出版。但不久，这一小说引起了一些争议，作者被关入"单人学习班"。编辑赵水金向韦君宜报告了作者的处境。这部随大流的作品，教育思想方面确实有着特定时期认识上的错误。但韦君宜为之不平："这实在太不公平。作者原来写的中学校长是个忠厚长者，只不过教育思想上不重视劳动，后来是编辑部原组长要他改写成'走资派'。他虽然改了，但那还是个勤勤恳恳、

---

① 孟伟哉：《送别韦君宜同志》，于光远等：《韦君宜纪念集》，人民文学出版社 2003 年版，第 376 页。

② 汪兆骞：《往事 流光——见证文学的光荣年代》，重庆出版社 2015 年版，第 16—17 页。

③ 启治：《编辑的素质、修养、职责和作风——韦君宜访问记》，《韦君宜文集》第五卷，人民文学出版社 2013 年版，第 133 页。

好好工作的'走资派'。这作品无非是教育思想错了。"出书时，韦君宜还把书稿转给自己的妹妹、北京铁二中校长魏莲一试读。这位中学教育专家看后笑说："现在没办法，现在谁还能提倡读书，只能这么写。"她对小说作者报以原谅的态度。可是作者却不能得到当地有关领导的宽容。韦君宜让人文社给当地写信提意见，"说作者没这么坏，是否可网开一面"①。当地不肯通融。韦君宜只好让人写个简报，并亲自修改；怕中央领导看不到，又写信给《人民日报》负责人，请他们把简报登到《人民日报》的简报上去。简报说明了小说的出版过程，强调《前夕》历经多次修改而成现稿，责任在于出版社，而作者是没有责任的，不应受到不公正对待。时任中宣部部长胡耀邦看到此文后，批示把作者放出。韦君宜以为，"对于犯错误的作者应当有个实事求是和与人为善的态度"。作者胡尹强说："我和韦君宜老太太，只是一个作者和一位总编的最寻常的关系。……老太太有一百条理由可以心安理得地听任命运把我怎么抛掷就怎么抛掷，因为在这部关于小说的故事中，主角是我。然而，老太太就是只凭一条理由，毅然写了内参上的那篇文章，这条理由就是她的正义感、她的同情心、她的正直、她的良知。此后，老太太不断通过小赵，来信鼓励和帮助我重新开始小说创作。"②

1981 年，茅盾文学奖设立，成为当代长篇小说思想认识与艺术成就的标杆。在第一届（1977—1981 年）、第二届（1982—1984 年）

---

① 启治：《编辑的素质、修养、职责和作风——韦君宜访问记》，《韦君宜文集》第五卷，人民文学出版社 2013 年版，第 134 页。

② 胡尹强：《天，我们在这里做什么》，于光远等：《韦君宜纪念集》，人民文学出版社 2003 年版，第 325 页。

获奖作品中，经韦君宜参与并推出的，就有《芙蓉镇》、《将军吟》、《冬天里的春天》、《沉重的翅膀》、《钟鼓楼》等多部力作。正是韦君宜的慧眼识珠与勇敢支持，推动新时期当代文学作品的出版，为凋敝的文坛增添勃勃生机。评论家黄发有在论及人文社的"当代境遇"时曾说："韦君宜的价值正在于她抗拒湮灭的坚韧，面对种种掣肘，以牺牲自己的代价为艺术挤出局促的发展空间，其编辑生涯的复杂与坎坷，以活生生的生命实践验证了成为一个有责任感的编辑之难度。而这种苦苦求索的责任感，恰恰是当代文学得以持续生长的文化土壤，也为当代文学增加了几分厚重感和现实感，就如钢铁的锻造与淬火过程一样，使之变得坚硬、粗粝，对历史与现实具有更强的概括力，承载着更加丰富的文化信息。"①

但需要提及的是，新时期之初，思想的解放有待于一步步地推进。韦君宜在文学出版方面的推进，经常通过求助于老领导胡乔木等方式，策略性地进行。比如作为《将军吟》的终审人，韦君宜并非完全没有顾虑。在推动该书申报茅盾文学奖、征求相关领导意见时，直到收到胡乔木肯定的意见，韦君宜才在会上提出将该书列为获奖的第一部作品。韦君宜有时表现出谨小慎微的一面，甚至造成手下编辑当时的不理解。1980 年，"胡风反革命集团案"平反。人文社拟推出《胡风评论集》，收录胡风在新中国成立前出版过的九本论文，全部是旧文重印。唯一的新内容，便是胡风为评论集出版而写的《后记》。这篇《后记》，胡风意在对自己投身新文化运动以来的思想历程做一个总结。但其中涉及一些具体史料，无法证实；有的内容，难以处理。

---

① 黄发有：《媒体制造》，山东文艺出版社 2005 年版，第 163 页。

韦君宜主持社领导开会进行研究，结果意见不一。有的建议作者修订；有的不同意修改；韦君宜则坚持要求删除。老编辑、时任《新文学史料》主编牛汉，说服胡风把凡是不能证实的史料都删去，后记仍然具有重要理论价值。但韦君宜仍不同意发稿。牛汉提出请示上级。韦君宜去请示中宣部。时任中宣部副部长贺敬之对胡风比较了解，表态说《后记》可以收入《胡风评论集》，这样韦君宜才不再坚持己见。她对牛汉说：你要理解我。牛汉以为她是一个很诚恳的人。另一件经常被后人提及的是关于《周扬文集》的出版。文集是韦君宜亲自登门向周扬约来的。编辑都十分赞成，高度评价其理论意义与史料价值。但是，韦君宜与理论组的编辑就是否收入1957年周扬代表作协所做的报告《文艺战线上的一场大辩论》发生了分歧：理论组认为这篇文章影响大，文艺界尽人皆知，本着对历史负责的态度，必须收入。但是韦君宜说周扬本人不同意，她要尊重作者的意见。双方甚至发生争执。有抵触情绪的编辑拖着不发稿。韦君宜又去找作协领导张光年寻求支持。张光年表示认同。韦君宜回到社里，又以张光年的意见为由，说服了编辑。

曾经于1982—1996年在人文社工作的编辑家李昕，很长时间里一直没有弄清楚韦君宜令人费解的性格。直到后来读到韦君宜晚年的《思痛录》中的有关章节，李昕才以同情之理解认识到，韦君宜当时的做法有其不得已的苦衷。在出版《胡风评论集》时韦君宜坚持不收《后记》，是因为当时胡风虽然已摘掉"反革命"的帽子，但是平反却是留了"尾巴"，即鼓吹"资产阶级文艺思想"的帽子并没有摘。韦君宜在《我曾经相信反胡风运动》中说，她是直到1989年看了有关胡风集团一些材料，特别是看了绿原的自述，才真相大白，知道这是

"一个子虚乌有的冤案"，此前一直蒙在鼓里。"根据这一解释，我想，在当年处理《胡风评论集》的后记的做法上，我们真不能苛责老太太。"对于坚持不同意"大辩论"一文收入《周扬文集》，《思痛录》讲出了内幕。原来周扬并不承认这篇文章是他的手笔，因为整篇文章是经过最高领导人修改定稿的，"我对这篇文章负不了责任"。"韦老太体谅的是周扬的苦衷，作为维护作者利益的出版者，她没有错。可是，如果她当初把这些实情讲给我们听，我们大概也不会错怪她。"① 时过境迁，可以看出，韦君宜处理特殊选题、稿件时令人一时难以理解的表现，深刻地折射出转型期的复杂与思想解放的艰难。

## 四、发掘与扶持文学新人

　　青年作家的培养，在拨乱反正、迫切需要新生血液来推动文学焕发生机的新时期初期，有着非同寻常的意义。以青年学生身份参加革命、曾经长期从事青年思想教育工作的韦君宜，深知新生力量对于文学发展的重要意义。她曾经说："文学事业的发展，迫切需要新生力量。过去有影响的知名作家年纪都老了，八十多岁的茅盾还在写作，这当然是非常好的事，可是七八十岁的老人写东西毕竟精神有些来不及了，除了依靠老作家，急需培养青年作者，写出一些读者迫切需要的，敢于尖锐地反映现实生活的，更新鲜、更泼辣的作品。"② 对青年

---

① 李昕：《本色韦君宜》，《炎黄春秋》2015 年第 8 期。
② 韦君宜：《新形势下的文学出版工作》，《韦君宜文集》第五卷，人民文学出版社 2013 年版，第 350 页。

作家的培养，韦君宜表现出一位出版家迥出时流的见识与使命感。

1977年夏天起，35岁的冯骥才被邀请到北京朝内大街166号人文社办公楼修改处女作《义和拳》。在与当时的"女领导"韦君宜接触的这段时间，他感觉她郁郁寡欢，不知"是不是缘自她的心正处在对国家与民族反思的痛苦中"①。后来他在书中追记了韦君宜对他的支持与付出：

> 我每逢见到韦君宜，她却最多朝我点点头，与我擦肩而过，好像她并没有看过我的书稿。她走路时总是很快，嘴巴总是自言自语那样嗫嚅着，即使迎面是熟人也很少打招呼。可是一次，她忽然把我叫去。她坐在那堆满书籍和稿件的书桌前——她天天肯定是从这些书稿中"挖"出一块桌面来工作的。这次她一反常态，滔滔不绝；她与我谈起对聂士成和马玉昆的看法，再谈我们这部小说人物的结局，人物的相互关系，史料的应用与虚构，还有我的一些语病。她令我惊讶不已，原来她对我们这部五十五万字的书稿每个细节都看得入木三分。然后，她从满桌书稿中间的盆地似的空间里仰起来对我说："除去那些语病必改，其余凡是你认为对的，都可以不改。"这时我第一次看见了她的笑容，一种温和的、满意的、欣赏的笑容。
>
> 这是我永远不会忘记的一个笑容。随后，她把书桌上一个白瓷笔筒底儿朝天地翻过来，笔筒里的东西"哗"地全翻在桌上。有铅笔头、圆珠笔芯、图钉、曲别针、牙签、发卡、眼药水等等，

---

① 冯骥才：《凌汛——朝内大街166号》，人民文学出版社2014年版，第11页。

她从这乱七八糟的东西间找到一个铁夹子——她大概从来都是这样找东西。她把几页附加的纸夹在书稿上，叫我把书稿抱回去看。我回到四楼一看便惊呆了。这书稿上密密麻麻竟然写满她修改的字迹，有的地方用蓝色圆珠笔改过，再用红色圆珠笔改，然后用黑圆珠笔又改一遍。想想，谁能为你的稿子付出这样的心血？①

对于冯骥才，韦君宜为其多次写序。如韦君宜为《神灯前传》所写序，冯骥才印象深刻："依然是她惯常的对我的方式，朴素得近于平淡，没有着意的褒奖与过分的赞誉，更没有现在流行的广告式的语言，最多只是'可见用功很勤'，'表现作者运用史料的能力和历史的观点都前进了'，还有文尾处那句'我祝愿他多方面的才能都能得到发挥'。可是语言有时却奇特无比，别看这几句寻常话语，现在只要再读，必定叫我一下子找回昨日那种默默又深深的感动……"②

冯骥才的中篇小说《铺花的歧路》在《收获》杂志1979年第2期发表后，引起了争议。为此，对于能否出版，韦君宜主持召开了两次讨论会：7月4日由现代文学编辑室有关编辑组的同志参加；7月26日扩大到其他编辑室及编务室的部分人员。总编辑严文井、副总编辑李曙光、屠岸以及现代文学编辑室、外国文学编辑室、戏剧编辑室等部门负责人都参加了学习和讨论。经过讨论，所有的同志都赞成

---

① 冯骥才：《记韦君宜》，于光远等：《韦君宜纪念集》，人民文学出版社2003年版，第224—225页。

② 冯骥才：《记韦君宜》，于光远等：《韦君宜纪念集》，人民文学出版社2003年版，第226页。

小说可以出版。①

女作家竹林的知青小说《生活的路》，描写知识青年张梁与谭娟娟这对恋人抱着建设农村的信念"上山下乡"。但他们所见到的农村，与想象中有差距。小说因为对知青问题的揭露、知青命运的呐喊，被多家出版社退稿。书稿转到人文社时，作者单位盖着公章的函件紧跟着抵达，证明作者有"政治品质问题"，要求出版社不接受她的书稿。人文社内部也有争论，迟迟没有出版。针对此，韦君宜认为，要使有远大志向的青年真正在农村奋发下去，恰恰是要告诉他们农村的真相，使他们深思熟虑、坚定信心。描写农村的丑恶现象，并不就是表现了社会主义的阴暗面，恰恰相反，"把真实情况写出来，揭露林彪、'四人帮'所造成的坏人坏事，批判坏的东西，其目的就是鼓舞人们勇敢地消灭它们"②。为了使得小说的出版更为顺利，人文社1979年2月召开中长篇小说座谈会前，韦君宜在没有告知作者的情况下，安排孟伟哉、李景峰、屠岸分别写了《生活的路》、《铺花的歧路》、《冬》的故事梗概，由她亲自送给受邀出席会议的茅盾。茅盾对三部作品十分肯定。他在会上的发言中说："最近，我看了《娟娟啊娟娟……》的提纲（当时《生活的路》曾按出版社编辑部的要求改名《娟娟啊娟娟……》）。这部小说如果写得好的话，是会很感人的，我祝她早日问世。"茅盾还在台上叫竹林，说想和她说几句话。没想到性格内向的竹林竟然手足无措，不敢上前，主持会议的社长严文井一再催促，幸

----

① 胡德培：《各抒己见 求同存异——记人民文学出版社关于两部中篇小说的讨论》，《出版工作》1979 年第 9 期。

② 韦君宜：《从出版〈生活的路〉所想到的》，《韦君宜文集》第五卷，人民文学出版社 2013 年版，第 89—91 页。

得与会的冯骥才上去，才得以避免尴尬。

何启治的回忆文章，记述了事后韦君宜对竹林的厚望：

> 会后进餐，韦君宜突然出现在竹林身边："你怎么搞的，叫你上台你为什么不上去?!"那责备的口气无异于兴师问罪。"我……我只是害怕，真、真对不起……"竹林嗫嚅着。
>
> "这有什么好怕的，"韦君宜摇摇头，一副不以为然的样子，"你就是一时想不起说什么，也该上去向茅盾同志问个好，这是礼貌嘛!"
>
> 韦君宜字字干脆，全不顾竹林的窘态。眼见竹林头都抬不起来，她才放缓了语气说："我是替你惋惜。惋惜你失去了这么好的一次机会——也许你此生不会再有这样的机会了。"
>
> 果然，一年多以后，茅公溘然长逝。竹林在悲痛之余，更真切地体会到当年貌似严厉的韦君宜对她寄予的厚望。[1]

后来竹林才知道，为了出版这部小说，"韦君宜同志筹划了那份'提纲'，还亲自送到茅盾先生家里请他审阅。同时，提纲还送给了周扬等当时文艺界的几位主要领导人。经她的努力，终于使人民文学出版社的这个全国中长篇小说座谈会与中央关于思想解放的全国理论工作务虚会几乎同时召开，成为粉碎'四人帮'后文艺界思想解放的第一声春雷"[2]。在另一位与会者冯骥才看来，请茅盾出面讲话这个事先

---

[1] 何启治:《竹林:从球友到文友——文坛师友录之十一》,《海燕》2013 年第 6 期。

[2] 竹林:《我的恩师韦君宜》,于光远等:《韦君宜纪念集》,人民文学出版社 2003 年版，第 289 页。

设计好的环节，"人文社是想找到一个突破口，借助这位德高望重人物的影响力来推动更大范围的思想解放"①。

不仅如此，韦君宜还在《光明日报》、《中国青年报》上发表书评，支持竹林；在随后召开的第四次全国文代会上，韦君宜为竹林做了一个专题发言，并设法帮她调离原单位。等到竹林在上海郊区的农村中学嘉定二中栖身，在图书室安家静心写作后，韦君宜在出差时还专程前去看望。她向学校的张昌荣校长鞠躬，一字一句地说："谢谢你们，我代表文艺界谢谢你们。虽然条件不太好，但你们支持了一个青年作者，我们文艺界有些同志，应该对此感到脸红。"这种切实的帮助，让竹林受到鼓励："于是年复一年我就在这片韦君宜曾涉足过的土地上辛勤耕耘，并不问收获。"②

当时的北大中文系学生张曼菱的小说《有一个美丽的地方》，是韦君宜"从一篓稿件里刨出来的"。阅读后，韦君宜立即写信让张到她家去见面，并热情地向《当代》推荐，使张脱颖而出。她欣赏张曼菱的作品："你很有才华，你的才能在闪闪发光。"但韦君宜深知，青年作家可能被"捧杀"。她对张说："许多看好的青年作者都是这样给捧完的。"她刻意不给张撰写序言或书评。她说，要看看张能否"站得住"而不是昙花一现。直到张曼菱写出《唱着来唱着去》，韦君宜看了才说："好了，我不担心了。你可以走下去了。"但对于张提出的写评论的请求，韦只是说："再看看吧。"张说："别人都说你是我的'后台'，你从来不在外面给我说什么好话。"韦笑答："你自己的作品就

① 冯骥才：《凌汛——朝内大街166号》，人民文学出版社2014年版，第66页。

② 竹林：《我的恩师韦君宜》，于光远等：《韦君宜纪念集》，人民文学出版社2003年版，第294页。

是好话，还要谁说?"每次去看她，韦君宜总是叮嘱张，不要去参加沙龙，不要去"侃"文学，更不要希望小圈子能抬举，"只有一条路，就是写，和对生活的深入"。张大学毕业时，《当代》主编孟伟哉有意要她来做杂志编辑，并开过办公会，被韦否决了。她说："曼菱是写东西的才。难道要她像我一样，到六十岁才来写自己的作品吗?"张曼菱说："这一句话提醒了我。老太太是真爱护我，是真懂得我的价值的。她爱我的方法跟别人不一样。不是把我留在京城的高档文化机关里，而是要我奔向苍茫大地，去探索我的事业之途。从此，我远离了都市的繁华，远离了文化人的各种圈子，云游四海，浪迹天涯。每次从新疆，从海南，又回到君宜的身旁，我总看到她欣慰的笑，就像妈妈的笑一样。我感受到一种深厚的爱。我能循着自己的路子走到今天，是和君宜对我的要求分不开的。我是她的文学的女儿，我应该有她当年那种闯荡世界的气魄。这种深深的爱敬之情，我只能用一生的事业来回答。我要让人们提起这位伯乐的时候，说：'她确实发现了一匹千里马。'"[①] 这是年轻作家对伯乐的由衷感激。

　　尽管出版管理的行政工作极为繁忙，但韦君宜不辞劳苦，以满腔热情发现并扶持有潜力的新作者，帮助他们构思和修改作品，不惮繁难。很多作家后来成了有影响力的名家，与韦君宜深具使命感的支持、鼓励和帮助密不可分。当代著名的文艺评论家、编辑萧殷，曾经扶持王蒙发表《青春万岁》等作品，韦君宜对他最深的印象是，"他的心血全花在青年作者身上。尽管后来有人所持的文学主张和他并不一致，我想，他们也总该记得这个最初帮助、培植他们的人，是怎样

---

① 张曼菱：《真人韦君宜》，于光远等：《韦君宜纪念集》，人民文学出版社 2003 年版，第 270—271 页。

为他们辛苦过。他的思想，他的热情，都紧紧围绕在他的工作上。这个人就是为工作而生存的。……真正接到他的死耗之后，我仔细默想，觉得这才是一个为了党的文学事业辛苦耕耘至死的人。说搞文学的人往往想个人事业更多，在他身上我们得到了反证"①。这与其说是怀人，其实也是韦的自况。

扶持新人，并不意味着无原则的宽纵。对于青年作家的成长，韦君宜注重整体出版环境的改善，而不仅仅是个体的扶掖。在出版工作中，韦君宜听到不少对编辑工作不理解的难听之词。最为集中的，是业余作者说编辑只重视名人，不重视业余作者、新生力量；抱怨说他们的稿子一辈子也发不了。还有作者活灵活现地传说，"左手两瓶酒，右手烧鸡、点心……要送礼才肯登。再一种是交换文学，互相交换，根本不提拔新生力量……"对这种误解，韦君宜说："这使我很难忍受。靠送礼登稿子是个别的，眼下许多名作家三年前有谁知道？难道不是编辑部发现而是靠送礼出名的吗！"她不相信有多少编辑是因为受贿发表作品的。也许有，决不会多。要有了，那是败类，这样的败类应该从编辑队伍中赶出去。但问题在于，一方面是确实有人缺乏自知之明，而另一方面"盲目地崇拜名人在编辑中恐怕还是相当多的，这点也是实在要不得，必须改变。要不然，新生力量是出不来的。培养青年，这是我们的任务，不管他将来是不是一定能成为作家"。对新时期文学创作界，韦君宜认为存在着"两头不行中间行"的不正常现象，即中年作家时兴，稿子被人抢着要，"一些中年的得奖作家，现在正是最红的时候，许多刊物和出版社都找他们。人忙得一塌糊涂，就难

---

① 韦君宜：《悼萧殷》，《韦君宜文集》第四卷，人民文学出版社 2013 年版，第 209 页。

以保证质量了"。而业余作者往往冒不出来，老作家的稿子也很少有人欢迎。有的刊物几乎一个作者也不发现，却专找知名之士，有的作品很不高明也照登。当别的刊物发现新作者，赶紧就一拥而上去抢。韦君宜批评这种编辑作风是不好的。"发现作者是大家的任务。"①"至少现状是不那么合理。看得见的是，有的新露头角作家的一篇作品，同时在七八家出版社出版，拿七八次稿费。这对于有才华的文学新人来说（我只能看到文学方面），决非培养之道，在经济上也是浪费。这与编辑思想有关系，是上层建筑问题。但是，恐怕也与这种实际上鼓励你争我夺的出版社体制有关，也是经济问题。就是说：不应当用经济规律去统帅的事情，如编辑工作，用经济规律去统帅了。"②

从 1973 年调到人文社起，在韦君宜领导下工作了 14 年的屠岸，对韦君宜的作风有四点深刻印象：一是她对萌芽的青年作家的培植，尽心尽力。二是对已有成就的作家，倾心相助。三是对老作家，尽一切力量，团结，尊重，争取合作。四是对她的同事和部下，严格要求，热情帮助。总之，她把自己的全部时间和精力，奉献给了新中国的文学出版事业。③ 在作家李国文的印象中，秦兆阳与韦君宜的时代，"那时正是他们意气风发的年代，也正是新时期文学发轫的年代，提携新生力量，扶持新鲜作品，这两位先生可谓不遗余力"④。走出"文革"，

---

① 启治：《编辑的素质、修养、职责和作风——韦君宜访问记》，《韦君宜文集》第五卷，人民文学出版社 2013 年版，第 131—132 页。

② 韦君宜：《关于文学与文化的经济体制》，《韦君宜文集》第五卷，人民文学出版社 2013 年版，第 376 页。

③ 屠岸：《人文社的领导和朋友》，《新文学史料》2009 年第 1 期。

④ 李国文：《楼与人的记忆》，屠岸等：《朝内 166 号记忆》，人民文学出版社 2016 年版，第 23 页。

韦君宜等文学出版界的思想探索者、先行者，积极扶持一位位青年作家，践行着社会责任意识与历史使命意识。从一定意义上说，这些做法不仅肯定并且激励作者，密切了编辑与作者的关系，更影响了读者的思想，以思想的力量推动了社会进步。其中也蕴含着韦君宜干预现实，力图突破创作窠臼，扩展文学创作题材和范围的努力。而以人为本的人道主义精神和人文理想则是推动她勉力前行的动力之源。①

## 五、加强编辑队伍建设，为编辑社会待遇鼓与呼

"文化大革命"结束之后，建设编辑队伍，成为韦君宜主持人文社编务时面临的首要问题。

韦君宜的做法之一，是争取下放到干校的老编辑队伍尽快重返工作岗位。诗人牛汉，因为"胡风反革命集团"一案被拘，隔离审查两年并被开除党籍。1975 年，牛汉从干校回到人文社，被安排在资料室抄写卡片。1978 年，韦君宜要牛汉写份检查，她通过胡乔木送给时任中宣部部长胡耀邦，在其过问下于同年 9 月作为个案单独恢复党籍。在牛汉还没有平反时，韦君宜就调他参与筹办《新文学史料》工作，并于 1979 年平反后出任该杂志主编。②2008 年，湖北建始县举办"韦君宜纪念馆筹建工作座谈会暨文物捐赠仪式"。84 岁的牛汉接

---

① 谭锐：《韦君宜人民文学出版社时期编辑思想探索》，《北京印刷学院学报》2014年第 1 期。

② 牛汉口述，何启治、李晋西编撰：《我仍在苦苦跋涉——牛汉自述》，生活·读书·新知三联书店 2008 年版，第 192—195 页。

到电话就说："没问题，我一定参加，风雨无阻。"他说自己一辈子忘不了韦君宜对他的帮助。

在培养新编辑人才方面，韦君宜加大了力度。"文革"后期，人文社从大学里招进 20 多名工农兵学员。为了提高编辑队伍的文学素养，社长严文井、总编辑韦君宜决定举办文学进修班，专门培训"文革"中入社工作 1 至 3 年的工农兵大学生，把他们从各编辑室抽调出来，脱产两年，主修古典文学、外国文学和现代文学，分别由舒宪、黄雨石和牛汉负责。开学典礼上，韦君宜有言在先："进修班是一次机会，抓住的留在编辑部，抓不住的另作安排。进修班定会请到北京市最好的专家学者来讲课，请不动的我韦君宜亲自出面。"[1] 她对学员说："人文社的编辑不能只知道你上学的那点专业，古今中外文学你都应该懂。"[2] 进修班从 1978 年 6 月 23 日开始上课，先后请到许多社内外知名专家学者前来授课、批改作业：古典文学、语言学有余冠英、王力、吕叔湘、启功、林庚、陈迩冬、顾学颉、黄肃秋、舒芜等；外国文学有朱虹、董衡巽、柳鸣九、张玉书、黄爱等；现代文学有王瑶、杨晦、严家炎、孙玉石、袁良骏、佘树森、余飘、牛汀（牛汉）等，堪称一时之选。面对如此强大的教师阵容，当时韦君宜就感慨地预言："今后恐怕再也难请到这样的老师了！这真是人文社这一批年轻的工农兵学员的幸运！"多年后，当时担任培训班主任的孟伟哉感叹说："二十多年过去了，当年受培训的同志，有的成为知名评论家，有的成为得力的编辑，有的成为行政管理骨干或其他出版业

---

① 苏福忠：《韦老太，你慢走》，《黄河》2002 年第 3 期。

② 王瑞琴：《朝内大街 166 号往事》，屠岸等：《朝内 166 号记忆》，人民文学出版社 2016 年版，第 442 页。

务内行。"① 韦君宜对文学进修班学员的情况，一清二楚，亲自审看作业。进修班结束时，她主持过一次会议，给学员重新分配工作。会上，她能准确无误地说出每个人的情况。②

提高编辑待遇，是韦君宜晚年不断呼吁的一个中心话题。这表现在多个方面。

信息收集是编辑出版工作的基础。韦君宜认为相关部门应该多为编辑提供信息。"你当领导的知道的事情要经常和大家讲一讲，只要不是泄露党和国家的机密，让编辑们多知道一些事情没坏处。"同样的事情在作协系统党内外都知道了，而编辑往往还不知道，韦君宜认为这不是一种理想的状况。③ 她在文章中就此事呼吁：

> 希望从中宣部到社会舆论都考虑到出版界的社会地位问题。今年初中宣部召开理论务虚会，出版界只有两人参加，其中一位还不是被约请的，而科学院各研究所都有几个人参加。我们直属出版社共有编辑六百多人，再加青年出版社、北京出版社等，仅在京的社会科学及文学方面出版社就有八百名编辑，我们整个出版界还不如人家一个研究所。而我们中间也有知名之士，有对当前政治及文化形势有看法的同志，这样对待我们是不公平的。

---

① 孟伟哉：《记忆严文井》，屠岸等：《朝内 166 号记忆》，人民文学出版社 2016 年版，第 153 页。

② 张福生：《〈文学故事报〉创刊之初的故事》，屠岸等：《朝内 166 号记忆》，人民文学出版社 2016 年版，第 297 页。

③ 启治：《编辑的素质、修养、职责和作风——韦君宜访问记》，《韦君宜文集》第五卷，人民文学出版社 2013 年版，第 135—136 页。

过去，陆定一同志主持中宣部工作时，人民出版社的领导、我们社冯雪峰同志都参加中宣部部长办公会议，周扬同志也经常直接找我们谈工作，但现在不同了。希望对此能够有所改变。①

加入作协等社会团体以及职称评定等，是编辑社会地位的一个表征。韦君宜以自己为例："我自己跑进作协，不是因为当了这几十年编辑——当这几十年编辑没人看到我有什么功劳，而是因为我写了几篇微不足道的文章，才成了作协的会员。这个事情我觉得实在是不公平。向来如此。"谈编辑队伍评职称，"按说编审、副编审相当于教授、副教授待遇，副教授出门可以坐软席，可以要汽车，我们向哪里找去？办得到吗？作协、《人民文学》等单位已经评过了，我们这里按同样标准也有不少人可以评编审、副编审。评上以后又怎么办呢？我们的有些副编审还住在过道改的房子里呢！这种情况真要好好向领导上呼吁呼吁啊！"②在韦君宜看来，从作者写东西到作品发表，编辑起了很重要的桥梁作用，可是与作者相比，待遇上相差太大了。"多少外地回到北京来的作家，马上分到了新房，老编辑有谁管呢？魏巍对我说，许显卿的住房实在不成样子，你们出版社应该管一管。我何尝不知道啊！我有什么办法？我自己住的几间平房还是亲自跑房管局，东奔西走跑来的。编辑地位之低，实在叫人难以忍受啊！"③

---

① 韦君宜：《新形势下的文学出版工作》，《韦君宜文集》第五卷，人民文学出版社2013年版，第352页。

② 启治：《编辑的素质、修养、职责和作风——韦君宜访问记》，《韦君宜文集》第五卷，人民文学出版社2013年版，第135—136页。

③ 启治：《编辑的素质、修养、职责和作风——韦君宜访问记》，《韦君宜文集》第五卷，人民文学出版社2013年版，第135—136页。

# 六、关注编辑的素质与修养问题

新时期以来，文学、文化思想日益活跃，出版业面临挑战，需要编辑有着良好的素质与修养。在日常的出版实践与出版评论中，韦君宜对此多有深刻思考。

## （一）不计名利的奉献精神

编辑要有责任感。责任感，首先源于编辑不计名利、不求当官的思想。韦君宜认为，当个好编辑，就不要去谋官位。在延安时期，胡乔木曾对杨述与韦君宜夫妇说："你要当编辑，就别想着要提拔，要做官，别考虑这个！"韦认为胡乔木的看法非常有道理：

> 当编辑还能提拔做什么呢？现在是编辑，再提拔不过是总编辑。当了总编辑再往哪里提？提不上去了。再提就只能脱离编辑工作了。所以，想做官就不要当编辑；想当个好编辑就不要去谋官位，不能成官迷。从编辑提成编辑室主任，再提做总编辑，顶多提两级，还能往哪儿提？再提上去你就不是编辑了。他的话很有道理，不能考虑当官、往上提这些个人名位的东西。……比如我，假如想做官，我是要后悔的；因为，我的很多同学早已做了官，我要做个像个样子的官大概也不会太困难。可是我觉得，编辑工作既然是很有意义的革命工作之一，就要安心去做。而要做出成绩来，固然要认真地读书，刻苦地学习，勤奋地练笔，但是

还要特别强调这点道德修养。……编辑道德是很重要的。你没有这点思想根底，你就学不了，学不会。……你成天惦着是提拔他还是提拔我，那就不灵啰。某人提级了，某人当什么长了，你成天惦着这个就没办法。还是不去考虑这些吧，使自己心胸开阔一点是很重要的。……当编辑反正不能偷懒，白天晚上都得看稿子，这的确是非常辛苦的职业。图名图利，什么也图不上。但是，现在确实也有人想拿当编辑作为爬上去的桥梁，比如当作家，要不然他上不去。当了某出版社、某刊物的编辑，好象就可以办到这一点，就可以利用职权把自己的作品不断地送往别的出版社或在自己出版社里出版。象这样的人，我觉得第一不是好编辑，第二这样的编辑也当不长，他坐不住，也受不了这个苦。①

想当好编辑不仅不能图个人名利，还得冷静地、实事求是地对待可能受到的委屈，要有奉献精神。韦君宜以自身经历为例，说明编辑有时甚至要为作品"背黑锅"。"名和利你不能考虑。现在作品出了名是作家的，作品有什么错误你做编辑的可跑不了。"②作家张洁曾经这样评价韦君宜："当年与她同为清华大学学潮的风云人物、与国民党谈判小组的数名成员，1949年后，有人官至宰辅何论侍郎，而她是官越做越小。但她志不在此，我从没见过像她这样，对论资排辈的'排行榜'如此淡漠的人，而且一门心思，绝无半点做戏的

---

①　启治：《耕云播雨四十春——韦君宜畅谈编辑的素质、修养、职责和作风》，《编创之友》1983年第1期。

②　启治：《耕云播雨四十春——韦君宜畅谈编辑的素质、修养、职责和作风》，《编创之友》1983年第1期。

成分。"①

1981 年，韦君宜应邀到长春讲座。她开头就说：

> 当编辑首先要有事业心，要热爱这一行，不能有私心，不能有名利观点。如果想通过当编辑达到什么个人目的，以为当编辑能爬上去，那肯定是要失败的。第一，根本达不到这个目的；第二，时间长了要引起很多人反对，作者读者有意见，刊物也办不好。……编辑工作是吃力的，而且还吃力不讨好。当部长的，可以让秘书起草讲话稿，他上台去讲，但做总编辑的就绝对不能请别人写稿。不能让别人替写，而且还要替别人写稿，比如编辑写的按语、序言、稿子的说明不好，稿子加工得不够，你得自己动手去干，否则，你再能说会道，也不能做这个总编辑。所以，当编辑就不能怕辛苦，不能偷懒，不能图清闲省事，不能考虑自己的名利。这就是我几十年做编辑的经验。②

后来成为编辑名家的李昕，曾经回忆说：

> 我到出版社后听到的第一堂编辑课是韦老太亲自讲授的。她开宗明义讲当编辑不要想当官。她说，这不是她个人的观点。当年在延安编刊物，她是小编辑，胡乔木是总编辑。胡

---

① 张洁：《你不可改变她》，韦君宜等：《怀念集》，人民文学出版社 2011 年版，第 393 页。

② 韦君宜：《为人民当一名德才兼备的好编辑》，《韦君宜文集》第五卷，人民文学出版社 2013 年版，第 69 页。

对她说，如果你想当官，可以先当编辑部主任，然后当总编辑，这就算到头了，再想当官就不是编辑了。韦老太说，今天她把这句话说给我们听。如果谁不认同这句话，现在就可以调走。她说自己如果早早选择当官，也许今天不是这个样子，官可以当得大些，但是她不后悔。她希望我们都是一些不后悔的人，把编辑当成一生的事业。她这堂课，对我是有醍醐灌顶的意义的。①

在长期的出版实践中，人文社编辑形成了国家文学专业出版社为作者倾力奉献而不求闻达的人文传统。业余作者珠珊创作了一部《爱与仇》，编辑许显卿做了大量工作，深受感动的作者要求将编辑的名字署在书上，并不止一次登门拜访。韦君宜说："她的心意，编辑是十分感谢的，但是我们当然不能将名字署在书上。我们自己也觉得做了一件好事——把一颗珍珠上的尘土拂去而使它放出本有的光芒。可是光芒还是珍珠自己的。"② 在讲演中，韦君宜曾以她熟悉的文坛大家为例，说70多岁的巴金还对发表他第一个稿子的编辑叶圣陶念念不忘；丁玲老是讲起她的第一篇作品发表在茅盾编的刊物上，这说明人民不会埋没编辑，编辑能够做一点事情，不要怕被埋没。③"为他人作嫁衣"，是编辑角色的主要职责。编辑于作品而言，发挥的作用是"把一颗珍珠上的尘土拂去而使它放出本有的光芒。可是光芒还是珍珠自

---

①　李昕：《本色韦君宜》，《炎黄春秋》2015 年第 8 期。

②　韦君宜：《〈爱与仇〉及其作者印象记》，《韦君宜文集》第五卷，人民文学出版社2013 年版，第 115 页。

③　韦君宜：《为人民当一名德才兼备的好编辑》，《韦君宜文集》第五卷，人民文学出版社 2013 年版，第 70 页。

己的"①。从战争年代到建设时期，自我牺牲的奉献精神，已经内化为出版家韦君宜本能的角色规范。

### （二）讲究编辑道德，公平公正对待来稿

编辑是文化产品的重要把关人。编辑需要公平公正对待来稿，体现出编辑的道德，即编德。在西安的一次编辑座谈会上，许多编辑诉苦，说总是被人骂为"交换文学"、"眼里只看着大作家"等，韦君宜严肃地说："不管人家骂的是真是假，我觉得我们当编辑的人，必须公平正直。就是一个小小的编辑，不过你这一关，任何人的稿子，包括什么大作家的稿子，也没法问世。因此，这个权力不能忽视。"她打个比方说："当县官是为民之父母，我们不是为民父母，却是稿子的父母。面对稿子，就得抱着公平正直的态度，决不能说某人和我关系不错，我得稍微照顾一点；或者想，某人我得罪了可不好办，将就一点吧。"她不客气地指出，有的刊物简直办得和同人刊物差不多，这太不好了。她强调说：

> 发现一个好的作者、一部好的书稿，你应当觉得，我这是给祖国发现了一个人才，为人民做了一件好事。从成千上万部、有时甚至是破破烂烂的稿子中发现好的，就不能有私心杂念。繁荣我国的文学事业当然首先靠作者写出好东西来，但要让它被广大读者知道，变成人民的精神营养，就得靠我们编辑了。我们起的

---

① 韦君宜：《〈爱与仇〉及其作者印象记》，《韦君宜文集》第五卷，人民文学出版社2013年版，第115页。

就是发现人才的作用。世有伯乐而后有千里马，编辑必须做伯乐，否则千里马出不来。一个好作者若被压抑下去，那就是对文学事业的破坏。所以，当编辑首先要公平，不管认识的不认识的，知名的不知名的，不管是张三李四，都要公平对待。其次必须耐心，要很耐心，有的作者字写得不好，错别字又多，但若耐心看，有可能发现好的东西。不能不耐烦，我们没有这个权利。①

韦君宜认为，作为一个编辑，决不能赶时髦，不能跟风看稿和决定稿件的取舍，而必须按照客观的标准来正确决定稿件的取舍：

> 你可不能赶时髦。存在主义啦，什么主义啦，看到作品连一定的时间环境都没讲清楚，有点朦朦胧胧、奇奇怪怪的，心想就是什么主义吧，就给用上了。这可不行。……
>
> 有的年轻作者是很容易赶时髦的，有人还会说我不赶时髦你们不登哪。其实，有的年轻作者自己不见得真给生活中的什么事情感动了，他就是为了发表，你当编辑的可不能上当。你不能看现在的青年读者大概喜欢什么，我就赶紧也给什么。可不能这么干。当编辑的一定要头脑清醒。②

在韦君宜看来，鉴别稿件的好坏优劣，是编辑的职责之一。这

---

① 韦君宜：《为人民当一名德才兼备的好编辑》，《韦君宜文集》第五卷，人民文学出版社 2013 年版，第 70 页。
② 韦君宜：《为人民当一名德才兼备的好编辑》，《韦君宜文集》第五卷，人民文学出版社 2013 年版，第 70 页。

并不是一件太难的事。有的时候，不是鉴别能力的问题，而是涉及工作态度。普通读者都能知道作品的好坏，编辑不至于分不出作品的好坏，关键的问题是分出好坏之后，能不能按照客观的标准来正确决定稿件的取舍。1980年，此前曾经因发表批判"伤痕文学"的《"歌德"与"缺德"》而引发争论的李剑，在《湛江文艺》第6期发表小说《醉入花丛》，通过对女红卫兵叶丽的悲惨人生的描写来反思"文革"。韦君宜以此为例说："象《醉入花丛》那样的东西，任何有一点编辑基本常识的人，我想也不会发这样的作品，他却发了。这大概不是由于他丧失了美感，总是另有原因。也许是想引起轰动，也许是觉得这是当时的风气——也可能他从哪里得风气之先，以为最惨、最惊人的东西就好！这不仅是跟风、追风，而且是在创造一种什么风。这就不象是编辑的艺术鉴赏能力太低所致。"① 她认为这牵涉到编辑的工作态度问题，即是否公平正直的问题。

关于如何公平公正地对待名家与发掘新作者，韦君宜认为编辑不能唯名家是从；对已经成名的作家，不但不应该一拥而上，也不能过于客气。江苏作家高晓声因1957年发起"探索者"文学社团被打成"右派"，"归来"后在1980年发表《陈奂生上城》等作品而知名。有一次，《当代》编辑部收到一封署名高晓声、以"江苏文联转"为地址寄来的一篇短篇小说。编辑部看后，觉得不能用，就给高晓声退回去了。高晓声复信声明稿子不是他写的。编辑部核查地址和笔迹，发现的确不是他写的。韦君宜为此专门写了一篇短文《"高晓声双包案"》，发表在1982年1月17日《人民日报》的《文化生活》栏，说明编辑

---

① 启治：《耕云播雨四十春——韦君宜畅谈编辑的素质、修养、职责和作风》，《编创之友》1983年第1期。

部并不是只看名人，高晓声的稿子不行，照样不用。韦君宜在接受何启治访谈时说，之所以会出现这种"高晓声案"，就是因为社会上对编辑有误解，认为编辑只看重名家稿件。"这稿子如果是业余作者的，早不能登了，因为是名家写的，我们没法不登。""这是深深值得编辑部大家警惕的。""这说明，我们的编辑不是没有鉴别能力。这是思想作风问题，不是业务能力问题。这样的作风一定要改。"有人担心公开发表《"高晓声双包案"》，可能引发某些业余作者群起效尤，韦君宜说："除非我们眼睛真瞎，否则怕什么！不管他用什么名义寄来的稿子，如写的根本不行，就照退；如在可用可不用之间，就和这位知名作家联系一下；如果确实写得很好，那就照登。"①

有一次韦君宜收到河南一个投稿者的来信。他说自己有一部百万字的稿子，原来寄给中国青年出版社，被退稿了。他坐火车去北京，希望能感动中青社，结果还是给退稿。有朋友提醒他说，必须带着香油、花生等土特产给编辑送礼，少一样也不行。现在他把稿子寄人文社，看看能不能公平办事。韦君宜把这封信转给中青社，中青社副总编辑回信说，这部稿子确实无法采用。韦君宜又把稿子交给人文社编辑，要求一周看完。编辑审看后，也说这部稿子根本不能用。韦君宜分析说，作者想当然以为，自己写了百万字出版社编辑还不能发表，那就是要受贿。这样没有道理的指责，实在让人生气，她相信大多数编辑不是这样子的。但韦君宜也理解。她说，把人家的指责一概顶回去，好像也缺乏自我批评精神。"我们一点值得自我批评的地方也没有吗？比如我自己的工作，一丁点的照顾也

---

① 启治：《编辑的素质、修养、职责和作风——韦君宜访问记》，《韦君宜文集》第五卷，人民文学出版社 2013 年版，第 132—133 页。

没有?"韦君宜承认:有名的、老作家的作品和少数民族作家的稿子,多少有一点照顾。敬老尊贤、团结少数民族,出版社有这个责任。但对所有稍有名声的人,一律迁就就不妥当了。"名人的稿子被大家争着抢,刊物又这么多,有些人被逼得没办法,随便写,有的刊物也不分好歹就采用,这种事情是有的。对青年作者严,对大小名人松,这种情况比较多,我们应该警戒自己。""对自己要求要严,对朋友也要这样,对熟人与生人标准一致,这说起来很容易,做起来不容易。我们是给人民办刊物,不是办同人刊物,不能自己喜欢什么发什么,不喜欢的就不发。编辑必须兼收并蓄,百花齐放,否则有亏职守。做编辑的道德就是公平正直,为国求才,要有这种心胸才能干好工作。"①

　　与编辑要坚持看作品不看人的原则相关,韦君宜认为,另一边,作者也不要怕退稿。成名作家认为退稿是对他的极大羞辱,或者只是给他提了点修改意见就生气,这不是好的作风。她自己就曾被退过稿,也没有生气,反而认为这个刊物很好。再以修改来说,人文社在"文革"前曾有过争论。有编辑力主不能修改作家的文章,所谓"文章千古事,得失寸心知"。韦君宜认为这种看法是错误的。帮助作家修改好作品应该是编辑部的重要职责之一,而作家对编辑部的意见应该认真地考虑。她以自己为例:"如果有些辞句我是用了心的,他删掉或改成流行语言,我也很不满意,看校样的时候就改回来。但凡是好的意见,提得中肯的我就一定接受。认为别人对自己作品有意见就是羞辱,这种心理状态必须改变。"蒋子龙的中篇小说《赤橙黄绿青

---

① 韦君宜:《为人民当一名德才兼备的好编辑》,《韦君宜文集》第五卷,人民文学出版社 2013 年版,第 71—72 页。

蓝紫》原是某文艺月刊的退稿,《当代》看后觉得基础还好,提意见请他改。作品经过修改,大大提高。"这是好事,编辑所起的作用就在这里。"有的老作家对编辑盲目崇拜时兴的名家有意见,韦君宜认为应该考虑这一点,她建议编辑"不要逼着七八十岁的老头老太太,要他们写出小说来,写点史料也可以嘛,零碎的散文也可以瞧瞧。对他过去站得住的作品评论评论,介绍一下他的创作特色也好。如果使老作家感到很冷落,也不合适"①。

### (三)要有专业修养与业务才干

过硬的专业素质,是编辑出版工作的坚实基础。除了奉献精神、职业道德,编辑还需要专业修养与业务才干。

第一,编辑要有学习的兴趣与能力。在韦君宜看来,编辑所有的素质,都建立在学习之上。她说:"学习是极其必要的,不学习万万不行。我们有的编辑整天忙得要死,不读书,有的甚至自满自足,觉得很够了,其实差得远。我也常感到来不及读书了,但还是时刻觉得书是非读不可。文字也得经常练习,一点不能马虎。读书,练笔,必须经常做。"② 韦君宜十分强调编辑对自身专业素养的强化,认为一个具有专业素养的编辑应该通过学习获得广博的知识:

---

① 启治:《编辑的素质、修养、职责和作风——韦君宜访问记》,《韦君宜文集》第五卷,人民文学出版社 2013 年版,第 133 页。
② 启治:《编辑的素质、修养、职责和作风——韦君宜访问记》,《韦君宜文集》第五卷,人民文学出版社 2013 年版,第 129 页。

　　编辑的才首先是专业修养，要学习，要知识广博。我们往往有一种观念，认为这个人写小说不行，让他去当编辑吧，这是不对的。编辑是另外一行，不是写不好小说的人才去当编辑。编辑处理稿子首先要有修养，能辨别作品好坏。一般地看看作品好坏，是任何一个读者都可以的，编辑不能只有这个水平。编辑要知道作品何以好何以坏，为什么读者喜欢或者不喜欢。不喜欢的是真的不好，还是读者没这个水平。编辑必须学习，读许多书，掌握较多的知识，作品中所写的那些事情必须基本知道。除读文学作品外，还要读许多理论，读马列主义，读文学理论，要有理论修养。以文学理论来说，什么《歌德谈话录》，前些年提倡的别林斯基、杜勃罗留波夫的著作，中国古代的诗话、词话、《文心雕龙》等中外古今著作都要读，都要懂一些，要有这方面的学问。[1]

　　在很多个场合，韦君宜都提到在自身的成长过程中，胡乔木、邵荃麟、林默涵等领导要求她通过读书、练笔提高基本功的切身体会。编《文艺学习》时，林默涵给她开了一大张"文学青年必读书目"。韦君宜把这张表贴在家中墙上，看过一本圈掉一本，以后全看完了。"看得多了，自然有用，到现在还有用。有这个底子，稿子是好是坏，达到什么水平，有什么问题，就能说清楚。"[2]胡乔木批评韦

---

[1]　韦君宜：《为人民当一名德才兼备的好编辑》，《韦君宜文集》第五卷，人民文学出版社 2013 年版，第 72 页。

[2]　韦君宜：《为人民当一名德才兼备的好编辑》，《韦君宜文集》第五卷，人民文学出版社 2013 年版，第 72 页。

的文字要好好推敲，她就认真地练笔。[①] 年轻时韦君宜经常说，自己这一辈比鲁迅、郭沫若、茅盾等前辈的学问差多了。这一代外文底子都不足，来了外宾没有几个能与人家直接谈话。出版业评定业务职称，要求凡副编审以上必须精通一门外语，但当时的编辑却少有精通的。韦君宜希望，下一代的编辑、作家不应该再是这样子，而应该青出于蓝而胜于蓝，应该努力学习。不单是文学和外语要学，经济学、自然科学……知道得越多越好。"当编辑要碰到各种知识，范围广得很。不学习，只凭小聪明写点小文章，不只成不了大作家，也成不了好编辑。"[②]

第二，编辑要耳目灵通，善于社会交往。通过社会交往获得信息，对编辑工作非常重要。"不管当哪一行的编辑，重要的一条是要耳目灵通。十分闭塞的人，或书呆子是当不好编辑的。编辑应当是社会活动家。"耳目灵通，"这不等同于过去的所谓'政治把关'。你知道一点当前的政治形势和文艺界的情况，对你订计划，看稿子，出书，肯定有很大的用处"。不少编辑不关心政治时事，韦君宜说："我到出版社就强调开编辑月会，传达文件，介绍、交流情况，通气。你向作家组稿不能光要他给写稿子，这样谈不起来，没有共同语言，组稿的任务也完成不好。因此，不但要知道上级指示精神，最好是常到群众中跑跑；不但和作家交朋友，最好还要和读者交朋友。"[③] 韦君宜

---

① 启治：《编辑的素质、修养、职责和作风——韦君宜访问记》，《韦君宜文集》第五卷，人民文学出版社 2013 年版，第 135 页。

② 韦君宜：《为人民当一名德才兼备的好编辑》，《韦君宜文集》第五卷，人民文学出版社 2013 年版，第 73 页。

③ 启治：《编辑的素质、修养、职责和作风——韦君宜访问记》，《韦君宜文集》第五卷，人民文学出版社 2013 年版，第 128—129 页。

认为，人文社独占文学专业的局面以后肯定保不住，各省都在成立地方文艺出版社，争夺作家和作品的现象在所难免；编辑今后的工作不仅是编书出书，还要和作者多联系、多交心，参加到竞争行列中。[①]在地方出版社大发展的趋势中，这是颇具预见性的。

第三，编辑要有鉴别稿件好坏优劣的能力。编辑的职责，首先必须很细心地看稿子，从挑小毛病到大问题，都要帮助作者好好想一想，替作家设身处地想出点建设性的好主意来。不要光指责作者。对生活底子好而作品结构差的稿件，不能来个简单退稿，埋没作家。韦君宜曾经严厉批评所谓"处理烂稿子的通行办法"："抓一把，瞧一瞧，甚至翻都不翻就退稿，或者看那字迹难看就不看。不能那样做。"对来稿无论如何不能拿来就扔。看到那稿子有点苗头，编辑就应该认真地看下去，要有耐心。[②]

第四，编辑还需要有修改与加工稿件的能力。修改稿件，首先不能以自己的好恶为标准。"喜欢洋气华丽的就觉得朴素的不好，喜欢风格朴素的就觉得意识流的要不得，这都不对。"其次不能随便乱改，碰到自己不懂的问题必须要查要问。"作者的稿子编辑不能乱砍，但完全不动也不行，要动得准确恰当，这是大有讲究的事情。做编辑重要的不是改人家的文章，而是给作者提出正确的意见，帮他当参谋。"要给作者当好参谋，就需要严肃认真的态度与博学多识，否则容易出错。韦君宜举了个例子：有一个编辑把清朝人写的说话体小说中的"列公"、"看官"全改成"读者"。他不知道"读者"这个称呼是现在

---

① 苏福忠：《韦老太，你慢走!》，《黄河》2002 年第 3 期。

② 启治：《编辑的素质、修养、职责和作风——韦君宜访问记》，《韦君宜文集》第五卷，人民文学出版社 2013 年版，第 130—131 页。

才有的，出这样的笑话就是缺乏知识所致。[①] 韦君宜认为编辑在文字加工方面，要扮演好"理发匠"的角色。对于作家的稿子，不能只字不改照原稿发排。她自己的干校题材小说《洗礼》给了《当代》杂志。几个人看过了，主编秦兆阳亲自提了意见，韦君宜做了大修改。到了已经发排的程度，责任编辑贺嘉又提出一些意见，韦君宜再做修改。她诚恳地说："不管你是总编辑的意见，还是小编辑的意见都应该考虑。不要怕人家提意见。"稿子是难免有毛病的，编辑一点意见也不提，这是刊物容易出错的原因之一。负责任的编辑，应该扮演好"理发匠"的角色，"把头发理得光洁一点，去掉那些本可以没有的毛病"[②]。但是，要掌握"理发匠"角色的分寸。文字与风格都是作者的，不能把编辑风格塞给作者，而只是帮助作者修饰、理顺。因为"稿子的删改，既牵涉到技术上和艺术上的问题，也牵涉到思想内容上的问题，是应该慎重处理的"[③]。总之，编辑的修改，是要"到位"而不"越位"。

第五，编辑还要有一定的创作能力。关于编辑应否从事写作问题，出版界一直存在不同的意见。有人提出编辑工作与写作的矛盾，或认为编辑无暇于创作，或认为编辑从事写作消耗时间，妨碍集中精力看稿编稿，是不务正业。韦君宜支持编辑进行创作，认为这是提高编辑社会地位的需要："提高社会地位要靠自己去努力争取，不能老当印刷厂，你有

---

①　韦君宜：《为人民当一名德才兼备的好编辑》，《韦君宜文集》第五卷，人民文学出版社 2013 年版，第 73 页。

②　启治：《编辑的素质、修养、职责和作风——韦君宜访问记》，《韦君宜文集》第五卷，人民文学出版社 2013 年版，第 131 页。

③　启治：《编辑的素质、修养、职责和作风——韦君宜访问记》，《韦君宜文集》第五卷，人民文学出版社 2013 年版，第 131 页。

书，我来出。出版社领导应舍得给编辑一点时间，让他们写点东西，有人担心这会影响他们不愿意一辈子干编辑。我想这样干恐怕还是利多于弊。今年我们召开了中、长篇小说座谈会，又两次在京开过中、青年评论家座谈会，自己的编辑也出去参加其他学术活动。我社编辑中有四十多个作协会员，这次出席文代会有十八位代表，他们自己都写东西。"[①]之所以支持编辑写作，是因为韦君宜发现在编辑出版过程中编辑存在两个问题："一、我费尽全力出了书，常常没有人注意。因为没有固定的书评队伍对书进行评论，而评论刊物的编辑部自己既看不过来，也无法把每本书都找人进行评论，书的社会影响就不大。二、我向不写作，我和我的作者们缺少共同语言。又由于政治形势经常支配着文艺，他们大概以为我只会'政治把关'而已。"[②]韦君宜在接受何启治访谈时认为，"我觉得实际上也是在作家、读者中要有点发言权，就需要自己也写一点东西。自己写一点才知道作家的甘苦，知道作品怎么不容易形成。搞创作，并不是张三要捏扁了就扁，李四要捏圆了就圆。你自己写一写就懂得这么个道理，就有这么个好处"。但与专业作家不同，编辑练笔是为了更有利于而不应该妨碍编辑做好本职工作。[③]"如果是以编辑工作为据点，认为可以写文章往刊物上塞，这就是旁门左道了，用这种办法当不了作家，天下也没有这样的作家。"[④]总之，编辑需要一定的创作能力，

---

① 韦君宜：《新形势下的文学出版工作》，《韦君宜文集》第五卷，人民文学出版社2013年版，第352页。

② 韦君宜：《有感于编辑从事写作问题——〈美的探索〉序》，《韦君宜文集》第五卷，人民文学出版社2013年版，第75—76页。

③ 启治：《编辑的素质、修养、职责和作风——韦君宜访问记》，《韦君宜文集》第五卷，人民文学出版社2013年版，第130页。

④ 韦君宜：《为人民当一名德才兼备的好编辑》，《韦君宜文集》第五卷，人民文学出版社2013年版，第73页。

但又应分清主次，以编辑本职工作为重，更不应借编辑之位为自己的作品发表谋求方便。

## 七、捍卫编辑专业精神，建构良性编创关系

公正地对待作者来稿，并不意味着编辑就必须一字不差地看完每一篇来稿。20世纪50年代以来，专业的编辑、作家一直面临广大作者，尤其是业余文学爱好者的误解与要求。比如韦君宜在主持《文艺学习》时，杂志1957年第5期《读者·作者·编者》栏目曾发表长沙地质学校学生夏可为的《给作家茅盾、赵树理的信》，来信者称自己打算写一部40万字的长篇小说，已经写了两万字，但是在写作方法、创作热情上遇到很大的困难，希望能得到两位作家的精神鼓励和技术教导。赵树理复信认为，学生的生活安排有些不切实际，把信、稿子寄给部长们或诗人私人不太恰当。未料，回信引发了七八十件读者来信，批评说"我们的部长、作家和报刊的主编，又为何不可以接受一些群众的来信，看些应看的稿件，帮助些应该帮助的青年呢"，为什么鲁迅可以帮助青年你却打击青年？为什么刊物编辑和作家不辅导青年呢？等等。这些"读者来信"，给专业作家、编辑造成了极大的压力，即所谓"'强大的'读者约束了'犹疑'的编者"①。在走出"文革"阴霾的新时期，文学成为国民抒发情绪的一个出口，写作成为社会大众中的一种潮流。这给专业出版机构的把关人增加了工作难度，提出

---

① 樊保玲：《"强大"的读者和"犹疑"的编者——以1949—1966〈人民文学〉"读者来信"和"编者的话"为中心》，《扬子江评论》2011年第2期。

了更高的要求。韦君宜认为，作为一个编辑，不一定需要一字不差地看完每一篇来稿，有些稿子看上几页就可以肯定决定"要不要得"，关键是编辑要有对稿子"判断准不准，退得对不对"的能力。许多投稿者都希望编辑像老师改作文一样给帮助、提意见，这是一种对编辑职能的误解，反而导致稿件积压，影响正常工作。在韦君宜看来，当编辑并不是办一个辅导学校。"这做不到，当编辑并不是要把投稿者一个一个辅导成为作家。我们的主要任务是办好刊物，或者办好我们的出版社。当然，我们应该花一些功夫，去帮助那些确实有希望的青年作者。但是，不能对一切投稿者都进行这样的帮助，这是办不到的。"韦君宜曾经无端挨骂。有位业余作者在信中说："我这信送到你的手里，我相信你是不会看的，你不过是把它扔到字纸篓里。""象我这样的小人物，哪里值得你大作家、大总编辑一顾。""你们这些人，何必一天到晚宣传鲁迅呢？你们宣传鲁迅怎样帮助青年作家，而自己又说忙呀，忙呀，忙呀，没有功夫来理睬我们。你们宣传鲁迅岂不是骗人吗？"韦君宜回信直言自己不同意关于鲁迅的看法。"鲁迅当时给回信的，是些什么人呢？是在黑暗的中国许多向往革命的文学青年。对这样的青年，鲁迅是一个都不放过的。他不仅是为了文学，也是为了革命。鲁迅也不是办一个文学辅导学校，不管你什么人写了不通的作文送给他，他都给一一批改，告诉你怎么写小说，教给你作文的秘诀。鲁迅是向来反对这么做的。鲁迅如果收到你们这样的来信、来稿，大概也不会看的。何况，现在我们来信来稿的数量和鲁迅那时比，百倍恐怕都不止。如果现在有一个作家象你说的那样，对一切来信来稿都看，对写上自己名字的来信来稿都看，那他就任何别的工作都不用做了。"这位来信者后来复信说，他是北京的一个大学生。他来信骂编辑的目的，是想引起编辑的注意。

作为一名有着丰富经验的老编辑，韦君宜认为，认真看稿、选稿是编辑的基本要求。但编辑的能力在于，可以而且应该通过看稿件开头几页，判断是否看下去。她希望众多的投稿者不要都把稿子寄给她个人，而是把稿子直接寄给编辑部。否则，过多的干扰会影响工作，最终影响稿件的处理。她在多个场合，表达过希望热心的投稿者理解编辑的苦衷。① 在处理"高晓声双包案"时，韦君宜说，之所以把这个"双包案"公布出来，就是希望编辑部引以为戒，改变部分作者和业余作者对编辑的偏见："编辑的工作是十分辛苦的。每日成千份的稿子寄来，既要注意不能沧海遗珠，又要发现那基础较好而有毛病的作品，帮他修改。自己还得进修。工作经常夜以继日。一个个的新作家从编辑手中发现了，成名了，而编辑仍然是默默无闻的编辑。现在反而遭到这样的戏弄，我们是需要作家和读者为我们说几句公道话的。"② 不少业余写作者在初习写作时，经常误认为"'编辑是操生杀大权的'。好像一个青年人能否成为作家，其决定权完全在于编辑"。在韦君宜的编辑生涯中，经常接到作者直接寄到手上的稿子，认为她"在文艺界当侠客济困扶危似的"。在来稿中，有恳求、责骂、威胁……韦君宜对此非常同情，她看过的稿子，意见与编辑部大体相同。但她觉得最好先安慰一下，所以就先努力个别回信，但稿件越来越多，只好一并转到编辑部。在韦君宜看来，文学是社会的事业而不

① 启治：《耕云播雨四十春——韦君宜畅谈编辑的素质、修养、职责和作风》，《编创之友》1983 年第 1 期。

② 韦君宜：《"高晓声双包案"》，《韦君宜文集》第五卷，人民文学出版社 2013 年版，第 92—93 页。

是个人成名成家的捷径：

爱好文学是许多青年共同的。在历史上，青年对文学的爱好常常和对真理的追求，对真善美的挚爱结合在一起。这是一件好事。想成为作家，也并不是坏事。但是，让每个爱好文学的青年全部成为作家，这却是根本不可能的——而且这样也将失去了文学的作用。大家都是作家了，读者没有了，文学还去影响谁？要把每个青年的习作全都发表出来，更不可能。现在国内的文学刊物已经不少，读者直在嚷嚷说太多了，看不过来，也无法选择了。但是，不少青年习作者还是嫌刊物少，说自己的作品没有发表的园地，希望再多开辟若干园地。对于这问题，我们是不是应该想想，办刊物、出书，花费印刷工人、造纸工人……许多劳力，到底是为了给广大读者看？还是只为了开个作文展览会，把一切投稿统统印出来？你自己买刊物买书看，也总是为了从中汲取一些营养，或增长知识，或得到鼓舞，或得到美的享受吧。难道可能只为了同情刊物中的青年作者的作品没人要，就买他一本吗？文学是给整个社会享受的，是社会的事业，这是第一义的。培养青年作家当然也是重要的，是扩大生产力的工作。但它终归不能作为整个文学的第一任务。因此，来稿皆登是绝对不可能的。有退稿是必然的。那些写得不行的作品决不能去浪费大量纸张油墨和读者的精力，不论作者怎样为此伤心着急，也不行。这说来好像很残酷，对作者缺乏同情心。但是，我想讲个故事给同志们听听。宋朝范仲淹曾有一次审阅他所管辖的官员名册，把那不称职的人一笔划掉，予以撤职。旁边有个人说："你这一笔，就要造成一家哭了。"范仲淹回答："一家哭，比一路哭怎么样？"当然，不好的稿子，比不好的官员造成的危害要小得多。但是道理有共同的地方。你的稿子不行，不发它使你不愉快，但是发了它就对不起若干万读者。哪个更重要呢？①

　　针对有的刊物以吸引、培养青年当作家为己任的情况，韦君宜认为存在着角色任务的错位："文学的任务好象不是这样的。我们不能打包票，对外宣称我要保证你成为作家。文学的任务并不是要产生更多的作家，文学的任务是满足人民精神生活的需要。能产生更多的作家当然是好事，但是第一位的任务并不是因为中国知名的青年作家太少，我们要多多地产生知名的青年作家。"②强调编辑的优化选择功能而不是其他，体现了韦君宜对出版人角色功能清醒、理性的认识。

　　因为编辑有所选择，投稿者要充分认识到投稿的难度，"这决不是一件比投考大学更容易的事，恐怕是恰恰相反"。面对投稿者说为什么自己的稿子得不到帮助修改后采用，韦君宜说，原因其实很简单，因为别人的稿子有修改提高的基础。"好像一块好木料做成的家具，外形不美，木工可以修改加工。如果木料本身不行，再怎么砍削也改不成一件美观耐用的好家具。基础好的，改改就行。基础不行的，就不是提意见所能解决。只有从根本上重来。"至于如何重来，韦君宜言之谆谆：

---

　　① 韦君宜：《写给投稿文学青年的信》，《韦君宜文集》第五卷，人民文学出版社 2013 年版，第 82—85 页。
　　② 启治：《耕云播雨四十春——韦君宜畅谈编辑的素质、修养、职责和作风》，《编创之友》1983 年第 1 期。

过去鲁迅早就讲过：不要相信什么创作秘诀之类。世界上根本也没有创作秘诀。要想创作成功，除了老老实实地去学习准备之外，再没有别的办法，而这个学习准备的范围是十分广泛的。首先，你当然得有生活，丰富的生活。而要有丰富的生活首先你本人就得是生活中间的一员。写农村要深入了解农村，写工厂要了解工厂中的矛盾。光有生活不够，你还得有相当丰富的各科知识的修养。光有文学修养是不够的，史地自然，各方面都不能一窍不通，而且愈深愈广愈好。要读很多很多的书。要有对问题的分析能力，自然还得有较好的文字表现能力。更加重要的，你必须对于所写的东西有真正的激情，心中确有一股力量使你非写不可，才去写，写出来才能感动别人，不致成为只为了"当作家"而编造出来的次品。要具备这一切，你就得下狠心去工作、去读书，热心关切人，关切国家的社会主义建设事业。而后还得练笔。勤学苦练，不能写了一点点就一心谋求发表。例如你周围的人，父母、老师、同学、同事以及周围的环境，都可以作为练笔的题目。把他们写出来看看，像不像？反正，把"当作家"作为未来生活的出路，在这一根绳上吊死，是一定不行的。拿这个当生活出路，那真还不如卖大碗茶。卖大碗茶只要你买了茶叶，烧好开水，就一定能泡出茶来，决不会靠不住。而创作，完全有可能你这一次写得成功，下次写却失败。谁也没法打保票。怨天尤人也不中用。所以我劝这些因为想改变个人现状而借助文学为桥梁的，不要再干下去。至于确实对观察生活有兴趣，对文学热爱的习作者，也不能性急。一点点练，慢慢的写。发表也好，不发表总是写得还不行。再力求提高。千万不要相信别人说的走什么邪门歪道可以当作家。那样的"作家"即使真有，当了也没有意思。我看了这么多的投稿和来信，凡是真正露出了才华的作品，附信往往十分谦虚，甚至根本不附什么信。而那些在信里气势汹汹责备别人不发表的，其作品倒往往十分平淡，毫无可取。这，也真是没有办法。至于作品到底行不行，这其实用不着找专门家鉴定。一个人往往缺乏自知之明，你可以把自己的作品交给朋友看看，同已发表已出版为群众所欢迎的作品比一比，到底行不行？这是一般读者都有发言权的问题。如果大家都有文学爱好，不妨进行传阅评论，还可以在墙报上发表。这些都是练习性质。至于说到正式发表，那就不能不要求高一点。你可能说："我是初学，怎么比得上别人？"但是，既然要发表，就不能对初学的和久干这行的采用完全不同的标准。写得多的可能熟练一些。才开始写的可能有漏洞，但也一定得有另外方面的明显优点——例如有新意、特别真切、给人以很不同的感觉，这才能发表。所以，对自己的作品严格要求，毫不放松，这是必要的。不能祈求别人的恩惠去使你成为作家。我们也不相信下一代的青年作家会是这样产生的。①

编辑主体性的重要体现，是对专业精神的守护。对于文学编辑来说，建立于择稿标准基础上的公信力，是编辑专业精神的重要内涵。1981年，韦君宜在对河北省保定市部分业余作者、中国作家协会文学讲习所少数民族学员班讲课时，都曾集中地谈及选择稿件的标准这个问题。

首要的标准是真实。"如果不真实，是瞎编的，那么即使又'善'

---

① 韦君宜：《写给投稿文学青年的信》，《韦君宜文集》第五卷，人民文学出版社 2013 年版，第82—85页。

又'美'，或者自称是什么社会主义新人都不行。"① 作品首先必须是有生活的、真实的，有切身感觉的、真正使作者感动的生活。韦君宜痛切地列举出诸多没有生活瞎编的例子，包括瞎编一些特殊生活的例子，如写蒙古王爷府起义，为了使"路线正确"，瞎编从井冈山毛委员那里直接派人来内蒙古发动起义；写陕北一支由土匪改编的八路军，女头目美丽得像一朵花；大写"抓特务"的小说，编造到处都是隐姓埋名的特务；写农村"联产到劳"的改革，只有空洞的概念……② 要求写作者有自己真实的生活，是韦君宜一直坚持的理念。"作为一个看稿不少的编辑，我觉得：小说，尤其长篇小说，是否写自己所深知的生活，这恐怕是决定创作成败的第一件要紧事。……如果首先所写的并非自己所深知的，而是浮光掠影的生活，那即使你有很良好的意愿，很高的政治热情，以及很巧妙的写作手法，恐怕也难以取得理想的效果。"她以获得首届茅盾文学奖的六部作品的成功经验以及作家写自己不熟悉的农村青年劳模、地下党等题材的失败之作为例，说明了解生活的重要性。作品的失败，主要原因在于作者不去扬长避短而偏要弃长就短，写自己不熟悉的生活。③ 1982年，韦君宜在写给一位作家的信中，对作家违背生活真实原则编造的教训作出深刻的反思。这位作家此前在人文社出版过著作，"文革"结束后拟着手修改。但是，韦君宜认为他的作品没有再版的价值了，"这是因为当时有'四人帮'的枷锁，有他们那一套'三突出三陪衬'、'阶级斗争为纲'、'不

---

① 韦君宜：《我们的选稿标准（对河北省保定市部分业余作者谈文艺作品的真实性问题）》，《韦君宜文集》第五卷，人民文学出版社2013年版，第77页。

② 韦君宜：《从编辑角度谈创作》，《民族文学》1983年第1期。

③ 韦君宜：《好作品从深厚的生活中来》，《韦君宜文集》第五卷，人民文学出版社2013年版，第86—88页。

许夺第一号人物的戏'、'要有路线斗争'等等与艺术无法并存的硬性规定。而我们当时呢，同样是在这个罗网下面喘息着求生存。"创作"根据概念去编造故事，从而扭曲了生活"。比如说为了突出"第一号英雄"，小说编造了一个由日本特务转眼变成苏修特务的人物。但这恰恰使得主人公"缺少只属于他'这一个'的动人细节了"。编造的原因呢，则"是由于当时不言而喻的概念与你所经历的生活不一致，甚至发生了尖锐矛盾的缘故。而且事情搞久了，这种编造竟会成为一种习惯，一种创作的习惯"。作者现在想将特务改为一个造反派。韦君宜认为，这仍然是不行的。因为"这依然是在编造一些生活中没有根据的事情……不按生活的逻辑，而按自己的主观随意性，任意编造故事，结果不但故事说不通，还会影响你写好你所熟知的生活，这恐怕是过去的习惯在作祟"。韦君宜反躬自省，编造故事，是"文革"中作品的共同现象；而自己作为文学编辑，是帮助过作者编过故事的人，"这应该说是一个文学编辑的悲剧，我毫不推卸责任"。①

第二，与真实相关，编辑尤其反对作家"随大流"的编造。"我们编辑部处理稿件时发现，作品的题材常常一阵是这类题材，再过一阵，成千上百的稿子又是另外一种题材。这大概是作者本身没有生活，人家写什么他就写什么；或是自己虽有生活，而放弃了熟悉的东西去赶时髦的缘故。不写自己懂得的东西，而专去写那些自己不懂的东西，我觉得这是青年作者应该注意忌讳的一点。"②

---

① 韦君宜：《写给一位作家的信》，《韦君宜文集》第五卷，人民文学出版社 2013 年版，第 94—96 页。在《文学书窗》发表时改名为《给一位七五年出过书的作家》。

② 韦君宜：《我们的选稿标准（对河北省保定市部分业余作者谈文艺作品的真实性问题）》，《韦君宜文集》第五卷，人民文学出版社 2013 年版，第 78 页。

　　第三，所谓真实，是艺术的真实。并不是将发生过的事情写出来就是真实，而是要有所选择，并做到细节真实。"即便是采写报纸新闻，也需要对事实加以选择。文艺作品把生活里的真人真事照搬上去，那不叫创作，也未必就真实。我们讲真实是艺术的真实。"① 关于"写真实"，韦君宜认为不仅文学创作存在选择这个问题，从自己写作切身体会来看，在写工厂史或其他真人真事的纪实性文本时，也不能完全以"有闻必录"为依据，因为给作者口述材料的人，不是一只照相机、一面镜子，全都无条件地反映一切真实，他们也有不同的观点、不同的立场、不同的理解。写小说与写特写，对生活中浩如烟海的物象必有所选取、有所舍弃、有所生发。② 至于细节真实，韦君宜多次以小说《飞天》为例予以说明。1979 年，《十月》杂志发表了小说《飞天》，因为反映社会的阴暗面而引发争论。韦君宜态度鲜明地认为，从故事情节、女性描写、单位（文物管理处）描写等来看，不真实的细节放一起，故事虽然新奇，但经不起实践检验。③ 因此，要使生活中存在的人物生动鲜活起来，必须加以艺术构思。作品的结构与艺术技巧非常重要。但前提是，只有有了生活基础，编辑才能帮助作者改进结构与技巧的缺点。④

　　第四，真实常常意味着质朴、真诚。韦君宜对都德《最后一课》

---

　　① 韦君宜：《我们的选稿标准（对河北省保定市部分业余作者谈文艺作品的真实性问题）》，《韦君宜文集》第五卷，人民文学出版社 2013 年版，第 79 页。

　　② 韦君宜：《新形式里的老问题——关于工厂史中的"写真实"》，《人民文学》1960年第 12 期。

　　③ 韦君宜：《从编辑角度谈创作》，《民族文学》1983 年第 1 期。

　　④ 韦君宜：《我们的选稿标准（对河北省保定市部分业余作者谈文艺作品的真实性问题）》，《韦君宜文集》第五卷，人民文学出版社 2013 年版，第 77—81 页。

的朴素诚恳、王莹《宝姑》的简朴藏拙、杨绛《干校六记》的平易深刻、莫应丰《将军吟》的朴直真切、《新凤霞回忆录》的一片天真等赞赏有加。她勉励自己说："要说自己去创作，我就觉得对于我这个特定的人，最必需的首先是如何使读者相信我所写的。信我是真心，并非假意。我总觉得一个作家如果做不到这一点，而先以别的东西取胜，那就难免匠气，好似模糊了人所以要写作的纯洁的目标了。……为此，必须跟读者开诚相见，老老实实用心写去。"①

最后，对于青年作家来说，写真实重要的是深入生活，积累生活。要克服随大流编造的毛病，"唯一的办法就是下去生活。要写工农兵，你就得懂得工农兵，你不写工农兵，也要懂得你所写的那些人"②。但是，韦君宜同时指出，自己这么强调生活对于创作的重要性，"决不是主张'到处有生活'"。她也反对一些作者通过走马看花的短期参观访问调查，去熟悉自己所不熟悉的新生活。这对写诗、写散文、写报告文学有帮助，但写长篇来说这是不够的。"长篇对生活的要求是深知，不是浅知。"与对真实生活的强调相关，韦君宜直言大学可以训练学生的文学知识和文字能力，但不能以培养作家为目标，因为不可能通过讲课使学生具备生活底子和艺术才华。学生不可能写出好的长篇小说，就因为没有生活积累。因此，韦君宜极不赞成大学开办"创作专业"，那会使毕业生既不能创作又不能安心去当教师、当编辑。好作品只能从深厚的生活积累中来。③

---

①　韦君宜：《多师是我师》，《文学评论》1983 年第 6 期。

②　韦君宜：《我们的选稿标准（对河北省保定市部分业余作者谈文艺作品的真实性问题）》，《韦君宜文集》第五卷，人民文学出版社 2013 年版，第 77—81 页。

③　韦君宜：《好作品从深厚的生活中来》，《韦君宜文集》第五卷，人民文学出版社 2013 年版，第 86—88 页。

韦君宜上述对编辑选择稿件的标准的思考，既体现了她作为一名成熟的作家对文学创作方法、技巧、风格与态度等多方面的要求，更体现了她作为一名文学出版家对编辑专业精神的要求。

而就稿件修改而言，韦君宜认为最重要的是编辑应该坚定地提出自己的专业性意见和看法，编辑和作者应该互尊互谦。编辑是给作者当参谋的。有的作者需要有参谋才能写好作品。她以自己替别人当参谋多年的经历为例，编辑希望作者把作品改好，有时主意可能出坏了，或者作者不愿意修改，但总体上，编辑的意见是有用的、有启发的。以前，"作家受到很大的束缚，编辑部又被上边捆得紧紧的，上边没有正面指示，一会儿来一个小道消息，叫怎么写就去指挥作家怎么写。是编辑指挥作家写作。现在这种局面已经过去，编辑不再让作家服从我们；作家也能思想解放，大胆创新。但情况又有点变化，有的作者想怎么写就怎么写，别人还不能提意见，不能改，提意见就说你思想僵化。对这种情况，编辑还是应该坚定地提出自己的意见和看法的"①。李昕曾经听韦君宜讲座中说，"当编辑不能怕得罪人，不但不怕得罪小作者，而且要不怕得罪名家。为了保证书稿质量，对名家也要一视同仁，该改的稿子，就得严格要求作家改。如果作家不接受意见，把稿子交给别家出版，韦老太说，这也没有什么，'不是我们的损失，而是作家自己的损失'。讲话中透出一种自信，令人叹服"②。

编辑与作者之间的关系，折射出一个时代的文化风习。20世纪

---

① 韦君宜：《为人民当一名德才兼备的好编辑》，《韦君宜文集》第五卷，人民文学出版社2013年版，第74页。

② 李昕：《本色韦君宜》，《炎黄春秋》2015年第8期。

50 年代至"文革",文学成为社会情绪表达的重要渠道之一,梦想当作家几乎成为社会的一种时尚。而由于革命战争甫定、语文教育程度较低等原因,从各行业冒出的作者写作水平普遍有限,作为职业把关人的编辑为热情有余而水平不足的作者费心改稿,成为文学编辑出版界的突出现象。《人民文学》杂志主编秦兆阳曾在 1956 年 11 月 22 日的全国文学期刊编辑工作会上论及编辑改稿的苦心、苦衷。他认为稿子需要修改,主要是因为:"第一,我们战争这么多年,学校里的语文教育不能同事变以前比,因此,很多的新作者语文程度很低,常有文理不通的现象。第二,不知道为什么,现在写东西的人,无论是搞理论的或是搞创作的,不大注意在自己的稿子上多修改几遍……"①从文字规范方面不厌其烦的细节修改,到《林海雪原》、《红岩》等革命历史小说问世过程中编辑的"深度介入",再到"工农兵作家""三结合"写作等特定历史潮流中编辑为扶持"文学新人"而勉力甚至违心以从的尴尬与无奈,在特定的历史时代,建构起了一种特定的编创关系。人文社名编辑龙世辉曾费尽心力,将一堆粗糙的《林海雪原荡匪记》手稿,打磨成名垂书史的《林海雪原》这一经典。作者有着丰富的战争经历,原稿有着革命英雄叙事天然的可读性,但毕竟初事长篇写作,作品艺术与文字上不尽如人意。梦想当作家的曲波把原稿投到出版社来,在应出版社要求修改过一次后忐忑交稿时仍自谦地表示:他只读过六年书,改起来有一定困难,恐难达到要求,还需要出版社进一步加工。像大多出书心切的作者一样,他委托编辑部对稿件全权处理。出于编辑的责任感与对文学的热情,更出于那个年代把编

---

① 秦兆阳:《在文学期刊编辑会议上的发言》,《秦兆阳文集 5:文学评论》,武汉出版社 2016 年版,第 135 页。

好革命英雄史诗当作政治任务的高度觉悟，龙世辉费时三个多月，孜孜矻矻，全力投入，修改增删，整理编校，终于将小说打造成经典。一举成名的作者曲波为表示对龙世辉为人作嫁衣的感谢之情，特意挑了一精装本赠送给他，并在扉页上郑重致意："在英雄们事迹的基础上，加了您和我的共同努力，我们的友谊和它一起诞生。"时任社长王任叔调阅了饱含着龙世辉心血的编校样稿后，下令正式授予他编辑职称，工资提升两级。一部《林海雪原》，成就了作者、编辑与出版社，可谓皆大欢喜。

但没过多久，在"革命至上"的政治气氛中，马上有读者指出小说中关于少剑波和小白鸽的恋爱情节有小资产阶级情调，亦有专业批评家认为爱情描写"累赘，损害了小说"。小说中的爱情描写，本是龙世辉在编辑过程中费力帮助作者将这一情节丰满、完善的重点部分。1959 年小说再版时，经过反思的龙世辉接受读者意见，抱着后出转精的编辑职业追求，决意对小说进行修改。恰逢曲波出差在外，龙世辉就没有征得其同意，像初版时接受"委托"加工编辑一样，自行对书中的恋爱情节作了删节修改以淡化爱情描写色彩。孰料再版后，见到样书的曲波大怒，告到出版社的上级，龙世辉因此受到了严厉批评。当代学者李频对小说编辑过程中曲折的历程有过深入的编辑学案分析。尽管对龙世辉的编辑功夫与贡献心存敬意，但"作品总是属于作者的"，李频对龙世辉"自信"处理《林海雪原》再版本时的斧凿之举，仍认为"终究是一个误区"，"贴上否定性的标签而又出示警惕性的黄牌，并不是由于非出版科学的原因，而是对出版科学规律的尊重"①。而与研究者李

① 李频：《龙世辉的编辑生涯——从〈林海雪原〉到〈芙蓉镇〉的编审历程》，河南大学出版社 1992 年版，第 39 页。

频的理性相比，同行对龙世辉因擅作修改而为作者不理解招致的苦衷，可能更有着一份"了解之同情"。时为龙世辉领导的韦君宜在纪念"老龙"的《负疚》一文中，对其遭遇委婉地鸣不平："那位告他擅改作品的作家，过去没有名，自己能编故事，而文字欠佳。老龙帮他改，常常改完了再给作者看，甚至不给作者看。作者视为师友。没想到这次再版的时候老龙想起一段该改的，还用老办法，可是作者已经出名，今非昔比，就告了那一状。"[1]韦君宜曾经说过，像《高玉宝》、《把一切献给党》等工农作家出身的书稿，编辑花了很大的力气。固然没有吴运铎就没有《把一切献给党》，作者是主要的——但是，读者只知高玉宝、吴运铎，而编辑却默默无闻，这太不公平。[2]编辑与作者关系不正常，在特殊的历史时期会给编辑带来不应有的错位甚至是伤害。韦君宜对龙世辉的同情，蕴含着她对良性的编创关系深刻的思考与渴望。

## 八、创办文学报刊

新时期以来，随着出版工作的逐渐恢复，人民文学出版社在主抓图书出版的同时，通过多种途径提升专业影响力，其中的重要举措之一，就是打破当时出版社不办报刊的传统，先后创办大型文学期刊《新文学史料》、《当代》、《新文学论丛》、《海内外文学》、《文学故事

---

[1] 韦君宜：《负疚》，《韦君宜文集》第四卷，人民文学出版社 2013 年版，第 477—478 页。

[2] 启治：《耕云播雨四十春——韦君宜畅谈编辑的素质、修养、职责和作风》，《编创之友》1983 年第 1 期。

报》等。韦君宜对此多有支持，表现出可贵的探索精神。

## （一）《新文学史料》

1978 年，在胡乔木的提议下，人文社领导楼适夷、严文井、韦君宜等积极筹划，创办了《新文学史料》。杂志由《人民文学》杂志社主办，由人文社现代文学编辑部、五四文学组承担刊物的编辑和出版工作。韦君宜对此刊物支持极大。当时牛汉还没有完全平反，韦君宜就调他去参加《新文学史料》的筹备工作，作为《新文学史料》筹备组成员。1979 年，牛汉平反恢复党籍后即任现代文学编辑室主任、《新文学史料》主编。

《新文学史料》发刊词说：

这个丛刊以发表五四以来我国作家的回忆录、传记为主，也刊登这个时期有关文学论争、文艺思潮、文艺团体、流派、刊物、作家、作品等专题资料，刊登有关的调查、访问、研究、考证，还选登一些过去发表过的比较重要但现在不易看到的材料和文物图片，以及当前有关文学史工作的动态、报道和对已出版的中国现代文学史的介绍、意见等。为了更好地了解五四以来的新文学是怎样在斗争中发展起来的，本丛刊也将适当刊登一些有关的反面材料。

本丛刊以 1919—1949 年这个时期为中心，在此前后，即近代时期和社会主义时期，为了衔接，也适当发表一些有关的资料。

作为新中国首个专门回顾、研究、总结"五四"新文化运动以来中国新文学发展历史的杂志,《新文学史料》从不同角度极大地还原了"五四"以来中国文学丰富鲜活的历史图景。在极左思潮影响犹在、文坛仍显荒芜的时期,《史料》的出现具有抢救历史资料、恢复文学记忆、还原新文学图景、沟通连接文学传统的重大意义。一批名家名文,如茅盾的《我走过的道路》、冰心的《记事珠》、沈从文的《从文自传》、《胡风回忆录》等老作家的回忆性文章都是在《新文学史料》上首发,掀起了 20 世纪 80 年代老作家怀旧散文、反思散文的潮流,对于文化积累和学术建设贡献甚巨。新时期初期,编辑围绕着时兴的名家打转,在大力扶持青年进行创作的同时,韦君宜认为应该兼顾老作家,但不一定非要他们写出新小说,而重点可以写史料。[①] 她充分认识到老作家的史料价值以及发掘、抢救史料的必要性、紧迫性。《新文学史料》成为"五四"一代老作家在 80 年代重返文坛的主要途径,回忆录则成为老作家回归的主要方式。[②]

### (二)《当代》

1978 年底,孟伟哉、屠岸等人向韦君宜提议创办一个大型文学刊物。[③] 在韦君宜的推动之下,1979 年 7 月,人文社创办大型文学刊

---

① 启治:《编辑的素质、修养、职责和作风——韦君宜访问记》,《韦君宜文集》第五卷,人民文学出版社 2013 年版,第 130—131 页。

② 金鑫:《八十年代老作家回忆录初论——以〈新文学史料〉为例》,《文艺争鸣》2014 年第 12 期。

③ 孔令燕:《记忆,在叙述中重现——纪念〈当代〉创刊二十周年往事回顾座谈会》,《当代》1999 年第 3 期。

物《当代》。韦君宜不仅大力支持时任现代文学编辑室副主任孟伟哉的建议，还改定上交给出版局的报告，在此基础上修改成发刊词，即《〈当代〉发刊的几句话》。在其中，韦君宜说明了创办刊物的最初动机在于："为了满足广大读者的愿望，繁荣我国社会主义文学，我们想办个刊物，把一些呕应出来而不能很快出来的好作品发表，为广大的作家开辟发表作品的新园地。"关于刊物的特点，韦君宜列出如下几点：

第一，我们的刊物是大型的，每期有五十万字左右。篇幅大一点，好处是可以容纳中型以上的作品。

第二，是综合的，举凡文学作品的各门类——小说、诗歌、戏剧、散文、小品、评论兼收并蓄，无所不容。但是我们将着重发表长篇小说，中篇小说和一部分戏剧文学。创作要发表，翻译作品也刊登，特别是当代国外的著名作品更要努力介绍，要让我们的读者通过艺术形象了解今日之世界。搞四个现代化，科学技术要积极引进，文学艺术也一样，外国的好东西应当借鉴。

第三，我们希望多发表新作家的新作品。还在三十年代，鲁迅就大力提倡办文艺刊物要着重培养新作家，每期都要有新作家的名字出现，这才是文艺兴旺的现象。在我国实行四个现代化的这个伟大时代，文艺上执行百花齐放，培养新作家，扶植新作家，意义更加重大。不言而喻，培养新作家，扶植新作家，一点也不排斥老作家，我们同样非常欢迎老作家给我们撰稿。

我们这个刊物选稿的标准从宽不从严，特别要打破条条框框，如"四人帮"的什么"三突出"那一套，我们毫不讳言就是要与之针锋相对。希望题材多样化，主题思想也多样化。凡有积极意义，艺术技巧又有一定成就，各种风格的作品我们都采纳。文艺作品第一要求思想性，这是毫无疑义的，但决不能忽视艺术性，艺术作品总要求有艺术；标语口号式的作品，即使思想上站得住，而艺术上很差，那样的作品，我们一定不取。①

《当代》于 1979 年出版了 3 期，1980 年出版了 4 期，为季刊；从 1981 年第 1 期（总第 8 期）起正式确定为双月刊至今。1979 年创刊号发行 7 万册，此后逐期递增，到 1981 年第 1 期达 55 万册，创下了《当代》最高发行纪录。杂志以"直面人生，贴近现实"为方针，以倡导现实主义文学为主旨，发表大量当代文学史上的名著，如"伤痕文学"有莫应丰的《将军吟》等长篇，以及遇罗锦的《一个冬天的童话》、路遥的《惊心动魄的一幕》等中篇；"反思文学"有古华的《芙蓉镇》、陆天明的《桑那高地的太阳》、王蒙的《活动变人形》、刘心武的《钟鼓楼》等长篇以及王蒙的《布礼》等中篇；"改革文学"有柯云路的《新星》、《夜与昼》、《盛与衰》，张炜的《古船》等长篇，以及张贤亮的《龙种》、蒋子龙的《赤橙黄绿青蓝紫》、邵振国的《麦客》等中短篇。在第一、二届茅盾文学奖九部获奖作品中，有三部首发于《当代》，即莫应丰的《将军吟》（1979 年第 3 期）、古华的《芙蓉镇》（1981 年第 1 期）和刘心武的《钟鼓楼》（1984 年第 5、6 期）。杂志以其鲜明的当代性、现实性，对当代文学影响深远，至今仍为中国最重要的大型纯文学期刊之一、现实主义文学的重要媒介之一。

① 韦君宜：《〈当代〉发刊的几句话》，《韦君宜文集》第五卷，人民文学出版社 2013 年版，第 347—348 页。

其发刊词中特别强调培养新作家的意义。从 1982 年第 3 期起，杂志专门设立《本期新作者简介》栏目，单独介绍新作家。1983 年，《当代》曾推出增刊《新人新作专号》，为不断涌现的新人提供发表的园地。韦君宜从 1983 年开始担任《当代》主编，一直到 1984 年第 4 期起，刊物正式的署名主编为秦兆阳和孟伟哉。除了组稿，韦君宜还在《当代》上发表散文《当代人的悲剧》，中篇小说《洗礼》、《妯娌》。其中发表于 1982 年第 1 期的《洗礼》获得全国优秀中篇小说奖和"《当代》文学奖"。

### （三）《文学故事报》

与当下文学界广为人知的名刊《新文学史料》、《当代》相比，韦君宜对"小报"《文学故事报》的情有独钟与倾力扶持更不为人所熟知，但却更见出她对文学出版的独特理解。

1979 年 10 月，人文社以总编室的名义，创办内刊《文学书窗》。刊物以宣传人文社出版物为宗旨，共出 52 期，平均期发 2 万多份。《文学书窗》在文学出版界产生了广泛的影响，"最主要的是，它将作者、译者、编者和读者紧密地联系起来，对内能促进我们的编辑出版工作，对外也能很好地宣传我们自己。尤其是对新华书店的采购人员了解我社的出版物，扩大发行量，有无可替代的作用"。1984 年，文学出现庸俗化苗头。10 月，韦君宜到南方出差，看到各地图书市场流行许多小报，充斥着色情和暴力等内容。怀着引导读者阅读趣味的责任感，她提出将《文学书窗》改为公开的"小报"，用经过改编的古今中外的文学故事、用健康的精神食粮去占领一部分读者市场，以纯正的品格为文学园地激浊扬清："我想，群众为什么喜欢小报，因为他们喜欢情节故事新奇，又要浅显。看来不费脑力，简短，几分钟随手看完，又要便宜，几分钱买一张，看完就好扔。我们古今中外有那么多的文学作品，难道找不出能与坏东西竞争能争取群众的东西？把一切文学宝库中的故事拿出来给群众尝一口嘛！这就是我们当初想办这个小报的动机。"①鉴于《文学书窗》影响很大，不少老编辑一开始反对将其改变风格、公开发行。但在韦君宜看来，"她要将高雅的文学普及下乡，让我社的出版物也能发行到广大的农村、工矿企业，所以要强调'故事'，吸引文化水平较低的青年工人和农民兄弟"，这符合人文社自冯雪峰以来开创的"一手抓'高精尖'，一手抓'普及'"的传统。②韦君宜以一贯雷厉风行的作风，亲自带领青年编辑，在1985年1月将《文学书窗》改版为《文学故事报》出版发行。她担任报纸顾问，现代文学编辑部主任谢明清任主编，黄伊为副主编。刊出的改版启事说：

> 《文学故事报》是文学普及性小报，讲究通俗性、趣味性，栏目多样，雅俗共赏；注重思想性、文学性，内容丰富，可读性强。
>
> 《文学故事报》辟有当代作品连载、外国名著缩写、中外作家的趣闻逸事、古今文学故事连环画、讽刺与幽默等栏目。

---

① 韦君宜：《说说〈文学故事报〉》，《韦君宜文集》第四卷，人民文学出版社2013年版，第538页。

② 张福生：《〈文学故事报〉创刊之初的故事》，屠岸等：《朝内166号记忆》，人民文学出版社2016年版，第295页。

面对同人暂时的不理解，韦君宜鼓励黄伊："有人觉得，我们堂堂一家国家文学出版社，现在却出版一张小报，是丢分了。不！我们在出版古今中外名著的同时，通过将它改编成文学故事，普及到最广大的读者群中去，用健康的精神食粮去占领读者的市场，这有什么错？"为了实践办报的宗旨，韦君宜带头参加名著改写，人文社一些编辑积极支持。小报逐渐变得有声有色：既有托尔斯泰、巴尔扎克、司汤达、莎士比亚、狄更斯、左拉、小仲马、莫里哀等外国名家的作品改编成的文学故事，也有"水浒人物"（陈新）、"红楼人物"（张敏）和"三国人物"（周振甫），以及关汉卿、马致远、王实甫的古典戏剧、唐宋传奇、明清小说的改写稿等；还有计划地选发巴金、老舍、冰心、沈从文、郁达夫等现代名家作品和文学故事；不少荣获茅盾文学奖的当代力作如周而复的《长城万里图》、王火的《战争和人》、王蒙的"季节系列"、刘心武的获奖小说等的不少章节，也最早在《文学故事报》上披露。[①] 为了宣传《文学故事报》，在作家会议上，韦君宜夹带一大摞报纸，像散发传单那样，见人就发。经过努力，这份不起眼的小报，印数一度高达 39 万份。韦君宜说："如果能把故事报编得让车站、码头、工厂、农村都有我们的读者，就是我们最大的愿望。同志们努力啊！"在办报的过程中，韦君宜一直坚持不媚流俗、以健康的精神食粮占领读者市场的初衷。有一次，黄伊拟选发一本香港流行歌星传记的部分内容。韦君宜态度鲜明地说："每一家报刊都有它办报办刊的宗旨。有些报刊发歌星影星轶事之类的文章，那是他们自己的事。至于我们为什么要编故事报，它的宗旨是什么，在办报之

---

① 黄伊：《韦君宜办报》，于光远等：《韦君宜纪念集》，人民文学出版社 2003 年版，第 463 页。

初，我已跟同志们讲过，也跟谢明清与你讲过。我们故事报如果因为亏本要靠发那些文章来吸引读者，那你们干脆将报纸停掉好了！"[1]

　　20 世纪 90 年代初期，全国报刊大调整，要削减 20％的报刊。人文社创办不久的《海内外文学》停刊。当时的《文学故事报》也面临着难题，根据当时出版社不能出报的规定，这份小小的普及型报纸不得不改刊为漂亮精致的刊物。但报纸改为精致的刊物后，邮局报来的每期印数，由 23 万份掉至可怜的 2 万多份。总印数急剧下降，从每年上千万份跌至二三十万份。为了恢复出报，黄伊和谢明清向韦君宜寻求帮助。韦君宜当时虽抱病行动不便，但她尽力而为，向时任中央文化部部长贺敬之写了一封请求信：

　　贺敬之同志：

　　　　我有一事求你，让我们故事报按原状办下去，不要改成月刊了。

　　　　报纸改成月刊，内容并无任何修改，也没有出任何错误。一定要把单张改成本本，不知其义何在？

　　　　我是这个报纸的创办人，辛苦数年，现在自己瘫痪，已不能外出呼吁。当时为什么要办它，就为了抵制许多黄色小报，有一篇文章在《人民日报》上为证。为什么今天反而要受到抵制呢？

　　　　请为拥护扫黄政策者帮帮忙。

　　　　　　　　　　　　　　　　　　　　　　　　　　韦君宜[2]

---

　　①　黄伊：《韦君宜办报》，于光远等：《韦君宜纪念集》，人民文学出版社 2003 年版，第 468 页。

　　②　黄伊：《韦君宜办报》，于光远等：《韦君宜纪念集》，人民文学出版社 2003 年版，第 466—467 页。

此后，韦君宜又应黄伊之请，写下《说说〈文学故事报〉》，发表在《北京晚报》的副刊《五色土》上。文章用显著版面刊出，还加上花边。在这篇短文中，韦君宜介绍了创办《文学故事报》的初衷：1985年前后，"满街荒唐、淫秽、离奇的小报把各种文学作品挤得站不住了，领导者没有了别的办法，要下令扫除一切小报。我们搞出版的很着急。我想，群众为什么喜欢小报，因为他们喜欢情节故事新奇，又要浅显。看来不费脑力，简短，几分钟随手看完，又要便宜，几分钱买一张，看完就好扔。我们古今中外有那么多的文学作品，难道找不出能与坏东西竞争能争取群众的东西？把一切文学宝库中的故事拿出来给群众尝一口嘛！这就是我们当初想办这个小报的动机"。同时，她也诉说办报的艰难："'小报'两个字已经臭了。管出版的一定要我们减低定价赔本出售。作家们既看不起小报，也不习惯写这种故事。稿子也没有。同行说我们降低身份，丢了大出版社的人。实在没法，只好自己动手，我出去组稿，请一位大学教师用假名改编元明杂剧，请一位已退休的中学校长编唐宋传奇。搞外国作品的没人肯干。这种通俗改编作品，我就自己来，自己化名，改写托尔斯泰的《复活》，请本社个别热心的老编辑老作家改编爱伦坡的小说，后来才算有了来稿。真不容易使这份小报站住。"小报受到广大读者的欢迎，小保姆要求借《文学故事报》："借给我看看吧，我们伙伴们都抢光了。"街头小报贩说："这报还卖得动。"中学教师说："这个报可以介绍给学生。要学文学，知道点故事有用。""一九九○年各刊物那么困难，这小报印数十七万，比一九八九年上升了三万份，这个报全部是群众掏钱买，没有一份公家订的呀。"但无奈的是，"由于出版部门的法令，最近一定要我们改为月刊。当然我们还得在月刊中保留原小报的风格。不过原来的简短便宜的优点却不好保存了，也怪可惜的。我只能叹叹气，希望读者包涵吧"①。在韦君宜的大力呼吁之下，一个月后，人文社接到通知，同意恢复《文学故事报》报纸版。

韦君宜将文学出版视为一种事关国民灵魂的事业。她在文化商业化的涌潮中拒绝以媚俗赢得读者，追求为普通大众提供健康的精神食粮。1986 年离休后，她仍然关心《文学故事报》的方向与命运。身为国家文学出版社的领导，却对一份"文学普及性小报"情有独钟、倾力扶持，韦君宜的这一追求，鲜明地体现出她对通俗文学的宽容、对"人民"文学出版丰富内涵的深刻理解，更体现出她作为知识分子关心国民精神状况、文化权利的忧患意识和以切实可行的途径助推精神文明建设的社会责任感。

## 九、关注转型期出版业出现的问题，倡导以改革解决问题

20 世纪 80 年代中期，随着经济建设的加速，中国出版业出现了许多新情况。尤其是文学出版物被通俗化挤压、出版社片面追求经济效益、图书发行陷入"发行难"恶性循环等问题，相对突出。这些问题，都进入了经验丰富的革命出版家韦君宜关注的视野。她为之忧心忡忡，奔走呼告。她不回避这些新问题，而努力通过改革探讨解决之路。

---

① 韦君宜：《说说〈文学故事报〉》，《韦君宜文集》第四卷，人民文学出版社 2013 年版，第 538—539 页。

### （一）通俗读物热潮

20 世纪 80 年代中期，城乡文化生活中出现了"大众文学"、"通俗文学"浪潮，"好像一股从山上冲下来的洪水，突然到处泛滥，压倒了所有的正牌的文学刊物和书籍"。"小报泛滥，已为众所共见。各处地摊摆着，小贩拿着，喊叫：'请看狐狸精迷人……。'实在不大像样子。小报为一般市民所欢迎，这一事实大约难以否认。其销路远远超过了正规的文学刊物，而且内容越来越坏，都是事实。专登武侠和侦探小说的，还算比较好的，其末流则鬼怪妖魔、女尸，甚至不能形诸笔墨的丑恶文字，一概出现，以为愈奇愈好。这确是毒害人民。"[①]

对此汹涌而来的新现象，社会上褒贬不一。褒之者，认为这代表大众一种新的审美观与新的要求；贬之者，则认为其既无艺术价值又无思想意义，甚至干脆斥之"低级下流"，建议对它们采取行政措施。韦君宜对大众文学、通俗文学一直有着密切的关注，即使在战争年代亦是如此。1947 年底，韦君宜从华北潜回京津家中而后到沪上治病。在短暂两个月的还家时间，她喜欢去街道的小书店。在解放区的十年，除了革命书刊，她很少见到别的作品。在上海的小书店，她"一看便知是进步文化从未进入的角落，全是消闲解闷的书，有当时流行的美国小说《飘》，还有大量的'方形刊物'——四四方方一薄本，内容都是影星名伶的趣闻轶事"。在市中心南京路的地摊上，韦君宜注意到有《无裆裤子》、《东洋猎艳记》等不堪入目的书。"海上繁华"，在她看来宛如一梦。她写了一首古体诗表达自己对这种都市

---

① 韦君宜：《出版家的社会责任》，《韦君宜文集》第五卷，人民文学出版社 2013 年版，第 393 页。

文化的拒绝："座有埋名客，凝观万感萦。故乡诚可恋，故业已无踪。人亦知悲感，谁能起废癃？群魔犹乱舞，大众望鸡鸣。斯世终难久，豪情未可平。"① 从中可以看出一位革命工作者对现代摩登、大众文化的态度。

进入经济建设年代，如何看待大众文学，无疑更具有时代的复杂性。对于文学、文化的通俗化倾向，韦君宜认为有其合理性，"原因其实简单，主要是群众需要通俗读物"：

> 我们过去编过不少通俗读物。起先有鼓词唱词，有名为"春节演唱材料"的小剧本，后来又在提倡"把精美食粮交给群众"的口号下，把一些名作印成小册子，加上"通俗"名义，售价也从低。还早就提倡过作家写通俗作品。但除了《林海雪原》、《烈火金钢》等少数外，都很难得到群众的真正欢迎。努力宣传也不行。直到前几年《七侠五义》盛行，挤破了县新华书店的橱窗，才使我有点感觉到群众看文学书的心态。②

对这一新兴潮流，作为一名作家与出版工作者，韦君宜持一种辩证的态度："人民生活提高，使书刊读者增加是个事实。这些读者大部分是普通工人和农民，他们的文化水平在这一短短时期之内不可能与其经济生活同步提高。就是说，一些文化水平并不高的人手里现在

---

① 韦君宜：《海上繁华梦》，《韦君宜文集》第四卷，人民文学出版社 2013 年版，第251—255 页。

② 韦君宜：《出版家的社会责任》，《韦君宜文集》第五卷，人民文学出版社 2013 年版，第 393 页。

有钱了。以前，他们根本没钱也没心思去买'闲书'来看，现在有了。但是他们要欣赏高深的，甚至并不很高深的文学作品，却办不到。他们只欣赏这些以情节取胜的侦探、暗杀、惊险、武侠、秘幕，以至色情等作品。这样说，决不是贬低工人、农民。"① 这些读物流行的另一个原因，就是生活节奏的加快。韦君宜注意到，国外也流行这些"大众小说"，作品不能跻身于文学之林，写作者不能算是作家，但无碍于其畅销。

　　一开始，包括韦君宜自己在内，不少出版工作者对此持反对态度，不让这些书刊多印。但结果，"几年下来，情况越来越严重，各种以'传奇'为名的刊物纷纷创刊，各种武侠、推理、秘幕、丑闻、色情、淫秽等小说及纪事，充斥市场。从三十年代就早已被左翼所打垮的礼拜六派作品，根本谈不上文学价值的'作品'，现在忽然再版流行。比较起来，《七侠五义》倒成了好的了。小报只不过是以短篇形式印行的一部分而已。有的地方一听人代会提及小报，便下令扫除一切小报，但是，这能解决什么问题呢？禁了小报，他们可以改头换面改为小册大本，照旧流行"。禁而不止，堵不如疏，文艺界开始讨论"雅俗共赏"话题，但真正做好很难。"普通群众所喜欢的是情节离奇、故事性强、含有许多未知数的作品。至于人物塑造、思想性、艺术性，则往往并非受欢迎的必要条件……往往好作品倒在坏作品面前打败仗。"② 还有一个怪现象就是，不少出版社都在抢着出"这个'侠'

---

① 韦君宜：《我也说说大众小说》，《韦君宜文集》第四卷，人民文学出版社2013年版，第306—307页。

② 韦君宜：《出版家的社会责任》，《韦君宜文集》第五卷，人民文学出版社2013年版，第393—394页。

那个'义'的东西"①，而文学史上确有一定价值的著作如《金瓶梅》却出不来。

因此，韦君宜认为，"国内这种'大众文学'的流行是自然的。我们所要做的就是对那些犯法的东西（黄色、迷信、反动，及偷印侵犯别人版权的无照开办，如同无照小贩一样），依法予以制裁，没收其所得。其他只可由它去。从出版业来说，则确应减少一些在文学书刊内部拼命竞争的花样，减少一些确已卖不出去的高不成低不就书刊，而大家一致努力，搞一些在大众文学范畴之内的，正当的以故事情节取胜的书报。我想它们照样能畅销，可以代替那些水平太低的粗糙货色"。对于写作者来说，"大众小说，目前群众确实需要，我完全同意应当有人干。但若作为'方向'，鼓励年青作家都去干，恐有误人子弟之嫌"②。

1984年，在中国作协主席团会议上，韦君宜和几位作家反映当前通俗小说占领了市场，作家出不来书。《北京晚报》对此做了报道。几天后，韦君宜收到了一封署名"直言"的匿名信，批评作家是"文学官僚"，"你们不让我们自由"，"老百姓都指你们的脊梁"，"我们就是要看这些书"，等等。韦君宜毫不留情地指出，自己的发言是想办点实际事，而目前真正影响我们文学发展的，就是写匿名信这样的人。因为他要的只是这种自由：为了赚钱，迎合低读者群的趣味，随心所欲地出版花里胡哨的庸俗文学，挤掉严肃文学的自由。韦君宜通

---

① 启治：《耕云播雨四十春——韦君宜畅谈编辑的素质、修养、职责和作风》，《编创之友》1983年第1期。

② 韦君宜：《我也说说大众小说》，《韦君宜文集》第四卷，人民文学出版社2013年版，第307—308页。

达地认为，从群众的生活需要说，这种传奇武侠的书，只要内容健康，应该允许存在；群众的文化生活目前还比较单调和枯燥，需要玩和娱乐，这样的小说能起娱乐作用。只要有纸张的话，可以出版一些。问题是现在这类书出得太多而纸张又紧张，以致把正经的文艺、科学类图书挤压得不能出版。人文社与上海文艺出版社都面临这样的情况。韦君宜承认通俗文学有其趣味性。但是书如果这样出下去的话，严肃的书就会大受影响。人文社出版洁本《金瓶梅》，结果香港马上有报刊造谣说，因为老百姓都想要这部书，可是印数不够，都给高级干部了，所以韦受到压力，等等。韦君宜认为这反映了一种不正常的猎奇心理。有些武侠小说，本是作者随意写来赚钱的游戏文章，但由于我国长期封闭，致使有人群起哄抬。韦君宜买了两本，但只看了一本就看不下去了。她承认有的作者是有历史知识的，但毕竟只是游戏文字。作为出版人，不能把出版这种作品当正经事干，不能这样去满足读者的娱乐趣味。她很遗憾没有一篇严肃的、具体分析通俗文学的文章。当时有人戴着有色眼镜批判介绍西欧文学流派的作品是典型的资产阶级自由化。韦认为这类介绍世界文艺现状与流派的图书有助于开阔眼界，是必要的。以其为批判目标，是不对的。反倒是那些猎奇的、言情的低俗文学，非常有害，占领了读者、纸张等，其毒害比西欧文学流派大得多。①

当时的通俗读物热潮，给大众提供了消遣与娱乐。20 世纪 80 年代对民众的文化普及，从出版文化的角度来看，通俗文学起了很大的作用。通俗读物给走出"文革"的国人以初步的文化营养。它也反映

---

① 韦君宜：《文学书刊当前遇到的难题》，《韦君宜文集》第五卷，人民文学出版社 2013 年版，第 400—402 页。

了出版文化自身从低级到高级、从简单到复杂的发展规律。[1] 承认通俗化读物在特定阶段的合理性与必要性，但又注重对其加以引导，这种认识，既基于韦君宜自延安时期以来长期从事青年教育、大众文学普及工作的经验与体会，也是她对新时期以来经济建设背景下文化发展现状深入观察的结论，体现出韦君宜作为一名出版家——而不是出版商，对普及与提高、对满足当下大众文化需求的急迫性与引导提升的长期性之间关系的辩证思考。而更为难得的，是她抱着出版家的社会责任感与建设性的态度，时刻思考如何促进这一社会问题的解决。韦君宜认为，应该像上海文艺出版社的《故事会》与人文社的《文学故事报》那样，以通俗而健康的文学来满足大众的精神需要：

> 在这种情况下，我想只能鼓励正当的出版家起而想尽办法与那些不顾信誉只顾赚钱的出版物争一日之短长。占领阵地，让群众能在他们喜欢的范围内看到点健康的和比较健康的东西。得想办法代替坏的，然后才能驱逐掉它们。将欲取之，必先予之。……我们应该有一种责任感，不能一味谈高尚的文学，而对普通群众的精神饥渴采取不闻不问的态度，或者任他们去吸食鸦片。[2]

## （二）出版业的经济效益问题

十一届三中全会后，党和国家的工作重点转移到以经济建设为中

---

[1]　李白坚：《中国出版文化概观》，广西教育出版社1999年版，第318—330页。
[2]　韦君宜：《出版家的社会责任》，《韦君宜文集》第五卷，人民文学出版社2013年版，第393—394页。

心的社会主义现代化建设上来；大力发展生产力、逐步改善人民物质
文化生活，成为社会主义现代化建设的主要目标。1982 年 9 月 1 日
召开的党的十二大，进一步提出了要"把全部经济工作转到以提高经
济效益为中心的轨道上来"的指导方针，经济体制改革全面展开。各
行各业空前注重经济效益。在包括出版业在内的文化领域，出现了要
不要讲经济效益的论争，观念一度出现混乱。极端者指责文化部门讲
经济效益必将导致精神产品商品化，会造成资产阶级的思想污染，因
此主张国家应当多拿钱补贴文化部门。

　　针对出版业出现追求经济效益的倾向，韦君宜持严肃的态度来审
视。她对自己有个核心的定位，就是要当出版家而不是当出版商。"按
理谁都不难找到正确的答案，但真做起来却相当复杂，不好办。有的
出版社用某某书社之类的名称代替省出版社，版权页上连印数也没
有，谁也不知道就出些乱七八糟的东西，只顾赚他的钱。"她对一些
不良现象大不以为然："有的作家被捧来捧去，都捧坏了。大家都奔
着那个热门货来，这决不是办法。一个作品选来选去，什么'女作家
作品选'，什么'佳作选'，优秀中篇或短篇小说选，选来选去还就是
那么几篇。说实在的，我觉得出版界一直存在着一些不正之风，包括
几千几百块大手大脚地花钱请作家，这个'侠'那个'义'地滥印东
西，以及十几次重印某一种作品，等等。""一个好的编辑，实在不应
该推波助澜地去支持这样的事。这样做对作家、对创作有什么好处
呀！"韦君宜认为，要当出版家，就得下功夫出一些有意义的书，哪
怕赔点钱也干，她举例说："在有些人只顾赚大钱出什么'侠'什么
'义'的时候，我们古典文学编辑室倒是出了一些要的人很少，只供
研究者参考的书，比一般诗话、词话的印数还少。文艺理论方面也有

一些。有的地方出版社为了扶植中青年作家，只销两三千册的小说集也出。这都是应该的，就得这么干。"①

1983年，韦君宜在《出版工作》第1期发表《关于出版物的经济效益问题》一文。这篇她相对少见的出版评论长文，全面系统地表达了韦君宜对出版业经济效益问题的理性思考与深刻看法。

韦君宜开门见山，认为经济效益与资产阶级思想污染并不一定有必然联系。在经营管理上讲经济效益的，未必就都为资产阶级思想所污染；不讲经济效益的，也未必就都不会带来资产阶级思想污染。把资产阶级思想污染归咎于讲经济效益，从而不准讲经济效益，那是因噎废食。经济效益依赖于科学的经济核算。"国家要建设好，所有的部门都必须讲究科学，讲究经济效益。它完全不等于唯利是图，也不等于商品化。"书籍兼具精神产品与物质产品两重属性。不能把出版工作商品化，指的是我们不能唯利润是图，不惜危害人民的精神生活，但也不能完全抹杀其物质产品这一属性。自1978年至1982年，国家一直对出版业实行着纸价补贴等政策，韦君宜认为再向国家要钱是不合理的。出版业既不能以盈利为目的，又不应亏损再让国家补贴。在一次深入书市站柜台后谈体会时，韦君宜态度鲜明地说："我不同意那些反对出版界讲经济的意见。因为我们没有理由要国家来养活我们。现在国家又正困难。"②

在经济体制改革初期，出版行业的经济效益问题之所以凸显，有

---

① 何启治：《夕阳风采——韦君宜素描》，于光远等：《韦君宜纪念集》，人民文学出版社2003年版，第408—409页。

② 韦君宜：《书市站柜台售书有感》，《韦君宜文集》第五卷，人民文学出版社2013年版，第398页。

其原因。韦君宜对图书的定价进行了分析。她曾专门就 1936 年版、1982 年版《南腔北调集》（鲁迅）等新文学图书与《水浒传》等古典名著的定价和相应年份的生活指数比作了比较，指出在物价水平、生活水平上升的情况下，这两类书籍的定价不涨反降，这对文学书籍的出版工作起到了一定的阻碍作用。从原因来分析，韦君宜认为这与图书按内容划分不同的定价档别有关。与文化出版工作宣传社会主义的方针相配合，1956 年出版总署定下一个定价标准，即各类书籍都按照不亏损的原则，根据当时的纸价、印工等价格，按不同类别进行不同定价，使之不亏不赚略有盈余。① 但由于书价定得太低而后来纸价等多有上涨，原定档别早已失去了低档书维持保本、高档书略有盈余的意义。韦君宜通过对《牡丹亭》、《茨威格小说选》、《野火春风斗古城》等 20 余种中外名著的成本与盈亏状况进行统计得出结论：纸价补贴取消后，中国当代作品百分之百亏损；外国现代作品和中国"五四"作品将就保本，有的保不了本；唯外国和中国古典作品稍有盈余。印数差不多，却盈亏不同，原因在于，"我们的定价是与成本完全无干的，是单纯按内容分类定档，然后依档别定价的。这完全是'政治标准'，而不是物价"。因为古典作品定价档别高而当代作品档别低，所以导致中国当代作品印得越多则亏得越多，而出版社只好钻

---

① 1956 年 2 月，文化部发出了《颁发全国杂志、书籍定价标准的通知》。该定价标准确立了按照图书的印张数量进行分类定价的图书定价模式。模式将图书分为 11 大类 26 小类，按照图书种类的不同分别进行定价；还曾于 1958 年 5 月、1973 年 7 月，两次下调定价标准。总体看，该定价模式遵循按印张定价、保本微利的原则。参见《文化部颁发全国杂志、书籍定价标准的通知》（文沈办字第 67 号，1956 年 2 月 18 日）附《全国出版社一般书籍、课本正文定价标准表》，中国出版科学研究所、中央档案馆编：《中华人民共和国出版史料 8：1956》，中国书籍出版社 2001 年版，第 43 页。

空子多印古旧书，不印当代作品。定价不合理还派生出另一个问题，就是亏损太大，而导致一些出版社，尤其是地方出版社，不管出版局关于定价的规定，任意提高书价。而文化部直属出版社却严格拘于规定，竞争不过地方出版社。鉴于以上原因，韦君宜认为，关键在于要看到书籍既是精神产品也是物质产品的双重性，参与经济活动时要进行科学核算，理应按照成本重新制定一个切实可行的定价标准，同时改革原来按内容分档定价的办法。应当按成本及利润核算定价，改变定价与成本成反比的现象。国家对图书的补贴是需要的，但应只限极其专门、销路极小、学术价值又高的少数书。[①]

韦君宜对于中国图书定价模式症结的观察以及提出的对策，体现出一位老出版人对于中国出版业复杂的经济属性、管理体制的深刻认知以及改革的前瞻性思考。1984 年 11 月，文化部发布《关于调整图书定价的通知》，大幅度调整图书定价标准，将图书业的小类定价改为分大类定价，政府规定每一大类图书定价的最高限价。1988 年 3 月，新闻出版署同意对印数较少的学术、专著实行参照成本定价的办法，正式拉开了书价改革的序幕。8 月，《关于改革书刊定价办法的意见》出台，规定除课本外的其他图书都由出版单位自行定价，国家只控制定价利润率而放开定价标准。至此，形成相对开放的有限统一定价政策，直至 20 世纪 90 年代形成自由定价。可以看出，在有限统一定价阶段控制图书定价利润率而非定价标准、专门图书参照成本定价与补贴等，与韦君宜提出的思考相近。

除了定价，书籍亏本还有读者方面的原因。韦君宜通过对读者

---

① 韦君宜：《关于出版物的经济效益问题》，《韦君宜文集》第五卷，人民文学出版社 2013 年版，第 377—385 页。

层进行分析认为，出版社必须考虑的实际情况是，当下图书的大量读者是城乡青年，文学书更是如此。全国上千种文学刊物，读者不下几千万人。很大部分是初中文化程度或者更低，他们无法欣赏阳春白雪。为广大读者所需要的，一是他们学习所必需的书，二是浅显易懂、具有民族形式、可供他们娱乐的书。经营者"必须研究我们的读者结构，怎样以较好的精神食粮来满足各层次读者的要求，不要简单地把讲经济效益误解为受一时市场驱使，见什么赚钱就群起去印什么，这才能真正避免由于商品化而造成的对读者的精神污染"。而"面向青年群众特别是农村青年群众，去普及教育，提高我国青年的文化水平和思想水平，就是一项有宽广前途的事业"。出版社不要怕"降低了大社的身份"，应该多出版选译、白话翻译等普及类的图书。1979 年在长沙召开的全国出版工作会议提出地方出版社要"立足本省，面向全国"，韦君宜认为"大家都应当除提高之外，还考虑面向全国广大的农村和城市青年群众普及，为提高整个民族的精神文明做出贡献，不可都以争抢几个全国知名作家为能事"。[①]

1980 年 5 月 28 日至 6 月 12 日，韦君宜与代表团访美，在纽约、波士顿等地参观了 14 家出版社，参加了十多次座谈。因为对经济效益问题的关注，在美国访问期间，韦君宜尤其注意考察美国出版业中的经济因素。她注意到，与国内不同，国外出版业对经济效益相关因素考量较多：大出版公司对小出版社的兼并非常厉害。决定一本书是否出版，是由管理委员会决定，但它的主要组成人员不只是编辑，而是由总裁、副总裁、经理、副经理、推销人员、财会人员和编辑人

---

① 韦君宜：《关于出版物的经济效益问题》，《韦君宜文集》第五卷，人民文学出版社2013 年版，第 377—387 页。

员组成。出版公司编辑少，如在《读者文摘》杂志社，有 60 名编辑，而全社工作人员有 3000 多人都是搞经营推销的；在波士顿一家出版公司，编辑仅 20 多人，但财务科却有 120 人。按编制来说，一个公司编辑占 15%，经营推销管理人员占 75%，版式设计人员占 10%。出版公司的编辑分为组稿编辑和文字编辑。组稿编辑负责组稿，组来稿件由管理委员会决定能否用，或由高级编辑决定能否用。决定用稿后，后面的文字加工、校对都由文字编辑负责，相当于集合了中国的编辑部、校对科及出版部的工作。西方编辑制度和中国的责任编辑制、三审制大不相同。国外没有中国这样负责对书稿的政治思想内容、艺术表现、科学性等方面进行审核的责任编辑制。[①] 可见，刚走出国门的韦君宜力图通过自己的观察，借鉴他人经验，来改进改革开放进程中的中国出版业。

### （三）"发行难"的困境

随着我国出版业的市场化转型，发行的问题日益凸显。在与美国出版界的交流中，韦君宜特别注意到中国图书、《人民日报》等在美国不易购得、读到。她在《光明日报》上发表的访问记说："我们碰到的从专家到普通人，都向我们诉苦，说买不到中国书。……这两年，我们出版的书刊无论自然科学、社会科学、文学艺术等方面都有所突破，取得了很大的成绩，有些著作和作品闪耀出了夺目的思想的火花。当外国朋友想通过中国新出版的书刊，更多一些、更深一步了

---

① 韦君宜：《和美国同行们相处的日子》，《韦君宜文集》第五卷，人民文学出版社 2013 年版，第 360 页。

解我们的时候，我们应该认真研究一番我们的经营管理工作，打破已成为障碍的条条框框，搞好发行工作，通过各种渠道，把我们的新书刊供应出去。"① 在参观中，韦君宜不断进行国内外比较。比如她注意到在 1979 年美国商业性出版社共出了 4 万种图书，大学出版社出了 3000 种图书，一共 21 亿册，按美国人口计算人均近 10 册。而中国该年度出版书籍总册数 40 亿，但人均册数比美国少。②

1985 年，韦君宜从上海同行、书店经理、暑期四折书门市部、人文社经营部、广州朋友等各种渠道，感受到通俗文学的冲击，对文学图书前景忧心忡忡："如果是这样，则这个大萧条所波及的范围将不仅是文学出版业，而是中国的文化。——试想，如果中国不再出文学书，而只出武侠剑仙小说，则我们的文化将成为什么面貌？变成文化沙漠？向港澳看齐？那千百年后我们的子孙后代将怎样看我们这一代人呢？我不甚相信这话。这是不可能的，不会的！我们原来的那些读者到哪里去了？"为了真正了解现状，抱着将信将疑的心情，8 月 16、22 日，韦君宜深入首都社会科学书市，在人文社展位前站了两天半的柜台。通过切身的体验，她得出体会：第一，就畅销书而言，武侠剑仙皇帝贵妃当然很能销，但不会取代全部的文学。中国读者太多，广大读者最需要的是"基本功"用书。因此，正统文学范围的古今中外名著中，仍有畅销书。第二，当代作品仍有市场，只是与古典图书相比，新书不为一般的读者所了解，又不适合当下迅速周转的发

① 韦君宜：《美国的中国书热》，《韦君宜文集》第五卷，人民文学出版社 2013 年版，第 353—355 页。

② 韦君宜：《和美国同行们相处的日子》，《韦君宜文集》第五卷，人民文学出版社 2013 年版，第 359 页。

行办法，因此需要改进。

在当时的出版界，最令业界头痛的是"发行难"的恶性循环，"读者想买的书买不到，书店想卖的书卖不掉"，"卖书赔本，人家要的书没有，卖的书卖不出去，这早已成了一个怪圈。一到举行书市，偏偏读者又拥挤不动，专门气人"。韦君宜认为，这种恶性循环，主要是由于发行体制没有理顺。以新书而论，书架有规定的上架周期，等到读者群众从书报评论或由朋友口头介绍得知该书而想购买时，新书已经从书店下架。在经济效益的要求下，为了做到资金周转，书店不敢大批积压新书，只好一律减少订数。出版社就只能减少印数，有的作品甚至因此而失去出版机会。这就是所谓的书业"大萧条"的真相。

了解了问题所在，韦君宜认为重要的是通过改革来解决。她提出：

首先要大声呼吁，希望国家财政机关对书店文化事业政策倾斜。如与其他轻工业产品相比，希望利放低一点，时间放长一点。

其次，要加强图书宣传。图书的销售是一个历史筛选的过程。出版社与书店应该设法掌握这个过程，较快地鉴别出哪些应属保留品种，并尽量让依靠别人介绍而买书的读者，早点看到或听到别人的介绍，以便选购。比如通过在报刊多办书评副刊；出小单张书讯书目；各出版社在所出图书中留下一两页自登图书广告；文艺界本身，要加强书评和介绍工作，把这项工作提到延续和繁荣文化的高度。

再次，出版社方面，要尽可能扩大书库，多储备，并加强邮购；采取初版新书少印的办法，初版新书更多当作广告用。

最后，发行方面，门市部宜将新出书与再版书分开陈列发售，以利不同读者各按其需要去寻觅；对于出版时间稍长而并非完全过时的图书集中专柜出售，但不是打折。①

1986年2月15日下午，民盟中央召开了一次关于当时出版、发行工作问题的座谈会，韦君宜、叶至善、冯亦代等出版界专家参加座谈会。韦君宜在发言中说，现在关键的问题在发行。全国已经有六七百家出版社，而书店还只是新华书店一家。大家都感受到买书难。如刚评上茅盾文学奖头奖的李準的《黄河东流去》，经过大力宣传，新华书店里照样没有书。现在书店柜台上似乎都是些没人要的书，或者是大量的武侠小说。另一方面，新华书店的经理们又都口口声声地说"卖书难"，书库积压大量图书，资金周转困难。这形成了一个怪圈。韦君宜通过调查认为，"新华书店是属于全国性的'统购统销'的组织，包销所有的书。各出版社要出什么书，都要事先由书店发征订说明和征订单，垂直系统，发到下面的书店，然后书店营业主任或营业员把征订单上的征订数字填好，报上来，归拢，出版社才好决定印书的数字。现在正赶上积压了不少书，卖不出去，没有资金，所以书店填报的订数都很少，少得可怜"。韦君宜通过自己在书市站柜台的感受，发现并非书卖不出去。有些地方想搞活一点，出现个体小书店。但他们本钱太少，只能零售，"饭量"有限，吃不进多少货，也常常发生靠不住的倒账事情。韦君宜认为最好想办法，发展几个书籍批发商，大家参与竞争，分别来批发，而不只是新华书店一家。多几家批发商，发行问题会好办一点。当然，做批发商，小个体

---

① 韦君宜：《书市站柜台售书有感》，《韦君宜文集》第五卷，人民文学出版社2013年版，第395—399页。

户不易胜任，还要靠国家支持。①

为了打破书目信息滞后导致的购书与买书之间脱节的状况，韦君宜"想到一个怪主意"："哪位有志的个体户，或者书店的副牌，来开个租书店好不好？好像以前租小人书给孩子看的办法一样，开办面向大人的租书店。一切可供观览的书，中国的出版社出的书，不分新旧，都可收进来出租。为了怕规模太大，可以先定个范围，只租十几年或二三十年内出版过的，只要顾客提出要，你就买回来出租。如此办法，许多读者想看一看而不想花好多钱去买的书，就有出路了。早已过时，不能在几个月内售出，而自有价值的书，也不愁被排挤了。由于书店眼光差而失于订货的书，能得到补救，至于现在风行一时的书，上了租书架，也能为老板赚一点钱。……至于受到读者的鼓掌欢迎，几乎是肯定的。"②1989年，她在病中写下一篇随感，表示"我想当个个体户——书店老板"，想录用热心书籍与买卖、懂书的店员，用各种灵活的方式向不同读者推销适用的图书，沟通读者与出版社，但不拼命推销流行书。③但韦君宜知道，这些都只是治标办法与权宜之策。"经营书既不能用旧的官商方式，也不能用经营百货的同样方式。"最重要的是，必须探索文化的经济体制的改革之路。④在深入调查的基础上，韦君宜写成《关于文学与文化的经济体制》一文，发表

---

① 韦君宜：《读者想买的书买不到　书店想卖的书卖不掉》，《韦君宜文集》第五卷，人民文学出版社2013年版，第403—404页。

② 韦君宜：《从买书与卖书的怪圈想起的》，《韦君宜文集》第四卷，人民文学出版社2013年版，第545—546页。

③ 韦君宜：《我想当个个体户》，《韦君宜文集》第四卷，人民文学出版社2013年版，第348页。

④ 韦君宜：《书市站柜台售书有感》，《韦君宜文集》第五卷，人民文学出版社2013年版，第395—399页。

于《新观察》1981年第2期，逐一剖析了出版、印刷、发行三方面存在的种种问题。

很长一段时间，各方面对出版社多有抱怨：作家嫌书印得又慢又少；专家买不着书，要求出版社"走后门"；边远地区读者把钱寄到出版社来，要买他久已闻名而出版社并无存货的书。大城市的书一上柜台就没有了，而小城市和农村根本就不见书。大家都抱怨出版社印得太少，而出版社却发愁书卖不掉。韦君宜认为，问题主要在于，"整个的出版、印刷、发行三者配不了套"，导致大家集怨于出版社，这样的体制实际上已经有害于我国的文化发展。具体而言，在整个发行环节中，书的印数并不是由出版社决定：

　　书定稿发排之后，由出版社编辑部为每本书写一则约二百字的内容说明，送交新华书店发行所。发行所待累积了一批这样的"说明"之后，即印成一册征订书目，发给各地新华书店基层店。基层店的进货员收到后，就根据这些二百字的说明，选定要订购哪些书多少册，报到发行所。发行所把各地店报来的数字归总到一起，据此通知各出版社，某本书订货数多少。然后，出版社才能按照这个数字，通知印刷厂开印。自己要多印是不行的。因为，按现行的出版社体制，不管发行，自己根本没有仓库，书多了没处放。同时，新华书店又有个规定，不允许任何一家出版社自行出售的书超过此书印数的百分之五。如果自己多印自卖，新华书店就要处罚你。——对于这家出版社出的一切书都不给你发行了。

印数由书店发行所决定，实际上是由基层书店决定。当时，发行所的订书数字直线下降。越是专业的书，越降得低。"畅销书"则发行较大。原因在于，书店的资金要一年周转四次，因此，图书到书店如果三个月没有卖光，就算"滞销"，就要廉价处理。无论什么重要著作，概不储备。结果书店宁愿减少订数。当时人文社全力打造的"国家工程"《鲁迅全集》，出版社提出至少印 10 万套；书店担心卖不出去，在征订后只要 3.5 万套。结果，出版社备妥的印刷材料只好廉价出售。而鲁迅百年诞辰一到，全集却供不应求。读者找上人文社，质问为什么这样"卡"《鲁迅全集》，"印这么少，对待国家的文化发展是什么态度"？

书店也有书店的困难。首先，书店也是商业，书籍也是商品。书店要上缴利润，要发职工奖金，不愿因储备书而影响资金周转。其次，书籍是一个独立的品种，进货员不可能对各科上万种书籍仅凭二百字的"说明"而判断出其价值与适用对象。新华书店有人致信给《人民日报》，建议出版社对所有书采取少印试销办法，凡销路好的，听书店反映，及时再版。出版社知道这个道理，但多再版又牵涉另外一个独立的系统——印刷行业。印刷厂也有利润指标要求，当时大印刷厂一般都已废除了平版机而改用轮转机，轮转机适合印数大的印刷品，因此都不欢迎印数少的书。各省还有印厂仍维持着可印短版活的平版机，但在北京供求关系已达到无法调节的地步。北京 37 家印刷厂，要应付 839 种期刊已经疲于奔命，根本没有工夫来顾及 111 家出版社的图书，更没有工夫顾及这些"短版活"。人文社的出书计划，年年被迫砍掉三分之一。大批已经发到印刷厂的书稿在印厂睡大觉排队等上机印刷。

在对出版、印刷、发行三系统不配套的弊端进行深入分析后，韦君宜提出改革思路。第一条路子，是小的改革。如允许各出版社自办专印短版活的印刷部。一些落后的平版机给这些小印刷部使用。发行上可允许各省、地的新华书店分店直接与大出版社挂钩，直接批销，稍稍打破一点"大一统"的局面，有利于发挥积极性。在批准出新刊、立新社时，要对在北京的数量有所限制，避免互相拥挤。第二条路子，是较大的改革设想：考虑改革发行系统，把国营的发行机构像出版社一样按服务对象分划成几个。"纸皮书"性质的畅销书，批给待业青年去代销就行。国营书店的任务应该就是保证文化发展，确保一切作为国家文化积累的书都能到达需要者手中。除国营书店之外，应允许出版社自办发行。印刷方面，应该鼓励机器制造厂投产试制照相制版设备满足印厂需要。出版社方面也需要调整。比如重复出版文学新人作品，不符合培养之道，在经济上也造成浪费，问题就在于用经济规律去统帅编辑工作。[①]

关于改进发行工作，晚年的韦君宜对此持续不断地有所关注。1986 年人文社图书发行严重萎缩。韦想搞一个发行调查和改革方案，但因为脑出血而未能执行。在这前后，韦君宜"由一个出版家变成了一个普通作者"，但出版的小说《母与子》和与人合编的《一二·九运动史要》，发行状况都不理想，都出现印数少、读者买不到书而图书压在出版社仓库里的情况。韦君宜说自己还想作为作者"叫两声"。新华书店一家包发一切出版社出的一切书，到期卖不完就要赔钱，当然不敢订书了。为解决这个问题，她提出三点建议：第一，除

---

① 韦君宜：《关于文学与文化的经济体制》，《韦君宜文集》第五卷，人民文学出版社 2013 年版，第 371—376 页。

书店外，要大力推广当时新办的"六联"（人民、人民文学、中国青年、少儿、社科、世界知识六家出版社联合发行）办法，但不能包括出版社太多，因为一多，给一切出版社代销，就仍等于全国性的新华书店，起不了作用。第二，书店要分工，如农村读者、火车旅客消遣等，应当各有书店，让图书上架，各种书是完全可能在出版后遇见各种机会卖出去的。两年卖不出，再进行展销而不能轻易定为"滞销"。第三，新华书店本身也得拆小。大力发展个体小书店，要让他们发挥自己方便联系单位与读者的长处。①

韦君宜的思考，在作家、读者和出版发行工作者中间引起了强烈反响，有的建议后来已在实际工作中被采纳而成为事实。②1980年后，《关于出版社和新华书店业务关系的若干原则规定》、《建议有计划有步骤地发展集体所有制和个体所有制的书店、书亭、书摊和书贩》等改革文件相继出台。1982年6月，在全国图书发行体制改革座谈会上，首次提出在全国建立一个"一主三多一少"，即以国营新华书店为主体，多种经济成分（国营、集体、个体）、多条流通渠道（省级新华书店总发行、出版社总发行等）、多种购销形式（包销、寄销、试销等），少流转环节的图书发行网络。这一改革带来了微观层面的放权让利，如改包销为寄销，允许向出版社退货；出版社将初版书向基层店分配试销，重印书征订包销；支持出版社多种形式的自办发行；发展集体书店、个体书店等。1988年，《关于当前图书发行体制改革的

---

① 韦君宜:《关于发行工作未说完的话》,《韦君宜文集》第五卷,人民文学出版社2013年版,第405—407页。

② 何启治:《夕阳风采——韦君宜素描》,于光远等:《韦君宜纪念集》,人民文学出版社2003年版,第408页。

若干意见》出台，提出"三放一联"改革，即放权承包，搞活国营书店；放开批发渠道，搞活图书市场；放开购销形式和发行折扣，搞活购销机制；推动横向联合，发展各种出版发行企业群体和企业集团。这样，基层新华书店扩大了经营自主权，出版社可以自办批发，集体书店可以从事图书批发，等等。以放权让利、搞活经营为特点的图书发行体制改革，实现了体制性的突破，推动中国图书发行走向一个更为开放、充满活力的体制。以此反观韦君宜20世纪80年代初期就图书发行体制提出的改革思路与措施，诸多与后来逐步深化的思路、出台的措施不谋而合，可以看出其行业敏感性与前瞻性。

# 十、编余的创作

大半生忙于"为他人作嫁衣"的韦君宜，直到新时期的到来，才焕发出巨大的创作热情，作家的身份迅即凸显。新时期以来，韦君宜相继出版了11部作品：

短篇小说集《女人集》（四川人民出版社1980年版），韦君宜的第一个小说集，收录《月夜清歌》等17个短篇，主要创作于"十七年"时期；

散文集《似水流年》（湖南人民出版社1981年版），收录1935—1980年间创作的散文作品22篇；

中短篇小说集《老干部别传》（人民文学出版社1983年版），收录1980—1982年间创作的中短篇小说6篇；

《老编辑手记》（四川人民出版社1985年版），收录新时期（部分为"文革"中）编辑工作文章19篇、后记及访问记1篇；

散文集《故国情》（百花文艺出版社 1985 年版），收录 1981—1984 年间创作的散文 24 篇及后记；

长篇小说《母与子》（上海文艺出版社 1985 年版）；

中短篇小说集《旧梦难温》（人民文学出版社 1991 年版），收录 1986—1990 年间创作的中短篇小说 13 篇；

散文集《海上繁华梦》（人民文学出版社 1991 年版），收录散文、杂文 51 篇；

长篇自传体小说《露沙的路》（人民文学出版社 1994 年版）；

散文集《我对年轻人说》（人民文学出版社 1995 年版），收录"同时代人"（16 篇）、"名人和普通人"（9 篇）、"病中杂记"（28 篇）三辑及后记；

回忆录《思痛录》（北京十月文艺出版社 1998 年版）。

韦君宜曾说，直到"四人帮"粉碎、"文化大革命"结束之后，才感觉到自己有许多必须说必须写的东西，不愿埋进土里。这才大量地写下去。她生命的最后二十余年，可谓达到了创作的高产期。

韦君宜的文学作品，有着突出的与自身身份、经历相近的写实性特征，塑造了丰富多彩、各式各样的青年群像、女性人物等。而从小说观念来看，集革命家、编辑家与作家于一身的韦君宜，总体上看是现实主义功利小说观的继承者与发展者。她坚持小说创作取材于社会生活，提出小说应该表现历史与生活，并特别将现实生活作为小说创作的基础和原料；她坚持现实主义小说注重细节，描画人物个性，并以自然、真实、朴素作为小说的价值标准。①

---

① 蒋芝芸：《韦君宜小说简论》，华中师范大学出版社 2018 年版，第 52 页。

除了小说、散文等文学创作，韦君宜主要是结合编辑出版工作，撰写了大量的书评、出版评论、编辑札记、序跋等编辑应用文，针砭出版问题，改进出版生态。尤其是书评，韦君宜为参与编辑或审读过的喜欢的作品，大都撰写了评论文章，如《读〈可爱的中国〉后》、《读〈夜谭十记〉随笔》、《〈南渡记〉漫谈》、《〈将军吟〉的出世》、《〈未完成的画〉读后》、《读〈跋涉者〉》、《从出版〈生活的路〉所想到的》等。

韦君宜的书评，突出的特点是注重图书的社会意义、历史意义、教育功能等。如《读〈可爱的中国〉后》宣传爱国主义；推崇海伦·凯勒的《我生活的故事》，认为这本奇书鼓舞人的力量；[①] 高度肯定朴素的《把一切献给党》就是艺术作品，因为它体现了集体与个人相结合的英雄主义；[②] 在《读〈牛虻〉》中，她高度评价小说重要的意义在于，"爱祖国、爱人民、痛恨敌人的精神，这样坚强勇毅、百折不挠的革命意志，都是值得我们学习的"。她以自身的经历，评述宗璞《南渡记》的历史意义："文学是表现历史和生活的。其中的各方面都在表现之列。有些读者也许不喜欢不能供当前娱乐的作品，但是有不少读者会珍重地保存给历史和生活留下影像的作品。《南渡记》写了一部分人的历史的一个侧面。"[③]

社会教育意义之外，作为一名成熟的作家，韦君宜的书评同时特别注重真实性、文学性、艺术性等作品的重要因素。对于司徒乔的

---

① 韦君宜：《盲聋人写光明的书——介绍〈我生活的故事〉》，《韦君宜文集》第四卷，人民文学出版社 2013 年版，第 237—238 页。

② 韦君宜：《英雄的剖白——读〈把一切献给党〉》，《韦君宜文集》第五卷，人民文学出版社 2013 年版，第 45—47 页。

③ 韦君宜：《〈南渡记〉漫谈》，《韦君宜文集》第四卷，人民文学出版社 2013 年版，第 321 页。

传记《未完成的画》，韦君宜看重其"在'帮'风盛行了十来年之后，看了这样的作品，给人第一个感觉是耳目一新，如同在清晨的新鲜空气中作一次深呼吸"。作者在书中写及自己没有去延安参加革命这一知识分子的弱点，有人提出应该改写，即"把传记的主人公写成一个坚决无畏的革命者才合适"。韦君宜指出这正反映了受"四人帮"流毒之深，以至于一写传记就只能树碑立传、歌功颂德，"以致把传记文学这一文学样式糟蹋完了"①。老干部、延安中央医院门诊部医生珠珊，业余写了一部长篇革命历史小说《爱与仇》。本来不敢抱多大希望的韦君宜，在与同事审稿后认为："这部作品里有着真正堪称为艺术的东西，别人想也想不到的东西，从生活中来而不是职业作家所能编造的东西。……这部作品却又绝对不是目前流行的那些胡乱用幻想代替革命历史，在生死斗争中乱加什么美男计美女计的荒唐作品，她是写得十分真实可信的。"② 比如写煤矿改革的《跋涉者》，"光一听这题材，就能引起人们习惯性的腻味。读者实在怕读那种干得和煤块一样的矿业小说。我当编辑就最怕它，还不如看论文，还能从人家的逻辑思维里得到一点享受；至于写改革，到（应为"倒"——引者注）写成了'改革文学'，按方抓药，也就引不起读者多大兴味了"。但这本小说的成功之处，"就在突破了上述框框，它写的是人，是人的命运"③。韦君宜高度评价魏巍的《东方》，认为小说以鲜活的人物形象，

---

① 韦君宜：《〈未完成的画〉读后》，《韦君宜文集》第五卷，人民文学出版社 2013 年版，第 107—110 页。

② 韦君宜：《〈爱与仇〉及其作者印象记》，《韦君宜文集》第五卷，人民文学出版社 2013 年版，第 113—115 页。

③ 韦君宜：《读〈跋涉者〉》，《韦君宜文集》第四卷，人民文学出版社 2013 年版，第 314—315 页。

突破了"四人帮"在群众中散布的思想框架和历年来公式化的理论。"这部作品中的人物是从生活中来的艺术形象，而'四人帮'的一套作法只不过是与生活及艺术毫不相干的七巧板游戏而已。"① 与艺术性相关，韦君宜对具有大众化、民族化特色的作品非常欣赏。早在 1961 年，她曾向作家马识途组稿笔记小说《夜谭十记》。"文革"后旧话重提，经过二十年，小说终于出版。韦君宜除了"一种当编辑的应有的喜悦之外，作为读者也的确很喜欢它"。原因在于它"很能抓人"：

> 《夜谭十记》到底算长篇小说还是短篇小说集？这问题我也回答不出来。说它是长篇呢，十篇故事各自有头有尾。说它是短篇呢，十篇有一个总的布局，或曰总的故事，是十个科员在开冷板凳会摆的龙门阵。十篇所写的背景，也基本一样，都是那黑暗年代里在四川小县和山乡发生的人吃人的故事。如果把头尾去掉，一篇一篇完全分开，就有点儿损伤了作者的总体构思了。反正这本书在目前出现，光体例就挺特别的。它有点像《一千零一夜》或《十日谈》，你说它们到底算长篇还是短篇？好像我们一般都还是把这两本书作为一个整体来看，也即长篇。……反正我是觉得这书很有味道的。……我分析不出来什么思想性、艺术技巧等等道理，只是觉得读它可以采用我们平时读《红楼梦》《水浒》的方式，下午疲乏了，抓起来就可以看一段，躺在床上也能看一段，而且看了前半段总想知道后半段怎么样。反正，它很能抓人，跟我们的新小说不一样。……这部作品是民族形式的。这

① 韦君宜：《活生生的英雄形象》，《韦君宜文集》第五卷，人民文学出版社 2013 年版，第 103 页。

所谓民族形式，既不是指章回体的"且听下回分解"、押韵合辙，也不是指塞进大量的方言俗语（当然，它也有一点儿）；而是那富有故事情节的、段段都有悬念的、叫人拿起来放不下的形式，描写叙述都极简洁、水分很少的形式，是为我国的多数读者所欢迎的一种形式。看看前几年《七侠五义》畅销几百万册，刘兰芳演播的《岳飞传》风靡全国的情况，便可察知。不能光埋怨这些群众落后，不懂欣赏阳春白雪，更不是他们都一心要想吞吃鸦片，吸收封建毒素，而是他们对那个传统的民族形式实在着迷。这里有颇大一部分是艺术爱好的问题，不能都说成是思想问题。可是，我们搞创作的人，能从写法上来吸取民族形式的长处的，实在并不多，马识途同志能做到，实在是值得高兴的。……这部独特的作品，未必能（甚至肯定不会）成为当代创作的一种普遍趋向。但我想读者是会欢迎它的，它有着为群众所"喜闻乐见的中国作风和中国气派"。①

韦君宜的书评写作还有一个突出特点，即褒贬态度鲜明而不含糊。在肯定作品优点的同时，她在书评中从不惮于指出其思想或艺术方面的不足。她在此前曾直接批评过刘心武"某一说法很不得体"。但1984年，刘心武的《钟鼓楼》刚在《当代》连载完，韦君宜偶然看到后半部，一看就放不下，又找来前半部看，并在《光明日报》发表书评《我喜欢长篇小说〈钟鼓楼〉》。刘心武说："她那篇评论基本上全是肯定的话，好处说好，直言不讳，不知底里的人看了，或许会

---

① 韦君宜：《读〈夜谭十记〉随笔》，《韦君宜文集》第四卷，人民文学出版社2013年版，第239—241页。

以为我早拜在她门下，关系一贯融洽，哪知我们原是红过脸的！"①

作为一名出版人，韦君宜特别注意评论文章对于帮助作者改进创作的建设性效果。她认同李子云的评论文章"对作者朋友似的态度"：

> 不但肯定她们的长处，而且对她们的短处和未能做到的地方也是采取友谊的理解态度的。知道她们为什么没有做好；或者本来可以做好，只是在某一点上想得出了点儿岔子；但是，这都是在美的追求中间的一点失着。好比一个好朋友做了一件有缺点的事，敞开心扉跟她谈一谈，她也不会生气的。我觉得这样的格调在评论文章中十分难得。我常常是有点害怕那太过严肃的评论文章的。虽然也知道我对这得认真学习。……不要光是指责她，而要鼓励她放开眼光、开阔胸襟，把个人前途和国家命运结合起来。我读后觉得这样的态度才能够帮助年轻的作者，她们会感谢评论家的。年轻的作者既受不得一哄而起的哄然叫好，也受不起毫不谅解他们心情的严厉的指责。他们还嫩弱，有时候好心也能达到不太好的效果。他们要的是关心。……集中还有不少好文章，对于我这当编辑的有益。她所论及的作品，我大多看过。也有的意见我未必完全同意（如对张洁《爱，是不能忘记的》）。但她对所有这些作家差不多都是抱着友善的态度作评论，即谈缺点，也是"嘉善而矜不能"，这一点都是一样的，我完全同意的。我觉得这正是我们当编辑的人所必需的。我早说过，自己没有资格对评论文章发表评论。读了她的评论集只有这一点儿心得：要做一

---

① 冯骥才：《直来直去》，于光远等：《韦君宜纪念集》，人民文学出版社2003年版，第233页。

个好的评论家（除了对蓄意攻击或蓄意卖弄者外）必须爱你所评论的作家和作品，因为他们都是同志，要对我们正在欣欣向荣的文学事业充满爱心，而后无论说优点说缺点，皆可挥洒自如。要做个好编辑恐怕也一样。[①]

对自己编辑之余的出版评论、书评等写作，韦君宜有着清醒的思考、自觉的定位。在编辑《中国青年》杂志时，她写了"谈青年工作的大量杂谈杂论，却没有留下几篇可读的文学作品"[②]。20世纪80年代初，她仍沿着这一"老传统"，写了不少青年思想的文章。她自称"力求显露，避免含蓄，艺术价值是一点也没有的。我写它是为了过去做过青年工作，至今仍愿为青年效一点力，写时我还是严肃的"[③]。她形式多样的出版评论、书评等与此类似，重在发挥普及、辅导、针砭等功能基础上的社会效用。

---

① 韦君宜：《我的心得》，《韦君宜文集》第四卷，人民文学出版社2013年版，第297—299页。

② 韦君宜：《我的文学道路》，《韦君宜文集》第五卷，人民文学出版社2013年版，第125页。

③ 韦君宜：《故国情·后记》，《韦君宜文集》第四卷，人民文学出版社2013年版，第247页。

## 结　语

人民出版家的思想底色、
专业精神与践行

梯理韦君宜革命家、出版家与作家三位一体的编辑出版生涯，除了让读者了解到她在主持《中国青年》、《文艺学习》期刊与人民文学出版社丰富、复杂的编辑出版经历，了解到她在青年思想教育、文学普及与人民文学出版等多个方面的巨大贡献外，更带给人们诸多思考。

首先，出版家韦君宜有着革命家的思想底色。按照出版史学者的代际划分，可以将 20 世纪的中国出版人大体分为五类（或五代）：第一类是民主主义者、爱国主义者，如章锡琛、张元济等；第二类以邹韬奋为代表，由民主主义者向共产主义者转变；第三类是无产阶级革命家、马克思主义者，以陈独秀、瞿秋白、恽代英等领导或参加出版工作的中共早期领导人为代表；第五类出版人则以"文革"后大学生、跨世纪出版人为主。第四代或曰第四类出版人，以王益（1917—2009）、陈翰伯（1914—1988）、王子野（1916—1994）、许力以（1923—2010）、边春光（1925—1989）、陈原（1918—2004）、王仿子（1916—2019）等为代表。他们大多是在新中国成立以前开始参加革命文化事业，在新中国成立后从事新闻出版领导工作的。"这部分文化人有较高的马克思主义理论水平，同时又有较高的出版编辑能力，有丰富的出版文化实践经验，在本行业中，他们大多是有胆有识的领导者。"[①] 从一二·九运动、延安开始革命新闻出版工作的韦君宜，堪称第四代出版家群体中的典型代表。从早年的爱国青年"小魏"到晚年的革命老干部"韦老太"，真诚而坚定的革命信念是她曲折人生的思想底色。从延安时期编辑《中国青年》，到共和国时期编辑《中国青年》、《文艺学习》进行青年思想教育、文学普及，再到在国家级文学出版机构从事文学出版工作，在韦君宜看来，出版绝不是一己书生之事，而是革命事业的一部分；她本人，则是整个中国革命进程中的一位有机知识分子。服务于国家民族解放、青年思想教育、人民文学建设与思想解放，为中国革命的胜利、新中国社会主义建设、新时期的改革开放助力，是她从事文化宣传、新闻出版工作的主要动力与目的。从革命年代以出版进行政治动员、新时期以出版推动改革开放，到经济建设年代以出版推动精神文明建设，革命者韦君宜在出版生涯中从来没有放弃其关怀社会、直面现实、心忧天下的追求、担当与责任感。这种经历与定位，赋予了其出版人生以厚重、

---

① 李白坚：《中国出版文化概观》，广西教育出版社1999年版，第110页。

神圣、进步的品质。在进行青年思想教育时，她不遗余力地在《中国青年》、《文艺学习》的编辑实践中对广大青年、文艺爱好者进行爱国主义等主旋律教育；在新时期的文学出版工作中一再强调出版家（而不是出版商）的社会责任感，坚持以人民文学服务于人民、服务于社会主义。即使在她为之奋斗的民族国家建设出现暂时的曲折时，她仍不忘记在出版工作中为之辩护。比如她不止一次地提醒新时期刚入职人文社的编辑何启治：在知识青年写的文章中，绝对不要出现"油票"、"粮票"、"糖票"一类的字眼。"言下之意是，无论我们国家如何困难，都是暂时的，都不该公之于众，颇有点家丑不可外扬的味道。"①20 世纪 80 年代，韦君宜不断为编辑的社会待遇鼓与呼；而在出访美国时，她注意到的却是，在美国，"编辑没有地位，权力都在大老板，编辑只是文字加工，编辑地位很低，不受尊重，由此觉悟到：我们国家的编辑是何等的辛苦，有些书，就是我们编辑发现、帮助之下才出来的。我们的编辑在我国文化发展上，确实功劳很大。地位也比他们编辑高，这是我们优于他们之处"②。这种自己的祖国不允许外人稍有轻贱的心理，典型地体现了那一代革命者深沉的爱国主义情怀。翻译家文洁若说，自己在人文社工作了一辈子，历任社长中，最为钦佩长征干部冯雪峰与作家韦君宜。"他们是冒着生命危险入党的，对他们来说，高悬在一切之上的是远大的革命理想。"③从知识分子的类型来看，与传统的

①　何启治：《夕阳风采——韦君宜素描》，于光远等：《韦君宜纪念集》，人民文学出版社 2003 年版，第 407 页。

②　韦君宜：《和美国同行相处的日子》，《韦君宜文集》第五卷，人民文学出版社 2013 年版，第 365 页。

③　文洁若：《韦君宜——我的清华学长》，于光远等：《韦君宜纪念集》，人民文学出版社 2003 年版，第 426 页。

士大夫，即在社会变动中坚信凭借文化的传承保持相对稳定地位的知识群体不同，也与现代化国家知识分子更多追求个体自由与解放不同，如杜赞奇所说，在中国、印度那样新的民族国家，知识分子与国家面临的最重要工程之一，"过去是、现在依然是重新塑造'人民'。人民的教育学不仅是民族国家教育系统的任务，也是知识分子的任务"①。在20世纪中国救亡图存的革命历程中，韦君宜们自觉地以有机知识分子的自我定位与价值认同，参与人民出版、人民文化的建设。他们从来不以"价值中立者"自许，而是自觉成为在中国共产党的领导下引领大众投身到革命实践中去的组织者与建设者，成为包括出版在内的社会主义文化领导权的重要依靠力量。有研究者注意到韦君宜有着"明确的'一二·九'爱国青年以及革命老干部的身份意识"②。从早期的爱国青年到"十七年"时期的下放干部、新时期的老干部，韦君宜革命者的身份不仅对其创作，更对其编辑出版事业产生了深远的影响。无论在革命战争还是社会主义建设、思想解放的过程中，韦君宜对编辑出版事业都体现出极为投入、真诚、纯粹的追求与严肃、崇高的态度，这正源于其革命者身份的自信、自然与自觉。

其次，在整个出版过程中，韦君宜的出版思想与实践体现出鲜明的人民性色彩。在20世纪，"'人民大众'成为'革命主体'代表了一种不可遏制的历史趋势"③。中国共产党领导的20世纪中国革命与建设，更是一个不断召唤、动员、教育与组织人民，以人民群众为实

---

① ［美］杜赞奇：《从民族国家拯救历史：民族主义话语与中国现代史研究》，王宪明译，社会科学文献出版社2003年版，第19页。

② 蒋芝芸：《韦君宜小说简论》，华中师范大学出版社2018年版，第149页。

③ 罗岗：《人民至上：从"人民当家作主"到"社会共同富裕"》，上海人民出版社2012年版，第65页。

践主体、以人民性为价值轴心推进与发展的过程。在这个宏大的历史进程中，形成了人民至上的核心理念与"人民性"文化。社会主义文化领导权的实现，不是自上而下的"文化操纵"过程，而是一个需要大众积极参与并产生认同的过程。回到历史现场可以看出，新民主主义—社会主义文化革命和文化建设的任务与性质，决定了它必须是大众化、通俗化的形式与风格。以1942年发表《在延安文艺座谈会上的讲话》为标志，毛泽东与中国共产党建构起了政治规范性的人民文艺理论。其中的核心理念有三：（一）文艺的服务对象是"最广大的人民"，首先是工农兵群众；（二）文艺服从于政治；（三）从工农兵出发，处理好普及和提高的关系，"在目前条件下，普及工作的任务更为迫切"①。随着社会政治的变化，在延安根据地实践的"新文艺运动"及其"文艺应为大众"的创作目标，逐渐成为"明天要在全国实行的"、坚持的"根本方针"②。1949年9月的《中国人民政治协商会议共同纲领》第四十九条规定"发展人民出版事业，并注重出版有益于人民的通俗书报"；1949年10月召开的全国新华书店第一届出版工作会议第一次将毛泽东提出的"为人民服务"的思想确定为新中国的出版方针，开始建立人民出版事业体制。在这一时代性命题的吁请之下，韦君宜的编辑出版实践与思想表现出主动、自觉的人民性认同。她的出版实践、贡献与思想，使她真正称得上人民出版家。她出身富家，求学于高等学校清华，但她最终以为人民提供精神食粮的"人民文学出

---

① 毛泽东：《在延安文艺座谈会上的讲话》，《毛泽东选集》第三卷，人民出版社1991年版，第854—865页。

② 周扬：《艺术教育的改造问题——鲁艺学风总结报告之理论部分：对鲁艺教育的一个检讨与自我批评》，《周扬文集》第一卷，人民文学出版社1984年版，第411页。

版"为终极追求。在延安时期的战争状态下，纸张、印刷等物质条件有限，人民识字率普遍偏低，这些艰苦的条件对文化队伍创造人民文化的态度与方法提出了要求与挑战。韦君宜在编辑《大众报》、《中国青年》时，对言语通俗化、出版大众化极下功夫。及至进入北京主持《中国青年》、《文艺学习》以及人民文学出版社的过程中，她对文化普及的重视、对"读者意识"的强化、对奉献精神的倡扬等，都体现出鲜明的人民性色彩。《文艺学习》在 20 世纪 50 年代文艺期刊群中脱颖而出，重要的因素在于其服务青年、普及文艺的品格。共和国成立伊始，政治上获得解放的工农大众迫切需要"文化翻身"，成为历史的新主人。人民文学出版社以高度组织化为特征的新型的文学生产方式，高效地实现了"大家要学点文学"、"劳动人民应是文化的主人"①的目标。它以大量的大众性、普及性、民族性等特点鲜明的文学作品，传播革命性、进步性的社会主义文学理想与政治观念，建构起"人民文学"的宏大格局与厚重内涵；以为广大人民读者服务的方式，真正落实了"民族的、科学的、大众的新民主主义文化"、"文艺的工农兵方向"、"文艺为工农兵服务"等重大理论命题。20 世纪 80 年代，韦君宜积极缓解"书荒"的举措、对通俗文学的宽容与建设、对《文学故事报》的情有独钟与倾力扶持，都体现出她对"人民"文学出版、对文化人民性的深刻理解，以及以通俗而健康的精神食粮服务于大众的自觉追求。在编余，韦君宜撰写了大量谈青年工作、出版工作、文艺工作等主题的杂谈杂论，自称力求显露、避免含蓄，没有艺术价值与文学性，但写作态度是严肃的；有意地尽力说得浅露，完

---

①　人民文学出版社"文学小丛书"编辑说明。

全没有含蓄，文章很不讲究，只希望能"赶"上青年给予刊物的"任务"就行。这也可以看出韦君宜作为一名作家、知识分子难得的以"觉世"而非"传世"、以真诚服务民众而非自我满足的创作价值观和编辑价值观。对出版人民性的认同与践行，是对新中国以工农兵为主体的大众的文化权利的理解、重视与奉献。精英知识分子出身的韦君宜，历经革命的洗礼，表现出自觉服务于大众的奉献精神、人民性价值观，这是尤其值得今天的出版人敬重与学习的。自21世纪初以来，"人民文学，重新出发"、"重返人民文艺"等成为文艺界的潮流，重申发扬文学为"人民立言"的优良传统，确立文学的人民立场。[①] 韦君宜一代出版家身上所体现的文化服务于人民的精神，是特别值得激活、倡扬的精神资源。

再次，在整个编辑出版生涯中，韦君宜努力建构出版人的专业主义标准，守护专业主义精神。除了提升自身工作的专业化水平和效率，专业主义在很大程度上还体现在强化自身地位和话语权，是提高社会认可度、信任度和尊崇度的一种手段。[②] 文化场域的专业主义，更多是改革开放新时期才能从容酝酿、培育出的一种精神与标尺。对于20世纪中国的编辑出版业来说，由于"救亡压倒启蒙"的世纪性命题，自洽、成熟的专业主义理念和规范发育较为艰难、精神较为稀薄。而极为难得的是，基于知识分子启蒙主义的立场，在漫长的编辑出版生涯中，不管是在战争年代、社会主义革命和建设时期还是改

---

① 欧阳友权：《人民文学，应该重新出发——就"人民文学"问题答黄浩先生》，《文艺报》2004年5月1日。何志钧、秦凤珍：《也论人民文学的重新出发》，《当代文坛》2007年第4期。

② 宣海林：《价值定位与规则确立：出版专业主义及其建构》，《中国编辑》2019年第6期。

革开放新时期，韦君宜一直努力建构专业主义标准，守护专业主义精神。因其难能，所以可贵。这不仅体现在编校实务中她一直以谨严的工作作风要求自己与同人，还在于她将所秉持的专业主义精神贯彻到青年思想教育、文艺普及与文学出版的所有场域、各个层面。在主持以思想教育为主旨的《中国青年》时，她努力避免将思想教育与专业学习简单对立，积极引导青年加强文化知识的学习；警醒在学习过程中出现"左"的极端化倾向。在主持文艺普及性刊物《文艺学习》时，她的思想从"正统的教条主义者"向"非正统"转变。在《组织部新来的青年人》等大讨论中，在总体维持"讨论"的平衡态势下，通过"编者的话"等将天平略微倾向于肯定年轻探索者、思想者的一边。在"十七年"、新时期文学成为国民情绪宣泄渠道的氛围中，编辑群体的职责、形象等经常受到社会的误解、苛责，"强大"的"读者"约束常常使得编辑变得"犹疑"，出版人群体的专业话语权受到影响。在对编辑的修养与素质的思考中，韦君宜认为最重要的是要有不计名利的奉献精神，讲究编辑道德，公平公正地对待来稿。但这并非意味着对作者的宽纵与无原则的服从。她坚持以专业编辑的眼光进行选稿与编稿，提出专业性的文学标准，引导作者以真实标准与现实主义精神进行创作，在出版界建构良性、健康的编创关系。专业主义的内核，不仅是工具理性层面上的工匠精神，更是价值理性层面上体现出以公共利益为准绳的社会责任感和公共精神。文学是社会的事业而不是个人成名成家的捷径，韦君宜提出的"写得不行的作品决不能去浪费大量纸张油墨和读者的精力，不论作者怎样为此伤心着急，也不行"，"稿子不行，不发它使你不愉快，但是发了它就对不起若干万读者。哪个更重要呢？"这正体现了她注重编辑树立公信力、维护社会（读者）公共利益、建构专业主义的明确追求。唯其如此，才能对新时期的文学生产、出版业发展产生积极影响。除了奉献精神、职业道德，韦君宜还强调编辑需要专业修养与业务才干，注重编辑素质的提升，强调编辑创作活动对编辑工作的促进作用。在 20 世纪 80 年代中期通俗文学大行其道的潮流中，她提出只有以通俗而健康的文学来满足大众的精神需要而不是简单禁止，才能真正使得低俗的读物退出市场，文化环境得到净化。20 世纪 80 年代中后期，韦君宜对转型期的出版业，尤其是关于发行难困境的破解、出版业体制改革等方面的思考，体现出其丰富的实践经验与思想的前瞻性。从总体来看，第四代出版家群体，在特定的政治情境下，其职业道路与专业精神曾经一度迷失。及至改革开放，他们有机会重回出版文化原来的位置，很快以文化的眼光和经济产业的眼光来看待和审视出版行业，由此推动中国出版的文化功能逐步恢复，出版人的视角发生改变，出版行业的理论水平和思想水平随之提高。① 韦君宜一代出版家对出版专业主义标准的建构、对出版专业主义精神的守护，保证了中国当代出版业的知识含量、文化品格与精神高度，也使得中国的文学出版、人民文学事业在战争、政治运动以及市场经济等外在环境的影响中能够不断地"其命维新"。

最后，韦君宜的编辑出版生涯体现了复杂的现当代社会环境对出版的深度影响。作为其中的一个场域，出版无法自外于社会环境。政治、经济等外在环境，会从行业治理制度与主体内在心理认同等多层面深刻影响出版业的每一个环节。而在 20 世纪的中国，艰苦的民族

---

① 李白坚：《中国出版文化概观》，广西教育出版社 1999 年版，第 110—119 页。

解放战争、政治运动、艰巨的社会主义建设、迅即而至的市场经济，使得出版在民族国家解放、政治动员、思想解放、精神文明建设等多个宏大的主题中，承担着极为吃重的角色。身处其中，韦君宜的编辑出版生涯可谓典型地体现了复杂的现当代社会环境对出版的深度影响。作为一名革命知识分子，韦君宜的编辑实践与思想，与民族解放、社会主义建设、阶级革命与经济发展等民族国家的话语相纠缠。她秉承着一位革命者真诚的信仰与使命感，认同人民话语规范。但作为一名知识分子，不可否认的是，她的思维方式、专业结构甚至包括个人性情在内等因素形成的个性启蒙话语，与外在复杂多变的社会环境时常产生一定程度的紧张感。在延安时期，她在《中国青年》上发表的杂文随笔表现出关注社会问题的批判精神。在新中国主持《中国青年》时期，她对青年工作中的极左做法，提出过不同的意见。主持《文艺学习》时，她对"干预生活"文学的潜在支持与认同，因为"不合时宜"而导致停刊，"想起来总感觉心里不平静"①。走出"文革"后的人民出版，对文化"人民性"的理解与实践，同样充满了挑战与探索。新时期，出版事业与人民的关系得到了良性的调整，但是，时代决定了思想探索与解放不可能急速突破当时的认识与规范的边界。韦君宜在扶持当代文学尤其是中长篇小说的出版过程中，遭遇到不少阻力与压力，这需要足够的胆识与勇气来承担风险。及至经济建设的转型时期，"人民出版"又一度面临着过度商业化、市场化、媚俗化的诱惑与考验。凭着革命出版人丰富的实践经验，出于知识分子的人文情怀，韦君宜对市场与社会转型引发的价值迷失有所忧虑，发出了

---

①　韦君宜：《忆〈文艺学习〉》，《韦君宜文集》第四卷，人民文学出版社 2013 年版，第 280—282 页。

深刻的警醒与批评之声，也提出了前瞻性的改革思路。总之，如 20 世纪诸多出版人一样，在践行人民出版的过程中，韦君宜内在的个体启蒙性追求与外在的政治、经济与社会之间，不断纠缠，不断调适，而最终创造了无愧于时代的出版业绩，交出了一份让后人敬重的人生答卷。她的编辑思想和实践的艰难探索，充分反映了复杂的现当代社会环境对出版业的深刻影响。这也是韦君宜等一代出版人人生色调异常凝重、厚重的原因。

出版史家李频在研究与韦君宜同时代的文学编辑家秦兆阳时，注意到秦在《最后的歌》中以"照见时代的镜子"自喻表达出的晚年之惑："秦兆阳一生充满了矛盾，而矛盾的集中表现就在于对编辑家一生从肯定到否定的评价悖论。"李频认为，秦兆阳的临终问题表面看来是对自己以及一批文学编辑家、文艺家人生遭际的命运叩问，其实质是对文艺界历史实践的反思，具体地说是从文学编辑的角度对文学与政治关系的深刻反省：

秦兆阳是新中国第一代文学编辑家的典型代表。……其代际特征是鲜明的：青年时正当抗日战争投奔延安走向革命；建国后走向编辑出版工作的领导岗位；人生的盛年期与共和国的历史共沉浮共命运。秦兆阳"临终"问题、"镜子"问题既指向新中国第一代文学编辑家的主体价值，也从一个侧面较典型地表现了他们的群体特征。……还可简要平行比较的是：当秦兆阳以《农村散记》闻名文坛时，韦君宜以《中国青年》总编辑身份活跃在新中国的思想、舆论阵地；1957 年，秦兆阳执行主编《人民文学》受批判，韦君宜主编《文艺学习》被停刊；晚年韦君宜留下《思痛录》，秦兆阳"临终"问题、"镜子"问题何尝不是另一种形式的"思痛录"，一样凝聚了批判和反思精神。于此值得追问的是，经历"反右"和"文革"等政治运动后，秦兆阳、韦君宜是否还有继任者，他俩是否已经成为新中国编辑出版家中最后的思想者？如果一个编辑家、出版家个体没有思想者的底色，这样的编辑家、出版家以及作为他们行为结果的出版物该是怎样的形态和风貌？如果一个时代的编辑家群体不以思想为底色，不追求其独立性思考与选择，那么这个社会、这个时代的出版文化该是怎样的思想文化形态？怎样的历史文化价值？这才是秦兆阳、韦君宜等新中国第一代编辑家、出版家以其一生的矢志追求留下的世纪问题。有学人严正地倡议"回应韦君宜"，出版界、出版理论界义不容辞在当前历史条件下有所应答。①

一代有一代之出版，一代出版人亦有一代出版人之使命。从将出版视为"政治工作"但认可具有文化事业与经济事业两重属性，到将出版看作"阶级斗争的工具"，再到新时期重新明确出版具有意识形态属性、文化属性、产业属性，将出版作为文化产业的重要组成部分，当代中国对出版性质的认识，历经曲折艰难的理论探索与实践。② 在这个发展历程中，出版人一直在与时俱进地传承着人民出版精神，践行着出版的人民性价值观，开放性地理解文化并通过创造深化着"人民性"的丰富内涵。努力提供普惠性的公共文化服务，保障

---

①　李频：《编辑家秦兆阳研究中的四个问题》，李频、王瑞主编：《编辑家秦兆阳研究》，人民文学出版社 2013 年版，第 209—210 页。

②　杨军：《新中国对出版性质认识的历史轨迹探究》，《出版发行研究》2009 年第 9 期。

人民群众基本文化权益，改善文化民生，成为人民出版当下重要的任务。这也正是以出版家韦君宜为人格代表的人民出版的核心内涵和价值观念。从这个意义上来说，所谓"回应韦君宜"，不仅是一个理论命题，更是一个实践命题。

# 韦君宜编辑出版大事年表

**1917 年**

12 月 10 日出生于北京，取名魏蓁一。

**1934 年　17 岁**

考入清华大学哲学专业。

**1935 年　18 岁**

1 月 10 日在《清华周刊》第四十二卷第十一、十二期合刊上发表诗歌《静眺》、《倚窗》。此后，开始在《清华周刊》、《大公报》、《庸报》、《国闻周报》、《北平学生》等北方报刊发表作品。

被聘为《清华周刊》第四十三卷"特约撰稿人"。

参加一二·九运动，在运动中书写传单等。

**1936 年　19 岁**

1 月 4 日，参加"平津学生南下扩大宣传团"。后成为扩大、组建的"中华民族解放先锋队"首批队员。经蒋南翔介绍加入共青团，后转为中共党员，成为中共北平地下党干事。

10月，被聘为《清华周刊》第四十五卷《哲学栏》编辑。

### 1937年　20岁

8月28日，从天津塘沽乘开往广州的"湖北号"轮船南下。

10月下旬，到长沙临时大学报到注册，成为"临大"文学院心理教育系四年级学生。

### 1938年　21岁

在湖北襄阳、宜昌、武汉等地从事抗日救亡和恢复党组织的工作，担任中央宜昌区委组织部部长。

12月，由党组织安排，从成都经西安奔赴根据地延安。

### 1939年　22岁

1月初，抵延安。被分配在中央"青委"（中央青年工作委员会）。先后参加"青委工作组"、"西北青年救国会考察团"，去安塞、晋西北考察农村"青救会""妇救会"等革命团体的组建和开展工作情况。

9月，返回延安，开始《中国青年》的编辑生涯。

### 1940年　23岁

7月，第二次赴晋西北，筹划和出版《中国青年》（晋西版）。

8月19日，参加在兴县召开的晋西青年第一次代表大会，产生"青联"执委会，为九人常委之一，在宣传部主要负责《中国青年》（晋西版）的编辑出版工作。

**1941 年　24 岁**

4 月回延安，在延安青年干校执教。

7 月 8 日，在丁玲主编的《解放日报》的《文艺副刊》专栏上发表短篇小说《龙》，后被收入由周扬编选，东北书店出版的《解放区短篇创作选》。

**1942 年　25 岁**

调至绥德分区地委宣传部，在地委机关报《抗战报》任编辑、记者。

**1945 年　28 岁**

年初，调延安中央党校，在校部教务处任干事。

抗战胜利后，调延安新华社任口语广播部编辑、记者。

**1946—1947 年　29—30 岁**

随新华社大部分人员撤至瓦窑堡接替延安广播。在涉县建立临时总社，编成行军行列，历时数月，进入晋察冀边区的平山县。

**1948 年　31 岁**

参加中国新民主主义青年团筹建工作，负责《中国青年》的复刊工作。

12 月 20 日，复刊后的《中国青年》第一期出版，韦君宜为编辑干事。

**1949 年　32 岁**

4 月 11—18 日，出席中国新民主主义青年团在北平召开的第一次全国代表大会，出任团中央宣传部副部长兼团中央机关刊物《中国青年》总编辑。

**1953 年　36 岁**

作为青年团派出的代表参加中国文学艺术工作者第二次全国代表大会暨

中国文学工作者第二次代表会议。一度出任北京市文化委员会副书记。

7月，调至中国作家协会。

**1954 年　37 岁**

4月27日，中国作家协会主办的《文艺学习》创刊，任主编。

**1955 年　38 岁**

10月，将在《中国青年》上发表的部分作品修订结集为《前进的脚迹》，由中国青年出版社出版，收录青年工作文章13篇及后记。

**1959 年　42 岁**

参加长辛店二七机车车辆工厂史的编写工作，后以《北方的红星——长辛店机车车辆工厂六十年》为名，由作家出版社于1960年2月出版。

**1960 年　43 岁**

调作家出版社任总编辑。

**1961 年　44 岁**

4月，作家出版社并入人民文学出版社，出任第一副社长兼副总编辑。

**1969 年　52 岁**

下放至湖北咸宁的文化部干校。

**1973 年　56 岁**

从干校回到人民文学出版社主持工作。

**1979 年　62 岁**

7 月，《当代》创刊，人民文学出版社主办。撰写创刊词《发刊的几句话》。

**1980 年　63 岁**

短篇小说集《女人集》由四川人民出版社出版，收录短篇小说 17 篇。

**1981 年　64 岁**

8 月，散文集《似水流年》由湖南人民出版社出版，收录 1935—1980 年间散文作品 22 篇。

**1982 年　65 岁**

2 月，《洗礼》荣获中国作协"优秀中篇小说奖"。

**1983 年　66 岁**

中短篇小说集《老干部别传》由人民文学出版社出版，收录 1980—1982 年间中短篇小说 6 篇。

10 月，出任人民文学出版社社长。

参加由蒋南翔主持的中央党校《一二·九运动史要》编写组，作为该编写组的主要统稿和定稿人，开始长达两年半的编辑工作。

**1984 年　67 岁**

4 月，随中国笔会代表团访问挪威、瑞典、丹麦等国，历时半月。出席在联邦德国召开的中国新时期文学国际讨论会。

**1985 年　68 岁**

1 月，当选为中国作家协会第四届理事会理事兼主席团成员。

1月，《老编辑手记》由四川人民出版社出版，收录新时期（部分"文革"中）编辑工作文章 19 篇、后记及访问记 1 篇。

8月，散文集《故国情》由百花文艺出版社出版，收录 1981—1984 年间散文 24 篇及后记。

12月，长篇小说《母与子》由上海文艺出版社出版。

年底离休，出任社编审委员会委员、专家委员会委员、《当代》杂志顾问。

## 1986 年 69 岁

2月 15 日，出席民盟中央召开的关于当时出版、发行工作问题的座谈会并发言。《群言》第 5 期以《出版工作亟待改革》为题发表各位代表的发言，韦发言题为《读者想买的书买不到，书店想卖的书卖不掉》。

《一二·九运动史要》由中共中央党校出版社出版。韦君宜和黄秋耘负责全书的文字统一加工和定稿工作。

## 1991 年 74 岁

5月，中短篇小说集《旧梦难温》由人民文学出版社出版，收录作品 13 篇及《后记》，并附《韦君宜小传》。

8月，散文集《海上繁华梦》由人民文学出版社出版，收录散文、杂文 51 篇。

## 1994 年 77 岁

3月，在《当代》第 2 期发表长篇小说《露沙的路》（长篇连载）。

6月，长篇小说《露沙的路》由人民文学出版社出版。

## 1995 年 78 岁

8月，散文集《我对年轻人说》由人民文学出版社出版，分"同时代人"

（16篇）、"名人和普通人"（9篇）、"病中杂记"（28篇）三辑及后记。

12月20日，当选中国作协名誉顾问。

12月"中国当代作家选集丛书"之《韦君宜》卷由人民文学出版社出版。

## 1998年　81岁

5月，长篇回忆录《思痛录》由北京十月文艺出版社出版。

## 2001年　84岁

3月，大众文艺出版社出版邢小群、孙珉编《回应韦君宜》。将当时对《思痛录》的社会反响编辑成册，并附韦君宜所出作品集的前言、后记。

## 2002年　85岁

1月26日12时33分在协和医院病逝，享年85岁。

# 参考文献

韦君宜:《从编辑角度谈创作》,《民族文学》1983 年第 1 期。

韦君宜:《多师是我师》,《文学评论》1983 年第 6 期。

《韦君宜文集》全 5 册,人民文学出版社 2013 年版。

博玫:《中国出版体制创新》,南方日报出版社 2007 年版。

布莉莉:《"辞家豪气今何有"——韦君宜(1939—1949)研究》,《湖南工业大学学报(社会科学版)》2016 年第 5 期。

布莉莉:《韦君宜的编辑实践与文学创作研究》,硕士学位论文,南京大学 2014 年。

蔡兴水、郭恋东:《宏大叙事的样本——阅读〈当代〉(1979—2000)》,《文艺争鸣》2001 年第 5 期。

陈改玲:《重建新文学史秩序》,人民文学出版社 2006 年版。

陈矩弘:《新中国出版史研究(1949—1965)》,上海交通大学出版社 2012 年版。

陈南先:《师承与探索:俄苏文学与中国十七年文学》,华中师范大学出版社 2011 年版。

陈伟军：《传媒视域中的文学——建国后十七年小说的生产机制与传播方式》，广西师范大学出版社 2009 年版。

陈早春：《蔓草缀珠》，人民文学出版社 2005 年版。

程凯：《新青年与旧家庭——以新中国成立初期〈中国青年〉上的相关讨论为中心》，《文艺争鸣》2017 年第 1 期。

程美华：《新时期（1978—2008）出版史研究》，学林出版社 2012 年版。

丁景唐等：《我与人民文学出版社》，人民文学出版社 2001 年版。

董瑞兰：《文艺学习（1954—1957）研究》，硕士学位论文，福建师范大学 2009 年。

董瑞兰：《〈文艺学习〉的广义修辞学研究》，南京大学出版社 2018 年版。

杜英：《重构文艺机制与文艺范式（上海，1949—1956)》，上海三联书店 2011 年版。

范国英：《茅盾文学奖的文学制度研究》，中国社会科学出版社 2009 年版。

范继忠：《中国期刊史第三卷（1949—1978)》，人民出版社 2017 年版。

方厚枢、魏玉山：《中国出版通史 9：中华人民共和国卷》，中国书籍出版社 2008 年版。

方厚枢：《出版工作七十年》，商务印书馆 2015 年版。

方厚枢：《中国当代出版史料文丛》，中国书籍出版社 2007 年版。

[荷兰] 佛克马：《中国文学与苏联影响（1956—1960)》，季进、聂友军译，北京大学出版社 2011 年版。

郝振省：《出版文化理性研究》，中国书籍出版社 2008 年版。

何明星：《从文化政治到文化生意——中国出版的"革命"》，广西师范大学出版社 2013 年版。

何启治：《朝内 166：我亲历的当代文学》，人民文学出版社 2016 年版。

何启治编撰：《光荣与梦想——人民文学出版社·复苏编》，人民文学出版社 2008 年版。

何启治：《美丽的选择》，首都师范大学出版社 2010 年版。

何启治：《文学编辑四十年》，人民文学出版社 2001 年版。

洪子诚：《材料与注释》，北京大学出版社 2016 年版。

洪子诚：《问题与方法——中国当代文学史研究讲稿》，北京大学出版社 2010 年版。

洪子诚：《中国当代文学史》（修订本），北京大学出版社 2007 年版。

胡德培：《文学编辑体验》，首都师范大学出版社 2010 年版。

胡友峰、郑晓锋：《论中国当代文学出版观念的变迁》，《浙江工商大学学报》2015 第 3 期。

胡友峰、郑晓锋：《人民文学出版社与红色经典的生成》，《兰州学刊》2016 年第 12 期。

黄发有：《中国当代文学传媒研究》，人民文学出版社 2014 年版。

黄品良：《建国初期我国出版业调整述论》，《广西社会科学》2006 年第 6 期。

黄伟经：《文学路上六十年——老作家黄秋耘访谈录（上）》，《新文学史料》1998 年第 1 期。

黄伟经：《文学路上六十年——老作家黄秋耘访谈录（下）》，《新文学史料》1998 年第 2 期。

蒋路：《蒋路文存》，人民文学出版社 2004 年版。

蒋芝芸：《韦君宜小说简论》，华中师范大学出版社 2018 年版。

蒯大申、饶先来：《新中国文化管理体制研究》，上海人民出版社 2010 年版。

黎之：《文坛风云录》，河南人民出版社 1998 年版。

黎之：《文坛风云续录》，人民文学出版社 2010 年版。

李白坚:《中国出版文化概观》,广西教育出版社 1999 年版。

李红强:《〈人民文学〉十七年(1949—1966)》,当代中国出版社 2009 年版。

李建军:《现代中国"人民话语"考论——兼论"延安文学"的"一体化"进程》,光明日报出版社 2008 年版。

李洁非、杨劼:《共和国文学生产方式》,社会科学文献出版社 2011 年版。

李洁非、杨劼:《解读延安——文学、知识分子和文化》,当代中国出版社 2010 年版。

李频、王瑞主编:《编辑家秦兆阳研究》,人民文学出版社 2013 年版。

李频:《龙世辉的编辑生涯——从〈林海雪原〉到〈芙蓉镇〉的编审历程》,河南大学出版社 1992 年版。

李频:《编辑家茅盾评传》,河南大学出版社 2006 年版。

李频:《出版:人学絮语》,河南大学出版社 2012 年版。

李频主编:《共和国期刊 60 年(1949—2009)》,中国大百科全书出版社 2010 年版。

李维:《编辑职业发展中的专业身份认同》,《出版发行研究》2010 年第 12 期。

李遇春:《文学史前史的建构——关于"编辑与八十年代文学"的思考》,《文艺争鸣》2013 年第 6 期。

刘建军:《"为人民服务"的命题史考察》,《马克思主义研究》2011 年第 7 期。

刘锡诚:《在文坛边缘上——编辑手记》,河南大学出版社 2004 年版。

刘锡诚:《文坛旧事》,武汉出版社 2005 年版。

龙世辉:《编余随笔》,人民文学出版社 1995 年版。

卢燕娟:《人民文艺再研究》,文化艺术出版社 2015 年版。

孟繁华：《传媒与文化领导权——当代中国的文化生产与文化认同》，山东教育出版社 2003 年版。

[日] 楠原俊代：《韦君宜与〈文艺学习〉杂志》，[日] 石川祯浩主编：《二十世纪中国的社会与文化》，社会科学文献出版社 2013 年版。

《聂绀弩全集》一至十，武汉出版社 2004 年版。

聂震宁：《在朝内 166 号的日子里》，江西高校出版社 2019 年版。

牛汉口述，何启治、李晋西编撰：《我仍在苦苦跋涉——牛汉自述》，生活·读书·新知三联书店 2008 年版。

彭波主编：《传奇如歌——〈中国青年〉的故事》，上海人民出版社 2000 年版。

戚学英：《作家身份认同与中国当代文学的生成（1949—1966）》，华中师范大学出版社 2013 年版。

秦晴、陈恭怀编：《编辑大家秦兆阳》，人民文学出版社 2013 年版。

秦晴、陈恭怀主编：《秦兆阳文集》全 6 册，武汉出版社 2016 年版。

秦兆阳：《文学探路集》，人民文学出版社 1984 年版。

人民文学出版社编：《光荣与梦想——人民文学出版社 60 年（1951—2011）》，人民文学出版社 2011 年版。

人民文学出版社编：《人民文学出版社六十年图书总目（1951—2011）》，王海波辑录，人民文学出版社 2011 年版。

人民文学出版社编：《他仍在路上——严文井纪念集》，人民文学出版社 2006 年版。

石湾：《昨夜群星灿烂——石湾编辑漫记》，作家出版社 2005 年版。

舒芜口述，许福芦撰写：《舒芜口述自传》，人民文学出版社 2014 年版。

苏福忠：《编译曲直》，商务印书馆 2014 年版。

孙晓忠：《建国初期文学报刊体制的建立与文学生产的关系——以〈文艺报〉为中心》，博士学位论文，北京大学 2002 年。

谭锐:《韦君宜从〈中国青年〉到〈文艺学习〉编辑思想探索》,《北京印刷学院学报》2014 年第 1 期。

谭锐:《韦君宜人民文学出版社时期编辑思想探索》,《北京印刷学院学报》2014 年第 1 期。

谭宗远编:《严文井文集》一至四,湖北少年儿童出版社 2000 年版。

涂光群:《中国三代作家纪实》,中国文联出版社 1995 年版。

涂光群:《人生的滋味》,中国工人出版社 2002 年版。

涂光群:《五十年文坛亲历记》,辽宁教育出版社 2005 年版。

屠岸口述,何启治、李晋西编撰:《生正逢时:屠岸自述》,生活·读书·新知三联书店 2010 年版。

屠岸等:《王笠耘纪念集》,人民文学出版社 2011 年版。

屠岸等:《朝内 166 号记忆》,人民文学出版社 2016 年版。

王本朝:《中国当代文学制度研究(1949—1976)》,新星出版社 2007 年版。

王培元:《永远的朝内 166 号:与前辈魂灵相遇》增订本,人民文学出版社 2014 年版。

王培元:《在朝内 166 号与前辈魂灵相遇》,人民文学出版社 2007 年版。

王秀涛:《中国当代文学生产与传播制度研究》,文化艺术出版社 2013 年版。

王仰晨等:《王仰晨编辑人生》,人民文学出版社 2007 年版。

王仰晨等:《文学编辑纪事》,首都师范大学出版社 2010 年版。

王颖:《延安时期〈中国青年〉研究》,《三门峡职业技术学院学报》2017 年第 1 期。

吴俊:《国家文学的想象与实践——以〈人民文学〉为中心的考察》,上海古籍出版社 2007 年版。

吴秀明:《当代历史文学生产机制和历史观问题研究》,中国社会科学出版社 2011 年版。

吴秀明：《中国当代文学史料问题研究》，中国社会科学出版社 2016
年版。

吴义勤主编：《文学制度改革与中国新时期文学》，文化艺术出版社 2013
年版。

武新军：《意识形态结构与中国当代文学——〈文艺报〉（1949—1989）
研究》，中国社会科学出版社 2010 年版。

谢保杰：《主体、想象与表达：1949—1966 年工农兵写作的历史考察》，
北京大学出版社 2015 年版。

谢波：《媒介与文艺形态：〈文艺报〉研究（1949—1966)》，复旦大学出
版社 2013 年版。

邢小群、孙珉编：《回应韦君宜》，大众文艺出版社 2013 年版。

徐志伟：《"十七年"时期农村新文艺读物的出版与传播》，《文学评论》
2013 年第 4 期。

许觉民：《风雨故旧录》，上海教育出版社 2002 年版。

许力以：《共和国初年出版领域的发展图景》，《出版史料》2009 年第 3 期。

杨凤城：《中国共产党与当代中国文化发展研究》，中共党史出版社 2013
年版。

姚丹：《"革命中国"的通俗表征与主体建构——〈林海雪原〉及其衍生
文本考察》，北京大学出版社 2011 年版。

衣芳等：《人民群众主体论——群众观、党群关系、群众工作理论研
究》，人民出版社 2008 年版。

艺衡、任珺、杨立青：《文化权利：回溯与解读》，社会科学文献出版社
2005 年版。

尹章池：《中国出版体制改革研究》，博士学位论文，武汉大学 2005 年。

于光远等：《韦君宜纪念集》，人民文学出版社 2003 年版。

袁亮主编：《中华人民共和国出版史料》1—13，中国书籍出版社1995—2009年版。

曾彦修：《平生六记》，生活·读书·新知三联书店2014年版。

张光年：《文坛回春纪事》上下册，海天出版社1998年版。

张均：《中国当代文学制度研究（1949—1976)》，北京大学出版社2011年版。

张利群：《文艺制度论》，中国社会科学出版社2008年版。

张柠：《再造文学巴别塔　1949—1966》，广东教育出版社2009年版。

张如法：《编辑社会学》，河南大学出版社1989年版。

张僖：《只言片语——中国作协前秘书长的回忆》，北京十月文艺出版社2002年版。

张欣驰：《韦君宜：在清华园的峥嵘岁月》，《中国出版》2011年第3期。

中国新闻出版研究院编：《中华人民共和国出版史料》14—15，中国书籍出版社2013—2014年版。

中国作家协会编：《中国作家协会第二次理事会会议（扩大）报告、发言集》，人民文学出版社1956年版。

周晓风：《新中国文艺政策的文化阐释》，中国社会科学出版社2008年版。


《中国青年（1939—1998)》光盘版，中国青年杂志社1998年版。

《文艺学习》（1954年第1期—1957年第12期）。

# 后　记

因为曾经从事文学编辑出版工作的关系，对于中国现当代出版家，我有着一种本能的学术兴趣。

从古至今，知识分子的人文精神主要是通过教育与出版来践行的。对于现当代出版家，我始终把他们当作中国知识分子一种特殊的类型来看待：与理念型知识分子不同，出版人不太注重"坐而论道"，而更注重"起而行之"。因此对世道人心，出版人往往有着一种更直接的、更深刻的介入与影响。

在我关注的出版人物当中，主要有两个谱系：此前，我一直对以张元济为代表的商务印书馆人物，有着一种发自内心的温情与敬意；及至年过不惑回到大学任教时，越来越吸引我的，却是以冯雪峰、韦君宜、秦兆阳、严文井等为代表的人民文学出版社人物。此前我的心愿之一，是写出一本可以向吴方《仁智的山水：张元济传》致敬的张元济传。但未曾想到，随着个人生活、工作轨迹以及读书兴趣的变化，我最终选择了为韦君宜先生撰写出版传记。个人读书与研究的兴趣，明显发生着由远及近、由现代而当代的转移。究其缘由，既有个人性的因素，也有学术界时风的影响吧。所谓个人性因素，最主要的就是未曾想到，在出版界服务十五年之后，自己年过不惑竟仍有幸进入大学，更进而有幸得入于出版家、作家、学者聂震宁先生门下问学——聂先生正是人民文学出版社第七任社长。在完成以人民文学出版社（1951—1966）为对象的博士论文后，我一直在断断续续地阅读人文社的相关材料。这其中，自然包括我敬重的韦君宜先生。所谓学术界时风的影响，则似乎很难三言两语说得清楚。如果对现当代出版史稍有涉猎，大体会感受到，从现代出版人到当代出版人，皆有着中国知识分子一以贯之的特点与追求，比如在由职业而志业追求中萌生的爱国、敬业、淑世情怀与家国情怀等等；而因为时代的不同，他们在文化性格等方面的代际差别，亦显而易见。不可否认，近年学术界"重返人民文艺"等思潮，对包括我在内的很多读书人，多少产生了一些影响。我是个读书比较随性的人，好像不知不觉中，就对当代、对"人民出版"多了一丝兴趣。

自知这册有幸纳入"中国出版家丛书"的韦君宜出版传记，实在不尽如人意。其中的遗憾，我希望以后能够通过自己进一步的研究、修改与完善，有所弥补。从知识分子研究的角度来看，我们更是很难说对中国现当代出版家这一重要"势力"在"商业"背后的"文化"与"思想"，已经有了真正的把握。比如，对"商务印书馆"谱系中的"商务"，我们似乎仍远未深刻理解其重要性；对"人民文学出版"谱系中的"人民"，我们对其合理性、进步性及其践行的艰巨性，需要更深入的研究与体认。如果有可能，我希望将来能够在这两个阅读与研究的兴趣点上，能有更进一步的理解。

感谢人民出版社邀请我撰写《中国出版家·韦君宜》，使得我有机会相对系统地梳理传主的生平与思想。感谢包括聂震宁、范军、李频、吴永贵、贺畅、周颖等诸多师友的指点。尤其感谢湖北民族大学素未谋面的龙亚莉老师提供的热心帮助。

张国功

2021 年 7 月 30 日星期五

统　　筹：贺　畅
责任编辑：周　颖
封面设计：肖　辉　姚　菲
版式设计：汪　莹

**图书在版编目（CIP）数据**

中国出版家.韦君宜/张国功 著.—北京：人民出版社，2022.4
（中国出版家丛书/柳斌杰主编）
ISBN 978－7－01－023990－3

I.①中… II.①张… III.①韦君宜（1917~2002）－生平事迹 IV.① K825.42

中国版本图书馆 CIP 数据核字（2021）第 244809 号

**中国出版家 · 韦君宜**

ZHONGGUO CHUBANJIA WEI JUNYI

张国功　著

人民出版社 出版发行
（100706　北京市东城区隆福寺街 99 号）

北京盛通印刷股份有限公司印刷　新华书店经销

2022 年 4 月第 1 版　2022 年 4 月北京第 1 次印刷
开本：710 毫米 × 1000 毫米 1/16　印张：16.5
字数：190 千字

ISBN 978－7－01－023990－3　定价：67.00 元

邮购地址 100706　北京市东城区隆福寺街 99 号
人民东方图书销售中心　电话（010）65250042　65289539